墨香财经学术文库

"十二五"辽宁省重点图书出版规划项目

Research on Financing

Efficiency and Risk of Strategic Emerging Industries

战略性新兴产业融资的效率与风险研究

田娟娟　李　强 ◎著

东北财经大学出版社
Dongbei University of Finance & Economics Press

大连

图书在版编目（CIP）数据

战略性新兴产业融资的效率与风险研究 / 田娟娟，李强著． —大连：东北财经
大学出版社，2017.9
（墨香财经学术文库）
ISBN 978-7-5654-2868-5

Ⅰ．战… Ⅱ．①田… ②李… Ⅲ．新兴产业-融资-研究-中国 Ⅳ．F279.244.4

中国版本图书馆 CIP 数据核字（2017）第 186855 号

东北财经大学出版社出版发行

　　大连市黑石礁尖山街217号　邮政编码　116025

　　网　　址：http：//www.dufep.cn

　　读者信箱：dufep @ dufe.edu.cn

大连图腾彩色印刷有限公司印刷

幅面尺寸：170mm×240mm　字数：210千字　印张：14.25　插页：1
2017年9月第1版　　　　　2017年9月第1次印刷
责任编辑：李　彬　孟　鑫　　责任校对：辛　迪
　　　　　孙冰洁　石建华
封面设计：冀贵收　　　　　版式设计：钟福建
定价：42.00元

教学支持　售后服务　联系电话：（0411）84710309
版权所有　侵权必究　举报电话：（0411）84710523
如有印装质量问题，请联系营销部：（0411）84710711

前言

在动荡的国际经济金融环境下，无论是发达经济体，还是新兴经济体，都不同程度地面临着传统增长动力逐步减弱的共同问题。对我国而言，加快发展战略性新兴产业不仅有利于推动产业结构转型升级，提升发展质量和效益，更有利于从根本上推动我国新旧产业的转换。目前，我国战略性新兴产业发展的关键问题之一就是如何解决巨大的资金需求。战略性新兴产业具有创新性强、成长性高、行业风险高等特点，有效的资金支持和风险保障体系可以为其发展保驾护航。从目前的实际情况来看，我国的战略性新兴产业发展之路，仍存在资金来源渠道不畅、资金运用效率低等问题。因此，如何提高金融业对战略性新兴产业的支持效率、促进科技与金融的有效结合仍是值得深入探讨的问题。

解决战略性新兴产业的融资问题，不仅需要加大资金的投入力度，更应该充分考虑区域、行业等因素的差异，关注在现有的产业资金资源基础上，如何提高资本的运作效率，这也是本书的立意所在。本书紧密结合我国近年来产业结构升级与金融改革的大背景，力图从理论高度进一步探讨战略性新兴产业与金融的相互关系、两者结合的路径和现实障碍，并充分考虑区域差异、行业差异等因素，对我国战略性新兴产业发展过程中的融资问题进行全面而深入的剖析。通过本书的研究，不仅可以为我国产业金融、尤其是战略性新兴产业金融的发展提供理论佐证，还有利于为解决战略性新兴产业的融资困境提供实践参考。

本书遵循"为什么产业成长需要资金供给——资金从哪些渠道流入战略性新兴产业——战略性新兴产业的融资效率如何——战略性新兴产业的融资风险防范"的四段式逻辑框架，对战略性新兴产业发展的融资问题进行了理论和实证分析。在内容上，通过分析资本形成与产业成长的相关性，进而探讨了我国现阶段战略性新兴产业的融资模式及其利弊，并以战略性新兴产业上市公司为研究对象、利用广义 DEA 模型对2011—2015 年间战略性新兴产业的融资效率进行评价，并从行业、区域、产业的角度进行了微观比较分析，进而利用 Tobit 模型对各产业间融资效率影响因素的显著性进行了比较，最后对产业的融资风险进行测度和成因分析，在此基础上提出提高产业融资效率、管理产业融资风险的建议。

在本书的写作过程中，力图做到研究思路清晰、结构合理、数据准确、结论可靠，研究结果具有重要的理论意义和实用价值，并为我国产业金融的理论应用提供佐证。在本书的写作过程中，作者已尽其所能地对所选择的研究方向展开系统而深入的研究，但由于一些条件的限制，仍存在不足之处，部分定量分析难以达到高度的科学性和可靠性，恳请批评指正！

本书是作者在博士学位论文基础上修改、完善后的成果，也是辽宁省社会科学规划基金项目《政府引导基金助推辽宁战略性新兴产业发展问题研究》（L16BJY034）、博士科研启动基金项目《辽宁省战略性新兴产业成长的融资问题研究》（2016BS003）的研究成果。本书是在东北财经大学博士生导师李强教授的悉心指导下完成的。在博士求学的过程中，我很庆幸能成为李教授的学生，是导师的一次次教诲和关怀、一次次激励和宽容，我才能取得今天这些成绩。李教授学识渊博、严谨务实、为人谦和、平易近人。他对学生无尽的厚爱和殷切的期望，使我在求学过程中动力满满、无惧艰难。谨以虔诚之心向李教授表示感谢，谢谢恩师多年来对我的特别关注与精心培养。在本书出版之际，同时感谢东北财经大学金融学院邢天才教授、刘波教授，辽东学院经济学院梁峰教授，在编写本书的过程中，他们花费了大量的时间仔细审阅和修改了全书的理论及观点，并提出了许多宝贵的修改意见，使得本书的理论深度能够进一步提升。感谢辽东学院科研处、辽东学院经济学院对本书的出版给予的大力支持。感谢东北财经大学出版社的编辑，他们严谨认真的工作态度和高质量的工作效率，给我留下了深刻的印象。感谢在本书写作过程中，所有帮助我过的同事、同学、挚友和家人。你们的关怀将指导我在新的起点潜心向学，持续前行。

作　者

2017 年 5 月

目录

1 导 论

1.1 研究背景及意义

1.1.1 研究背景

　　战略性新兴产业是世界科技进步和生产力发展的大趋势，也是金融危机后各国经济复苏的战略选择。在世界经济增速放缓的大背景下，战略性新兴产业的快速增长，成为带动全球经济复苏的重要引擎。从全球范围来看，美国 2015 年 10 月发布《美国创新新战略》、日本采取"新增长战略"、韩国投资 6 万亿韩元研发绿色能源新技术、德国推出"信息与通信技术 2020 创新研究计划"、俄罗斯投资 2 000 亿卢布发展纳米技术，等等，均是这些国家抢占经济制高点的产业发展策略。我国于 2010 年 9 月 8 日发布了《国务院关于加快培育和发展战略性新兴产业的决定》的文件，在文件中指出，战略性新兴产业会被逐渐培育成为先导产业和支柱产业。在之后几年中，战略性新兴产业在国内经济中越来越显示出重要的支撑作用。2015 年我国 GDP 增长 6.9%，这个速度虽创近 25 年新低，但仍位居世界主要经济体的前列。我国战略性新兴产业增速高于经济总体，高技术产业增速明显快于整体工业。根据国家发展和改革委员会（以下简称国家发改委）公布的测算结果来看，"十二五"期间七大战略性新兴产业（包括新一代信息技术、生物、节能环保、新能源、新材料、高端装备制造和新能源汽车）年均增速约是 GDP 增速的两倍，2015 年年底战略性新兴产业增加值占 GDP 的比重为 8%左右。战略性新兴产业已经成为填补传统产业下滑"空缺"、实现经济稳增长的重要支撑。加快发展战略性新兴产业不仅有利于推动产业结构转型升级，提升发展质量和效益，从而提高国际竞争力，更有利于从根本上推动我国新旧产业的转换，从而实现经济可持续发展。

我国战略性新兴产业的发展目前正处于关键时期。2010—2015 年，战略性新兴产业发展环境得到了根本改善。据不完全统计，仅 2010 年到 2014 年，国家各部门便相继发布了相关政策 340 多项，涵盖体制改革、市场培育、财政支持、国际合作等方面，形成了大力发展战略性新兴产业的良好社会氛围。大力支持和发展战略性新兴产业不仅仅是一句口号，更需要很多部门的通力合作，这其中就包括金融业。一直以来，金融业与新兴产业之间就有着不可分割的紧密联系。新兴产业作为引导未来经济社会发展的重要力量，金融资源是其持续生长的营养供给，发达的金融体系和良好的金融生态环境是其生长的沃土。战略性新兴产业具有创新性强、成长性大、行业风险高等特点，有效的资金支持和风险保障体系可以为其发展保驾护航。与此同时，在战略性新兴产业的快速发展中，不断催生的金融服务需求也会对金融机构体系带来新的机遇和挑战。

从目前实际情况来看，我国的战略性新兴产业发展之路，仍存在资金来源渠道不畅、资金运用效率低等问题。尽管中央和地方政府对战略性新兴产业的发展都给予了很大支持，很多金融机构都将支持战略性新兴产业发展作为近期的规划目标，但资金制约瓶颈仍严重阻碍了产业的发展。根据中国国家统计局发布的《2015 年国民经济和社会发展统计公报》的数据显示，2015 年全年中国研究与试验发展（R&D）经费投入总量为 14 220 亿元，在世界范围排名第二，仅次于美国，可以说中国的研发投入强度已经超过了大部分发展中国家，但研发投入效益差距很大。目前我国科技成果转化率仅为 10%左右，而发达国家的这一比例平均在 40%以上。之所以绝大部分的科研项目没有成功转化成现实生产力，有一半以上的原因来自资金制约，新兴科技企业的融资难、融资贵问题仍未得到根本性解决。因此，提高金融业对战略性新兴产业的支持效率、促进科技与金融的有效结合仍是今后需要进一步深入探讨的问题。

1.1.2　研究目的与意义

理论界和实务界的关注焦点已经投向了战略性新兴产业融资问题。新兴产业和金融业的关系紧密，它们互相促进、相互影响、共同发展，对它们的互动关系进行理论阐述和实证研究是十分有必要的，只有将两者充分地结合起来，才能为经济发展服务。

本书将研究对象定位于战略性新兴产业，充分考察战略性新兴产业成长周期和融资特点，从效率和风险视角对战略性新兴产业融资的相关问题进行研究。通过本书的研究希望能够为我国金融业支持战略性新兴产业的发展提供可行性的政策建议。

本书研究的理论意义和现实意义体现在以下两个方面：

第一，有利于为我国产业金融的发展提供理论支持。在当前世界经济复苏不确定性增强、国内经济运行下行压力加大的背景下，促进中国产业经济的快速发展是经济新常态下的战略选择。在这一过程中，金融手段是推动产业经济发展的重要力量。金融如何与产业有效结合，在为产业发展提供金融支持并提升产业价值链的同时有效控制金融风险是其中的核心问题。产业金融是近年来提出的新概念，国内外学术界对产业金融的定义并不统一，结合中国实际的相关理论问题仍存在很多值得深入探究之处。尤其是对于战略性新兴产业与金融的关系、两者相互结合的路径，以及战略性新兴产业融资体系的基本构成等重大问题，还缺乏认识。通过本书的研究，能够在一定程度上为我国产业金融、尤其是战略性新兴产业金融的发展与实践提供理论参考。

第二，有利于为解决战略性新兴产业的融资困境提供参考。本书对产业融资问题的思考，不仅会研究如何增加资金的数量、拓宽渠道，还会深入分析如何在现有的产业资金资源基础上，提高资本的运作效率。从战略性新兴产业发展决策提出之初，融资问题一直没有从根本上得到解决。尽管在政策层面做出了很多的准备，但是纵观实际来看，资本市场融资渠道不畅、传统金融服务的创新力度不足、政策性金融和新兴金融业态的支持乏力，这些原因造成的融资难问题困扰着战略性新兴产业的发展。对于这一问题，不能单一地通过相关部门加大资金支持力度来解决。融资效率的高低取决于数量与质量的有效结合，金融资源的有效配置能极大地提高资金的使用效率。不同金融行业的特性、不同区域内的产业特性，都是在解决战略性新兴产业融资难问题的过程中，需要深入思考的问题。本书从理论高度进一步探讨战略性新兴产业与金融的相互关系、两者结合的路径和现实障碍，并充分考虑区域差异、行业差异等因素，力图从总体到个体，从宏观到微观，对我国战略性新兴产业发展过程中的融资问题进行全面而深入的剖析，这具有重要的现实意义。

1.2 研究基础与概念界定

1.2.1 国内外相关研究述评

（1）战略性新兴产业发展的研究综述

在经济学中，"产业"最常见的定义为某种同类属性的经济活动的集合或系统，如迈克尔·波特（1980），这一定义来源于产业经济学，在战略和组织的相关研究中经常用到。从近年来国外理论界关于产业方面的研究来看，主要集中在主导产业和新兴产业领域。美国经济学家W.W.罗斯托教授对主导产业的研究做出了开创性的贡献[1]，他的理论也得到了历史的验证，并成为各国产业升级的理论基础。与罗斯托同一

---

[1] 他在《主导部门和起飞》（1998）一书中认为，国家应选择具有较强扩散效应的产业作为主导产业，利用主导产业的产业优势辐射传递到产业关联链上的各产业中，以带动整个产业结构的升级，促进区域经济的全面发展。

时期的很多经济学家都结合各自国情对主导产业的选择问题进行了研究，如美国发展经济学家艾尔伯特·赫希曼和日本的产业经济学家筱原三代平等，他们的研究为主导产业的理论发展奠定了基石。20 世纪 80 年代，关于新兴产业的研究成果开始涌现，尤其是进入 21 世纪以来、2008 年国际金融危机以后陡增。新兴产业与主导产业之间存在着密不可分的联系，对此 Freeman、Perez（1988）探讨了二者的关系。他们认为随着科技的进步，经济发展技术基础也会随之发生变化，导致支撑经济发展的主导产业和新兴产业也随之出现更替。Low 和 Abrahamson（1997）指出，新兴产业是产业发展的早期阶段，这一概念已经随着时间的推移不断更新，McGahan（2004）认为新兴产业应对于时间这一概念，即新兴产业的发展伴随着时间的推移蕴含于"产业生命周期模型"。美国经济学家迈克尔·波特（2005）认为，新兴产业之所以出现，是因为科技创新、相对成本结构的改变、新的客户需求，或是因为经济与社会的改变使得某项新产品或新服务具备开创新事业的机会。Russo（2003）指出，新兴产业的出现对国家和社会产生重要的影响，例如新兴产业可以复苏经济增长、增加就业机会，提升工业发展水平。通过梳理新兴产业的发展脉络看出，能够成为主导产业，必须具有高成长性、高创新性，对技术进步和产业结构升级转换有关键性导向作用和推动作用。产业结构演进的根本原因是科学发展、技术革命。技术革命加快了工业结构的变换过程，使得新兴产业不断涌现。成长性和创新性高的新兴产业会不断取代传统产业，并成为主导产业。

在新兴产业的发展中，一个关键问题是，很多国家都想知道，如何对新兴产业进行选择。Spencer（2005）认为，对新兴产业的选择是一个及时的问题，尤其是在金融危机后公共部门与私人部门的联系越来越紧密的情况下。但这也是一个复杂的问题，因为每个国家国情是不同的。针对新兴产业的选择问题，很多学者在实证方面进行了研究。从企业角度来看，进入新兴产业的生产企业主要包括两类：一类是新成立的企业，如 20 世纪 90 年代中期大量出现的互联网企业，Goldfarb（2007）认为这些企业是由最熟悉互联网企业特性的创业研究人员组织成立的，它们可谓是在竞争中不断创新而最终的胜出者。而另一类新兴产业的企业并不是新成立、起步阶段的企业，而是那些已经多元化发展的企业，例如20世纪80年代末、90年代初盛行的磁盘产业就是由IBM等计算机相关行业的企业构成的。尽管这两类企业在发展的早期阶段是相同的，但是新成立的企业所面临的不确定要更多一些。例如，Dinlersoz和MacMillan（2009）发现，在新兴产业中，相比已存在的多元化企业，新成立的企业数量要更多一些，而它们能够坚持到最后而不倒闭的可能性较小，这种因为激烈竞争而导致的优胜劣汰的过程是相当严格而残酷的。总之，新兴产业的参与者是成长性高、创新性强的企业，既包括新成立的企业，又包括传统企业。

从国内研究来看，学者们围绕"什么样的新兴产业会最终成为战略性主导产业"这一课题进行了探讨，尤其是在我国2010年提出战略性新兴产业发展战略之后，大量的研究成果开始涌现。张少春（2010）认为，一国新兴产业中，只有那些具备技术性、扩张性、经济效益长期性、关联性、渗透性和外溢性等特征的产业才有可能最终成为战略性新兴产业。肖兴志等（2010）认为，战略性新兴产业的选择既要考虑到市场的调节力量，又要兼顾经济的长期发展目标。中国与发达国家在要素禀赋结构方面存在巨大差异，应结合中国国情树立动态演化理念，实现持续健康的产业升级。孙国民（2014）指出，战略性新兴产业的突出特征主要体现在地位战略性、影响全局性、技术前瞻性、市场风险性、发展可持续性、产业生态性和区域竞争性等七个方面。要完整地理解这一概念，还需要结合产业动态性、区域差异性及战略重要性，从国家、产业和企业三个层面进行考察辨析。

纵观国内学术界的已有成果，与战略性新兴产业相关的理论研究基础仍显薄弱，主要集中在主导产业方面，或者是战略性新兴产业的应用研究方面，而关于战略性新兴产业的本质特征、形成机理等，已有研究并未有广泛的涉猎。另外，相关研究所选择的战略性新兴产业往往与支柱产业、高新技术产业相混淆，忽略了战略性新兴产业的范畴和内涵。随着国家进一步完善战略性新兴产业的选择依据和判断标准，其产业特征与以前的主导产业选择存在很大的差异性，这就需要学术界加大理论基础研究从而全面考察战略性新兴产业的本质和特征。

（2）关于战略性新兴产业发展的金融支持研究综述

关于战略性新兴产业发展的研究离不开金融支持的论证，战略性新兴产业这一概念的提出时间尚短，从国外学术界来看，直接针对战略性新兴产业金融支持的相关研究很少，但是追寻"产业成长与金融支持"方面的学术文献，可以探究其本源。产业经济持续增长的途径主要有要素积累、产业结构升级和技术革新。其中，促进产业经济增长的最基本因素是要素积累中的资本要素。在经济体系中，产业的成长特征决定着经济结构，而资本为产业成长提供土壤。对资本与产业成长的关系研究可以追溯到 19 世纪末。Bagehot（1873）认为，金融体系为大型的工业项目提供了资本，在英国工业革命进程中发挥了重要的作用。进入 20 世纪，很多国外的研究较早地证明了金融发展对产业发展存在较为显著的支撑作用，例如，King（1993）、Arestis（1997）、Beck 等（2000）。其中，King（1993）认为一国金融体系发育程度与该国产业的发展是正相关的，金融业通过对不同技术创新特质的产业进行支持，能够促进一个国家或地区的经济增长。Arestis（1997）的研究表明，对发达国家来说，当金融体系发展到一定水平时，能够快速增长的产业是那些具备高研发密度、高风险、高资本密度的产业，其原因在于这些国家的资本市场能够提供所需的初始条件和制度基础，并且金融体系是以市场为导向的。Beck 等（2000）认为经济发展越来越倾向于高新技术行业，而高新技术行业的发展离不开金融支持，高新技术行业发展的效率取决于金融支持的结构。综合已有的观点可以得出，产业发展与金融支持是密切正相关的。

20 世纪 70 年代，开始有学者运用金融发展理论来研究金融对产业成长的影响。Gereffi（1999）认为，产业成长是一个过程，在这个过程中企业或者经济体体现出迈向更具有获利能力的资本或者技术密集型经济领域的能力。Rajan 和 Zingales（1998）通过研究得出，金融发展与企业外部融资成本的关系体现在产业发展过程中，金融体系的存在降低了道德风险和逆向选择问题对企业的影响，企业的外部融资成本自然而然地降低了。大量的实证文献表明，金融业对产业成长有着显著的因果影响，尤其是金融发展速度快的国家会对外部资源依赖较大的产业产生更显著的促进作用。Raymond 和 Inessa（2002）通过比较不同国家金融发展与产业成长关联性的异同，证明金融市场越发达的国家，金融机构的资源配置效率越高，产业成长的速度越快。Wurgler（2000）通过证明金融发展与投资弹性之间存在正相关的关系得出结论：金融市场能够提高资本的配置效率，在发达国家的金融市场，资本多投向了高成长产业，发达国家金融市场的资本配置效率要明显高于发展中国家，从而可以对高成长产业的资金需求作出迅速的反应。Allen 和 Gale（2000）通过对英国、美国、日本、德国等国家经济发展历程进行比较，系统地研究了金融体系对新兴产业发展的影响，并认为资本市场主导型的国家更有利于新兴产业的发展。Svalery 和 Vlachos（2005）通过对 OECD 国家的实证研究得出金融成长对产业专业化和比较优势具有重要贡献的结论。

进入 21 世纪，国外学者们在"产业成长的金融支持"领域的实证研究视角更加细分化、微观化。Beck 和 Levine（2002）通过对 34 个国家和地区的 36 个产业的截面数据的分析，得出结论：在金融发展水平较高的体系中，外部投资者能够受到法律系统较好的保护，由此那些对外部资金依赖程度较高的产业会得到迅速的增长。Carlin 和 Mayer（2003）分别从证券市场、银行业和其他渠道研究了产业融资的依赖性，在 OECD 国家的 27 个产业的实证分析中得出发达国家的金融结构和外源融资依赖性强的产业增长之间存在着紧密的关系。在高成长性产业的成长过程中，中小企业是生力军。如果中小企业发现由于信息成本和交易费用的原因使他们更难以得到金融机构的服务，那么通过金融制度的改进来弱化这些摩擦将会对这些中小企业产生积极的影响。例如，Beck 和 Laeven（2008）研究了以中小企业为主导的产业绩效问题，他们的研究证实，在完善的金融体系中，与中小企业相关的产业增长会非常迅速。另外，在那些以银行为主导金融体系的国家中，以小企业为主的产业成长得更快。在许多国家，中小企业是企业生命力、就业、生产力的重要来源，但是却面临着较大的成长障碍从而限制了它们对经济增长的贡献度。加强以银行为导向的金融体系建设可以放松对中小企业成长的限制，并促进它们做出对经济增长的贡献，尤其是新兴市场和经济结构转型的国家。

从国内研究来看,关于产业成长与金融支持方面的实证研究近年来并不鲜见。言斌(2008)认为在新兴产业的发展过程中,新产品的开发需要大量的高技术人员,因此相比一般企业,劳动力成本的投入会比较高。史恩义(2011)利用主成分分析法验证了金融与产业成长的关系,得出 1992—2006 年间我国金融业和 36 个产业均表现出良好的成长特性,并且金融业对产业成长具有较强的促进作用。钱水土和周永涛(2011)以我国 2000—2008 年 28 个省市数据为样本,运用两步 GMM 系统估计方法对金融发展、技术进步与产业升级三者之间的关系进行了检验,其结论是金融发展水平的提高有利于技术进步和产业升级,前者对后两者都具有正向的促进作用,同时,地区非国有部门获得的银行信贷支持的增加有助于提高该地区的技术进步和产业升级。总之,产业成长离不开金融支持,金融业的存在可以优化产业结构、促进产业升级,引导产业资金流向高成长的新兴产业。

自我国提出战略性新兴产业发展战略开始,与战略性新兴产业金融支持相关的课题成为近年来国内学者的研究重点之一,从战略性新兴产业发展中金融支持的必要性角度来看,李颖(2011)、顾海峰(2011)、谭中明和李战奇(2012)、赵红(2013)等都对此进行了论证。其中,李颖(2011)指出,战略性新兴产业的基本特征是高投入、高风险伴随高收益、企业中小型化和产业周期长,因此对金融资金需求量十分巨大。顾海峰(2011)认为,在战略性新兴产业的业态演进过程中,离不开金融体系的支持。只有在金融体系的高效支持下,才能使战略性新兴产业培育、发展与升级目标顺利实现。谭中明和李战奇(2012)认为,战略新兴产业之所以对金融资金需求十分巨大,是由其自身的天然属性决定的,并结合我国的金融体系提出了商业银行、债券市场、证券市场在推动战略性新兴产业发展中的扮演角色。在已有研究基础上,一部分学者对战略性新兴产业发展中的金融支持路径进行了具体分析。例如,步晓宁、黄如良(2013)认为,如果我国融资担保体系的不健全将会为战略性新兴产业的发展带来阻力,在发达国家来看,完善的融资担保体系有利于促进新兴产业的迅速成长，不仅会提供资金上的支持，还会使其竞争力得到迅速提高。王健、张卓（2014）利用业态比较研究方法对战略性新兴产业的内涵进行了梳理，通过比较得出有效的金融资源配置可以为战略性新兴产业的实现提供全程支持，而在实际发展中多样化的融资工具各执其能，扮演的角色也不尽相同，但是它们对战略性新兴产业的发展都是大有裨益的。顾海峰（2014）指出，战略性新兴产业的金融支持必须贯穿于整个产业生命周期，在产业的培育、发展和升级过程中，金融资源的优化配置应与之相符。

纵观已有研究，学者们对战略性新兴产业金融支持的论证提供了大量的研究参考，为战略性新兴产业的发展做出了开拓性的工作，为本书的研究提供有益的借鉴和启发。尽管如此，对战略性新兴产业金融支持这一课题的研究仍然存在着值得深入之处。首先，对战略性新兴产业发展的金融支持的研究大都停留在泛泛化的融资支持策略，忽视了在战略性新兴产业的动态成长过程中不同成长阶段的不同融资需求。其次，已有研究大多从制度和政策视角对战略性新兴产业金融支持提出策略，而这些都是使用了经济学中规范分析方法，大多以定性分析为主，缺乏定量分析的支持。最后，已有文献大多从整体上、宏观视角对战略性新兴产业发展的金融支持问题进行考察，缺乏微观层面、差异化的研究支撑，例如，在分析战略性新兴产业融资这一问题时，应考虑不同规模的企业、不同类型的金融机构、不同地域的产业融资选择等问题。在对战略性新兴产业发展的金融支持问题的研究中，通过微观层面的论证对宏观视角进行有益补充，是保证研究体系完整性不可缺少的部分。

1.2.2　战略性新兴产业的内涵

从称谓来看，"战略性新兴产业"是我国特有名词，其他国家没有这个概念，而是称之为"新兴产业"或者"战略性产业"。最早提出战略性产业的学者是美国经济学家 Hirschman（1981），他认为战略部门是在投入产出中关系最密切的经济体。从目前来看，由于世界各国发展侧重点不一样，对战略性新兴产业定义的文字表述不一样，学术界的学者和专家给出的定义也不一样①。

把握战略性新兴产业的内涵应当注意以下三点：第一，战略性新兴产业是科技型产业。我国在经济发展过程中，不仅要适应生产结构调整和消费结构升级，还面临着资源、能源、生态、环境等挑战，这些问题对高新技术具有重大需求，因此战略性新兴产业的发展必须建立在不断的技术创新之上，其定位是科技型产业。第二，战略性新兴产业是战略性产业。战略性新兴产业的战略性体现在，在发展过程中立足于国家整体利益，是国家的经济命脉。在不同的时期，战略性新兴产业的类别也是不断的变化的。随着科技创新与进步，前一时期的战略性新兴产业会随着时间的推移而被取代，也就是说，战略性新兴产业是动态、不断调整的，其根本特点在于不同时期国家的发展战略重点是不一样的。因此，战略性新兴产业是一个动态的、相对的概念。第三，战略性新兴产业是新兴产业。新兴产业的最大特点是，产业主体尽管具有发展潜力，但并未形成市场规模，在发展过程中存在着很多不确定性。由于其拥有强大的科技创新驱动力和成长潜力，因此代表着科技产业化的发展方向。

战略性新兴产业与传统产业、支柱产业和高科技产业既有联系又有区别。首先，从传统产业和战略性新兴产业的比较来看，前者是发展基础，后者是前者的改造升级。而战略性新兴产业在发展中的不确定性、高风险性和成长性等特性又与传统产业明显不同。其次，战略性新兴产业与支柱产业都对国民经济有较大贡献，是一国竞争力的重要体现。但战略性新兴产业的创新性要明显高于支柱产业，随着经济发展可持续化要求的深入，支柱产业可能被战略性新兴产业取代。最后，战略性新兴产业和高技术产业都是以技术创新为根本的新兴产业，但相比之下，战略性新兴产业更能体现国家意志，具有更高的成长性。

---

① 2010年我国国务院颁发的《国务院关于加快培育和发展战略性新兴产业的决定》（国发〔2010〕32号）对战略性新兴产业的界定是："以重大技术突破和重大发展需求为基础，对经济社会全局和长远发展具有重大引领带动作用，知识技术密集、物质资源消耗少、成长潜力大、综合效益好的产业。"

1.3　研究思路与内容

1.3.1　研究思路

战略性新兴产业发展的融资问题是交织着战略性新兴产业与金融产业的互动机制。作为跨学科的一项应用性研究，本书以马克思市场经济理论为研究指导，以我国宏观经济形势和金融深化改革为研究背景，以战略性新兴产业的特性和发展需求为研究导向，运用文献综述与实证分析相结合、规范分析与比较分析相结合、定性分析与定量分析相结合的研究方法，论述了战略性新兴产业发展中融资问题的内在逻辑。在分析资本形成与产业成长的相关性基础上，对我国现阶段战略性新兴产业的融资模式进行分析，并以上市公司为研究样本对象对战略性新兴产业的融资效率进行评价，进而对产业的融资风险进行测度和成因分析，在此基础上提出提高产业融资效率、管理产业融资风险的建议。

1.3.2　研究内容

本书遵循"为什么产业成长需要资金供给——资金从哪些渠道流入战略性新兴产业——战略性新兴产业的融资效率如何——战略性新兴产业的融资风险防范"的四段式逻辑框架，对战略性新兴产业发展的融资问题进行了理论和实证分析。本书分为七个部分，内容及章节安排如下：

第1章，导论。本章阐述了本书的研究背景与意义、国内外研究现状与概念界定，研究内容与方法，并指出了本书研究的创新之处和不足。

第2章，战略性新兴产业发展中资本形成的作用。本章以新古典增长模型为理论基础，尝试构建金融资本形成与产业发展之间关系的分析框架，最终通过推导得出二者的动态平衡增长路径来论证金融资本对产业成长的推动作用，并结合战略性新兴产业成长特征（包括产业成长历程、产业增长态势、产业生命周期），对战略性新兴产业的成长动力机制进行研究。在此基础上研究资本形成对技术创新、市场供给和市场需求的作用机理，以此论证资金支持对战略性新兴产业成长的重要性。

第3章，战略性新兴产业融资需求与融资路径分析。本章首先对我国目前战略性新兴产业的融资需求及融资模式进行分析；其次从政策性金融、银行业和资本市场角度对我国战略性新兴产业的金融支持现状进行梳理，并分析每种融资渠道对产业融资支持的不足，本章的研究内容是第4章融资效率分析的研究铺垫。

第4章，战略性新兴产业融资效率的评价。本章首先从融资效率理论出发，梳理产业融资效率的内涵和评价方法；其次，对我国战略性新兴产业的融资效率进行实证分析，以战略性新兴产业上市公司为研究样本，利用广义 DEA 模型对 2011—2015 年期间产业的融资效率进行测度，从行业比较、区域比较的角度进行了微观分析。

第5章，战略性新兴产业融资效率的影响因素分析。本章进一步分析融资效率的影响因素对其作用机理并作出原因剖析，通过 Tobit 模型将影响因素和融资效率值进行回归分析，并对各产业融资效率影响因素的显著性进行了比较，找出提升战略性新兴产业融资效率的关键环节。

第6章，区域战略性新兴产业的融资效率评价——以辽宁省为例。本章是在结合区域经济发展特色的基础上进行的个案研究，以此增加本书研究的说服力。本章在充分考察辽宁省战略性新兴产业及金融体系的实际情况基础上，对辽宁省战略性新兴产业融资需求现状及差异性进行讨论，找出该地区金融体系支持产业经济亟待解决的问题，尝试构建因地制宜的战略新兴产业发展的融资支持体系。

第7章，战略性新兴产业的融资风险分析。本章在分析战略性新兴产业的融资风险的内涵及形成原因的基础上，运用现代风险管理的相关分析方法及度量手段，对我国战略性新兴产业的融资风险进行测度，为战略性新兴产业融资风险防范策略的提出提供了研究佐证。

第8章，研究结论与政策建议。本章说明本书的主要研究结论，并从优化政策性融资体系、提升间接融资的科技创新功能、推进多层次资本市场建设以提高产业直接融资比重以及产业融资风险防范等方面提出政策建议。

1.4 研究方法

本书的研究主要使用以下方法：

（1）文献综述法与实证分析法相结合。通过阅读国内外相关研究文献对其研究成果进行梳理分析，从而全面地、正确地认识资本形成和产业成长、产业融资模式和效率、产业融资风险与管理的理论观点。从历史的发展和逻辑推理角度对搜集的大量资料和各种观点进行仔细的考察，梳理战略性新兴产业的融资支持研究的现状及其发展规律。在此基础上，通过实证分析法对我国战略性新兴产业的融资效率和融资风险进行实证剖析，从而增强本书研究观点的说服力。

（2）比较分析法与规范分析法相结合。本书力图通过规范分析法探寻战略性新兴产业发展中融资问题的本质和逻辑，试图找出其发展变化的规律。本书在分析和论证过程中，从我国战略性新兴产业发展的初始条件和金融基础入手，紧紧围绕战略性新兴产业的融资问题，提出资本形成对产业成长的作用机理和传导机制问题。比较是发现问题、分析问题的有效方法，是实现优化选择的前提保证。本书的比较侧重于我国战略性新兴产业成长的融资支持路径横向比较，通过政策性融资、商业银行信贷和资本市场的横向比较，对我国战略性新兴产业发展的融资支持体系现状进行评价。在纵向比较中，从产业整体、不同产业个体和上市公司角度，分别对战略性新兴产业的融资效率进行评价，以上的研究结论是本书对战略性新兴产业融资体系优化策略的立论来源。

（3）定性分析方法与定量分析方法相结合。定量可以弥补定性的主观性，定性分析可以弥补定量的过于量化，在本书的研究中，二者有机结合起来。在资金支持对产业成长重要性的分析中，本书尝试构建资本形成与战略性新兴产业成长的相关数量模型，以此揭示二者之间的长期稳态均衡关系。在效率评价分析中，通过效率测度模型、计量分析模型的实证研究对战略性新兴产业的融资效率现状来进行分析。在风险分析与防范中，通过构建风险测度模型对战略性新兴产业融资风险进行识别与度量，从而提出风险防范策略。总之，本书在整个论述过程中都将定性与定量分析方法贯穿始终。

1.5　研究的创新与不足

1.5.1　主要创新点

本书的研究立足于众多专家学者前期研究成果的基础之上。因此，本书即使有所创新，也只能算是对前人的学习模仿、再提高的创新。在本书的研究过程中，可能的创新之处主要体现在以下三个方面：

第一，本书推导得出资本形成对科技创新的重要作用。本书以产业成长与生命周期理论为依托，结合战略性新兴产业的创新性特点，从理论上推导出金融资本和产业内部资本相互转化的产业经济平衡增长路径，从而论证了资金支持对战略性新兴产业成长的重要意义。本书在理论上的创新不是提出了新的理论观点，而是运用理论分析的逻辑架构，从而突破了大部分已有文献对战略性新兴产业金融支持的理论研究不足。

第二，本书从风险和效率视角探讨了战略性新兴产业的融资问题。近年来，有关战略性新兴产业的研究文献不断涌现，这些研究也为战略性新兴产业的理论研究和实践探讨提供了丰富的佐证，为战略性新兴产业发展做出了开拓性工作。但对战略性新兴产业发展的金融问题，还存在很多值得探讨之处。从实证研究来看，缺乏对战略性新兴产业微观层面的实证分析。本书从效率与风险视角对战略性新兴产业的融资问题进行了全面而深入的剖析。在研究中，通过不同产业、不同区域的比较，对我国战略性新兴产业融资效率的微观问题进行了探讨，并弥补了已有文献在金融支持战略性新兴产业发展方面定量分析的不足。另外，本书以辽宁省为例对战略性新兴产业的融资效率进行个案分析，这也为研究我国区域战略性新兴产业发展的融资问题提供了理论依据和实际参考。

第三，本书提出成立战略性新兴产业政策性银行、加强专门针对战略性新兴产业的产业链金融业务的产品设计等观点。近年来，国内各部门不断加大对战略性新兴产业的资金支持力度，但战略性新兴产业的融资难问题并没有从根本上得到解决。与其盲目地投入大量资金重复建设，倒不如在现有的金融资源基础上提升产业自身的资金筹集能力和运营能力，因此在理论与实证分析的基础上，本书有针对性地提出了政策性融资体系市场化发展、商业性金融机构应健全产业融资风险的分散机制等相关建议，认为提升战略性新兴产业融资效率的关键是优化现有的金融资源，以发挥金融服务产业的最大效力。

总之，对战略性新兴产业的研究是对中国经济发展至关重要的课题，本书从融资视角对其进行系统分析，是一个大有裨益的探索。

1.5.2 不足之处

尽管在本书的研究过程中，作者已尽其所能地对所选择的研究方向展开系统而深入的研究，但由于一些条件的限制，本书仍存在不足之处。

第一，本书缺乏系统而有针对性的理论支撑。纵观国内外已有的研究文献，发达国家的金融市场配置效率高、资金充裕，并不会面临发展中国家的资本匮乏问题。因此关于企业融资问题的研究主要集中在资本结构、融资模式等方面的研究，从产业视角观察金融支持对产业发展的重要性的研究成果并不多见。因此，本书尽管借鉴了产业成长与金融支持的相关成果，但所提出的理论分析框架及研究结论仍可能是粗浅的。

第二，受统计数据缺乏的限制，本书对金融支持战略性新兴产业融资效率的有关统计检验结果是有误差的。实证分析离不开系统而全面的度量指标和观测期合理的统计数据。战略性新兴产业的提出距今时日尚短，其发展仍处于探索起步阶段，国家层面并未公布与之相关的统计数据，尤其是金融领域的基础资料和数据比较匮乏，另外，受业务经营多样化的影响，很多上市公司难以区分是否隶属于战略性新兴产业、归属于哪一个战略性新兴产业，这些问题制约了研究样本选取的客观性。因此目前所做出的定量分析难以达到高度的科学性和可靠性。但这是新的系统发展初期不可避免的，随着我国战略性新兴产业的发展这种状况会逐渐改善，将来的研究有很大的空间。

2 战略性新兴产业发展中资本形成的作用

2.1 产业层面的资本形成理论研究与启示

2.1.1 资本与资本形成的内涵

在西方经济学理论中,资本被认为是投入的一部分,按照马克思主义政治经济学的观点,资本是一种由剩余劳动堆叠形成的社会权利,它体现了资本家对工人的剥削关系。我国早期的相关书籍,如许涤新主编的《政治经济学辞典》《中国大百科全书》对资本的解释都是如此。然而,随着现代社会和市场经济的发展,资本的内涵变得越来越丰富和复杂,人们对它的认识也越来越深入。时至今日,不同的经济学流派、不同的经济学者对资本的解释也不尽相同,并且没有一个确切的、为人们普遍接受的定义。

总体上看,资本通常由以下三种状态存在:产业资本、商业资本和金融资本,从历史发展各个阶段来看,金融资本是在社会分工机制下从产业资本和商业资本逐渐脱离出来而形成的。从文献层面来看，金融资本的形成是由马克思（1972）在分析货币经营资本的产生中间接提出来的。最初，产业资本以货币的形态存在，通过购买原材料和劳动力、在生产产品并销售之后，最终以货币的形态回归并不断积累增值。随着产业资本规模的不断扩大，单个产业的价值实现就变得非常烦琐，这就客观要求以交换为目的的商业资本来简化这一过程。商业资本与产业资本的最大区别就是其形态只存在于购买和销售两个阶段，即为了卖而买的进货过程和为了买而卖的销售过程。随着产业资本和货币资本的积累、规模的扩大，一部分货币资金脱离于二者以独立的形态存在就变得十分可能，这就是最初的金融资本，为产业资本和商业资本提供金融服务，并形成高度专业化的金融部门。产业资本、商业资本和金融资本分工明确、各执其能，即创造剩余价值、实现剩余价值、提供信用条件。

现代经济发展的重要特征之一是大量资本品的使用。Kuznets（1959）指出，资本数量的增加是资本形成的基础，如果进一步考虑的话，不包括固定资本的资本增加被称为资本净额，如若包含则被称为资本总额。这一解释是对资本形成这一概念的早期观点，而具有开拓性的阐释则当属发展经济学开拓者之一纳克斯（Ragnar Nurkse）的定义。他在发展经济学研究中指出，如果现阶段社会的生产活动没有被全部用于满足消费需求的话，取而代之的是将剩余的部分用于再次的生产活动，在这一活动中用于再生产的资本就是资本形成。"资本形成过程的实质，是将社会现有的部分资源抽调出来增加资本品存量，以便使将来可消费产品的扩张成为可能。"[①]这里可以这样理解纳克斯的资本形成定义：从广义上讲，资本形成包括物质资本和人力资本，但在实际中，研究者多愿意将二者分开探讨，因此，狭义上的资本形成就是指物质资本。在这里，物质资本包括现实生活中以实物形态存在的机器设备、工具厂房、基础设施、生产库存以及一系列与生产有关的耐用物品，这种有形的生产资料代表了生产者未来产出的潜在可能，是未来生产力的象征。在这一系列的生产转化过程中，物质资本出现了，也就是说，它可

---

① 张培刚. 发展经济学 [M]. 北京：北京大学出版社，2009：5-8.

以被理解为当前生产量与消费量的剩余，这种剩余没有被用来消费，而是再次投入了投资和生产中，实现了资本的转化。

因此，货币并不是资本，但是当货币与产业结合而为经营者带来收入或利润的时候，就变成了资本。资本形成是转化的过程：由储蓄转为投资、由货币转为产业资本，在这些转化过程中，金融业起到了重要的媒介作用。

2.1.2　产业层面资本形成理论综述与启示

（1）产业资本形成的理论脉络

资本形成的重要环节就是储蓄向投资转化这一过程，因此国内外理论界的学者对这一过程展开了丰富的论证，概括起来主要有三个层次：宏观层次（国民经济发展中的资本形成）、产业层次（产业发展中的投融资）和微观层次（企业发展中的投融资）。由于研究范畴的原因，本书主要对产业层次的资本形成理论与实践进行考察。从产业层次来看，资本形成理论研究主要包括两种类型①：一种是建立在宏观层面资本形成理论之上、深入研究经济内部结构的产业资本形成理论；另一种则侧重研究储蓄转化为产业投资的作用机理。其中，前者的研究可以追溯到18世纪。1776年，亚当·斯密在《国民财富的性质和原因的研究》中提出，适当的资本积累是极其有利的，它的重要性不仅体现在生产性劳动者比例的提高，更会促使在生产性领域中不同产业产量的逐渐提高。如果这些前期的变化能够持续深入的话，社会分工会进一步优化，产业结构日趋合理、数量增加，进而实现经济增长。20世纪40年代的发展经济学推动了产业层面的资本形成理论进一步深入。无论是纳克斯的"贫困的恶性循环"理论还是罗森斯坦-罗丹（Rosenstein-Rodan）的"大推进"理论都认为资本形成是推动发展中国家经济发展的最主要动力，如今看来，即使在发达国家，资本形成对经济增长的重要性仍然毋庸置疑。其中值得一提的是，Baldwin（1999）从全球视角研究了不同国家资本形成与产业集聚的机理。他指出，当一个国家产生产业聚集

---

① 谢沛善. 中日高新技术产业发展的金融支持研究 [D]. 大连：东北财经大学，2010：29.

时，该国的储蓄率将高于维持资本存量水平所必需的储蓄率，此时该国的资本存量、产出等指标开始增长，这一现象被 Baldwin 称为集聚和投资的增长效应。从储蓄转化为产业投资的作用机理角度对产业层面的资本形成理论进行研究的代表是爱德华·肖和罗纳德·麦金农等人的金融发展理论。该理论认为，在发展中国家存在着明显的金融抑制现象，发展中国家落后的金融制度使投资依靠内部融资而并非外部融资①。随着内部融资资本的增加，生产者资金余额不断积累，自身的信誉也在无形地提高，因而获得外部融资的可能性也会增加。因此，储蓄水平的提高促进了资本形成。

（2）国内学者对产业资本形成的实证研究

近年来，国内学者开始关注产业资本形成的研究，并从实证角度积累了一定的学术成果，相关研究主要包括资本形成的机理理论和产业资本形成的实证。丁军（2006）通过对环境产业"资本形成—投资效率—金融运行"三个角度的分析指出，环境产业资本形成的逻辑组成包括财政预算支出、金融信贷、外资引进和自身积累四个部分，并通过环境产业资本形成缺口和环境产业金融效率两个方向进行演进。周建、汪伟（2006）利用向量自回归模型研究了改革开放以来中国资本形成、投资效率与经济增长之间的动态相关性，得出产出增长率和资本形成增长率之间存在双向因果关系，公共资本增速对 GDP 增速具有显著的促进作用。姚林如（2007）通过研究发现我国资本形成与产业集聚的区域性特征非常明显，具有东部资本形成快于中西部地区，由中西部向东部转移的区域性特征。刘锡良等（2015）从产融结合视角对资本形成与经济增长之间的相关性进行了实证研究，并指出，产业资本与金融资本之间存在一个适度的比例关系，过多或者过少都会带来负面影响。韩亚欣等（2016）通过研究发现，战略性新兴产业发展与资本形成、财税制度安排以及人力资源富足程度等要素配置方式之间关系密切，但不同要素在不同阶段对于战略性新兴产业发展的贡献度差异明显，并提出战略性新兴产业的培育和发展须考虑资本形成、财税政策和人力资源之间的相互

---

① 金学群. 金融发展理论：一个文献综述 [J]. 国外社会科学，2004（1）：8-14.

影响和协同合力。

（3）启示

通过对产业层次的资本形成理论脉络的梳理可以看出，产业资本形成与产业增长存在正相关的关系——产业资本形成能够促进产业增长，产业增长有利于产业资本形成。产业资本形成理论从中观的视角，论证了产业与金融的关系，弥补了宏观视角下无视金融因素的不足。总之，无论是产业还是经济发展，都需要大规模的资金支持。当然，尽管金融发展能够有效地促进产业资本形成，但是二者结合不当也会导致产业结构的失衡。

2.2　资本形成推动战略性新兴产业持续发展的理论逻辑

首先本书的理论分析是建立在下列假设条件之上的[①]：

（1）假设经济是封闭的，对产业来说，资本只有两种存在形态：产业内部资本和产业外部的金融资本；其中产业内部资本包括产业自身的生产资本和以流通为目的的商业资本，二者以合理的比例结构存在，即使有所改变也可以通过竞争机制再次达到均衡。

在封闭经济条件下，产业发展所需要的资金投入包括两部分：产业自身的内部资本和产业外部的金融资本[②]，其中，产业内部资本来源于产业自身的利润积累，即通过原材料购买、产品生产、产品销售等一系列环节形成的资本，金融资本虽然来源于金融业，但其初始状态是在产业内部资本达到一定规模后而从中脱离出来、专门用于借贷等区别于实际生产而形成的资本。

（2）假设产业结构和产业规模均不变，资源要素能够自由流动不存在垄断限制，资本和劳动力要素始终能处于最优配置状态。

（3）对生产函数的选择。产业产出的决定因素包括资本和劳动的投入以及技术的进步。对于战略性新兴产业来说，企业的生产活动是以研

[①]　本书的理论分析主要借鉴了王定祥等（2009）的分析方法，并在此基础上结合战略性新兴产业的特点进行了适当的改进。

[②]　本书中的金融资本是指金融机构的运营资本，而不是西方经济理论中的"银行资本和工业资本的融合"，如希法亭（1910）。

究开发投入为基础的创新知识的产出过程，技术和创新是提升产业竞争力的源泉和发展动力所在，因此研发资本投入是战略性新兴产业生产函数的重要自变量，高技术特征要求该产业投入大量的研发费用。

新古典增长模型是 20 世纪 50 年代由罗伯特·索罗提出的发展经济学中的著名模型，随后的学者对其进行了多次修正。该模型是在一般均衡分析的基础上对固定生产函数的修正，认为人均实际 GDP 的增长是由于技术变革引起的人均资本的增长，并把技术进步视为外生经济变量。根据新古典增长理论，生产函数的技术进步通过三种方式表述：哈罗德中性、资本增加型和希克斯中性①。资本增加型生产函数认为产业在 t 时刻建立的生产力依存于 t 时刻的技术状态，并且不受后续技术进步的影响，即产业提高产出之前，必须将新技术物化在新资本中。因此本书选择资本增加型生产函数作为研究基础，即：

$$Y(t) = F(A(t)K(t), L(t)) \tag{2-1}$$

式（2-1）中，Y 是产业产出，K 是产业资本，L 是产业劳动力，A 是知识的有效性，t 表示时间；由于技术进步的存在，随着知识数量的增加，既定数量的资本和劳动力所获得的产出量会随着时间变化而上升，A 与 K 以乘积的形式引入，AK 被称为产业有效资本，这代表了资本增加型技术进步的状态，也可以理解为产业研发资本。

本书借鉴 Parente 和 Prescott（1991）对产业增长中的劳动力施加容量的限制，即在上述假定条件下，产业产出取决于产业自身有效内部资本和通过金融部门获得有效外部金融资本之间的分配，即生产函数变为：

$$Y(t) = F(A(t)K_e(t), A(t)K_f(t))$$
$$s.t. \quad K_e(t) + K_f(t) = K(t) \tag{2-2}$$

式（2-2）中，K_e 代表产业内部资本，K_f 代表产业获得的外部金融资本，由于假设生产函数为规模经济不变，因此满足一次齐次函数，且资本属性相同，实际生产函数可变换为：

$$\begin{aligned} Y(t) &= F(A(t)K_e(t), A(t)K_f(t)) \\ &= A(t)F(K_e(t), K_f(t)) \\ &= A(t)K_e(t)F(1, K_f(t)/K_e(t)) \end{aligned} \tag{2-3}$$

---

① 哈罗德中性的生产函数为 $Y=F(K, AL)$，希克斯中性的生产函数为 $Y=AF(K, L)$。

定义 $k(t) = K_f(t)/K_e(t)$，其含义为 t 时刻产业获得的外部金融资本与产业内部资本的比例，式（2-3）可整理为：

$$y(t) = \frac{Y(t)}{A(t)K_e(t)} = F(1, K_f(t)/K_e(t)) = f(K_f(t)/K_e(t)) = f(k(t)) \tag{2-4}$$

$y(t) = f(k(t))$ 可理解为单位产业研发资本的产出是产业外部金融资本与产业内部资本比例的函数，产业实际产出函数变为：

$$Y(t) = A(t)K_e(t)f(k(t)) \tag{2-5}$$

对产业产出函数中的三个变量分别求导得（后两个变量的推导过程见附录 A）：

$$\frac{Y(t)}{A(t)} = K_e(t)f(k(t)) \tag{2-6}$$

$$\frac{Y(t)}{\partial K_e(t)} = A(t) \left[f(k(t)) - f'(k(t)) \cdot k(t) \right] \tag{2-7}$$

$$\frac{Y(t)}{\partial K_f(t)} = A(t)f'(k(t)) \tag{2-8}$$

假设资本满足边际产出递减规律，从式（2-8）可得：当 $f'(k(t)) > 0$ 时，$\frac{Y(t)}{\partial K_f(t)} > 0$，即随着金融资本的流入，产业产出会增加；当 $f''(k(t)) < 0$ 时，金融资本的边际产出递减；当 $f'(0) = \infty$，表明产业获得的外部金融资本与产业内部资本的比例很小，金融资本的边际产出无穷大；当 $f'(\infty) = 0$，表明产业获得的外部金融资本与产业内部资本的比例很大时，金融资本的边际产出为零。

在这种状态下，产业经济的路径是不发散的，上述生产函数满足新古典增长的索罗模型中的假设条件，其中 $f(k(t))$ 可以看作生产函数的紧凑形式（intensive form），由此得出索罗模型下的动态方程（推导过程见附录 A）：

$$\frac{\overset{g}{k}(t)}{k(t)} = \frac{\overset{g}{K_f}(t)}{K_f(t)} - \frac{\overset{g}{K_e}(t)}{K_e(t)} \tag{2-9}$$

$$\frac{\overset{g}{Y}(t)}{Y(t)} = \frac{\overset{g}{A}(t)}{A(t)} + \frac{\overset{g}{K_e}(t)}{K_e(t)} + \frac{f'(k(t))}{f(k(t))}k(t) \left[\frac{\overset{g}{K_f}(t)}{K_f(t)} - \frac{\overset{g}{K_e}(t)}{K_e(t)} \right] \tag{2-10}$$

令 $e = \dfrac{\overset{g}{K_e}(t)}{K_e(t)}$、$s = \dfrac{A(T)\overset{g}{K_f}(t)}{Y(t)}$，其含义分别为产业内部资本增长率，有效金融资本增量占产业产出的比例；并假设资本与知识以不变的增长率增长，即 $\overset{g}{A}(t) = gA(t)$，则式（2-9）可变为：

$$\overset{g}{k}(t) = sf(k(t)) - ek(t) \tag{2-11}$$

如果 e 和 s 保持不变，则存在产业外部金融资本与产业内部资本的最优比例 $k^*(t)$（当 $\overset{g}{k}(t) = 0$ 时），此时产业经济处于平衡增长路径上，即产业外部金融资本、产业内部资本、产业实际产出都以不变的速度增长，分别为：e、e、$g + e$。

假设现实中不存在制度障碍并且是完全竞争的，那么通过上述的理论分析可以得出，金融资本和产业内部资本可以相互转化并促进最优比例的形成。假设金融资本因为匮乏而对产业的投入不足，即金融资本增长率低于产业的资本增长率时，产业部门难以得到金融部门对其发展所投入的外部资金和金融服务，对金融部门的投资者来说就会失去宝贵的投资机会，从而降低资本的运营效率。同时，由于金融资本对产业的投入匮乏，会使金融资本在产业部门的资金价格不断上升，金融部门的超额收益率不断提高。由于金融资本超额收益率的存在，消费部门的投资者会增加对金融部门的投资而减少对产业产品的消费，从而使其资金从产业部门转移到金融部门。因此，产业部门的资本增长率会降低，金融部门的资本增长率会提高。如果金融部门的流入资本过量，即金融资本增长率超过产业资本增长率，产业部门的发展就会因为资本形成不足而趋于萎缩，产业部门的产品和服务价格因供给不足而价格上升，产业资本的投资收益率上升，形成超额利润，会吸引金融资本流入产业部门。同时，如果金融部门的资本流入过量的话，会使投资者担心虚拟经济泡沫的风险。在这种情况下，资本会从金融部门流入产业部门，总之，这种动态调整会使金融资本和产业资本的增长率再次达到最优比例。

通过理论分析可以得出，资本形成是促进产业成长的关键，但金融资本形成应该适量，无论是过量还是不足的金融资本都会对产业增长产生不利影响，同时产业内部资本的形成不仅要注重资本形成的数量，更要注重资本的形成过程。在封闭经济条件下，金融资本与产业内部资本的增长率在最优比例下稳定增长并动态调节，最终会使产业产出稳定增长。当然，上述分析只是一种理想化的状态，在实际中还受到某些条件的限制。例如，如果金融资本流入产值高、附加值高的产业，这将会有利于产业资本的形成，并促进产业的发展。反之，金融资本如果流入高耗能、低效率产业，虽然也会促进这些产业的资本形成，但是这种行为是缺乏效率的，会造成金融资源的浪费。

战略性新兴产业承载着提高国家竞争力、促进产业结构升级等使命，如果想要迅速成长为主导产业、支柱产业，就必须投入大量的有效资本，资本形成是战略性新兴产业成长的关键。资本形成有利于产业成长的全周期阶段。在产业的初创期，风险资本能够使处于萌芽期和创意期的新兴产业实现成果转化。在产业的成长期，产业基金等资本投入能够实现产业的规模经济。在产业的成熟期，资本形成有利于产业的升级和改造。在产业的衰退期，资本形成可以为产业的重组提供支持。从本质上来说，产业的成长过程就是资本的形成和积累的过程。

2.3　资本形成对战略性新兴产业成长的作用机制

2.3.1　战略性新兴产业成长的关键要素及态势

2.3.1.1　影响战略性新兴产业成长的关键要素

产业为什么会成长？这一问题可以通过探寻产业的成长历程找到答案。任何一个产业自出现之日开始，都会经历从无到有、从小到大的过程，战略性新兴产业也不例外。在这个过程中，其表现为产业的内在单元（企业）数量不断增加和投入产出率、市场占有率不断提升。从资源流动来看，其表现为资源要素在产业的流入和流出，因此可以把产业成长理解为社会资本、劳动力和技术等资源要素从产业外部转移到产业内部的过程，那么可以这样理解，战略性新兴产业成长是在其具备资源要素前提下，通过成长动力而动态演化后的结果。因此，探究战略性新兴产业成长的原因可以从分析其成长动力入手。

一般而言，产业成长的动力可以分为内源动力和外源动力。在市场经济条件下，产业成长的内源动力是产业内在单元对利润的追求，产业内部不同的企业之间通过竞争和协作，使产业在内源动力的推动下不断成长，不断地优胜劣汰、推陈出新。战略性新兴产业肩负着国家经济社会全局和长远发展使命，因此无论是在政策上还是资源上都是得天独厚的。在这种优势背景下，大量的新兴科技型企业不断涌现，它们之间内在的生存、发展渴求，通过不断的科技创新成为战略性新兴产业成长的内源动力。而这种内源动力最终还是要通过外源动力的延伸才能得以转化。从产业外部来看，推动其成长的外源动力主要包括市场需求、技术创新、政策环境和产业整合等关键要素，这些要素会伴随着内源动力，不断地推动产业的发展，实现产业整个生命周期的演进。当然，产业成长的外源动力和内源动力之间并不是彼此割裂的，而是可以相互转化的，这体现了产业成长要素之间的协同关系。结合战略性新兴产业的发展规律，不同产业成长要素的作用又有所差异。

首先，市场需求是战略性新兴产业成长的拉动力。虽然产业的产出取决于产业的投入，但是仅仅依靠产业投入，并不能实现产业的高速发展，实现这一目标的关键因素就是产业的市场需求。任何事物的发展都应遵循"物竞天择，适者生存"的法则，战略性新兴产业也不例外。从古到今，能够在激烈的市场竞争中不断成长、成熟的产业，都是能通过不断调整适应市场需求的产业。对于任何产业来说，市场需求都决定着产业产出的导向。市场需要什么，企业就应该生产什么，这迎合了市场经济的发展规律。从世界范围来看，很多新兴产业都是在市场需求的拉动下进行创新而最终成为战略性产业的，韩国手机产业的发展就是最好的例证之一[①]。一些产业在兴起之初，处于起步阶段，市场占有量很小，未来发展的不确定性很高。企业会通过对未来市场需求状况的预测

---

① 市场需求拉动产业迅速发展的典型案例是韩国手机产业的迅速成长。韩国手机产业的迅速发展不仅仅体现在市场规模的不断扩大，而且体现为韩国手机市场的快速动态变化，这些变化是通过消费者需求端——消费者偏好的多样性以及试验性用户的作用而实现的。韩国手机制造商在新产品推出时，首先在本土市场上销售，通过本国市场的验证之后，增强了韩国手机企业的竞争力，然后再将其手机出口至国外，从而在国际市场获得竞争力。另外，韩国的移动电信运营商会大量购买本国企业生产的手机，然后再以较低的价格卖给国内的最终消费者，用电信服务利润来补贴手机的价格，这种手机生产商和运营商之间的强大的联系使得韩国本土手机生产商达到了一个较高的技术水平（Whang 和 Hobday，2011）。

及消费者偏好的变动，来判断市场的潜在需求，决定新产品的研发，以抢占未来市场份额。这个过程一般会存在较大的市场风险，持续时间也较长。随着市场需求的不断提升，企业会加大生产投入力度以满足市场需求，整个产业也会迅速占领市场，并形成关联性强、附加值高的产业，这些产业对国家的经济运行产生了巨大影响，推动了经济结构的转型和综合国力的提升。因此，市场需求在战略性新兴产业成长过程中起到了非常重要的作用。市场需求不仅会使厂商获得丰厚的利润，还会在客观上促进产业的成长。战略性新兴产业必须与科技创新相结合，只有这样才能实现科技引领社会发展。总之，战略性新兴产业的发展需要市场有效需求的强力拉动。

其次，技术创新是战略性新兴产业成长的支撑力。技术创新是产业创新中最重要的部分。一个产业的成长过程也是技术创新的过程，如果技术创新停止，就预示着这个产业的消亡。技术的转化是建立在产业基础上，只有通过产业规模扩张、生产能力提高，才能将新技术转化为现实的物质财富，也就是说技术创新的平台只有通过产业成长才能实现。而产业成长的支撑必须依靠技术创新，否则产业规模的扩张只能是数量上的增加，并不能实现产业升级，因此这种意义上的产业扩张并不能算作产业成长。例如，在近几十年，随着信息技术的不断创新，信息产业的成长十分迅速。战略性新兴产业的科技性特征决定了其创新速度呈现出加速的趋势。技术创新是实现战略性新兴产业市场需求的前提，随着技术创新的推广和应用，战略性新兴产业的市场空间将不断被拓宽。例如，随着光纤传感器的发明，这种技术将会被大量应用于石油和天然气、航天航空、生物医学中，其产业的市场发展空间也非常巨大。3D打印技术的推广也会不仅仅局限于信息技术产业，它将延伸至生物医疗、新能源、节能环保、汽车以及教育等多个领域。总之，自主创新能够直接提升产业竞争力，战略性新兴产业应在充分结合内需的基础上实现技术突破和产业化发展。

再次，产业政策是战略性新兴产业成长的推动力。产业政策是政府引导产业发展的重要手段，是为了实现一定经济和社会目标而提出的各种对产业的干预手段，通过产业政策，力图引导产业朝向预期的方向发展，因此产业政策也是产业成长的宏观环境。在市场经济运行中，产业政策具有导向作用。任何产业在发展之初，大多是没有竞争优势的弱势产业。在产业的成长过程中，政府的角色很关键。通过产业政策对某些产业进行必要的培育和扶持，能够促使其快速发展。例如，日本就是政策引导产业迅速成长的典型案例。二战后的日本国民经济濒临崩溃的边缘，物价飞涨，债台高筑，国内资本奇缺，财务危机迭起。此时，市场经济很难在资源配置中发挥有效的作用。在这种特殊的历史背景下，日本政府通过积极干预石油化工、钢铁业等主导产业，通过采取多项保护措施和扶持政策，使支离破碎的国民经济快速增长与起飞，并逐步进入发达国家的阵营。日本的经验表明，战略性产业的成长需要相关政策的扶持和引导。因此，产业政策对产业成长能够起到积极的推动作用，对战略性新兴产业进行必要的扶持和培育，是促使其快速发展的重要条件。

最后，产业整合能推动战略性新兴产业成长的质变。产业整合是指产业的集群化、规模化发展，这也是现代产业发展的重要趋势。如果说前面三个要素能够帮助产业完成量变过程，那么，产业的整合会推动产业完成由数量型向质量型、由同质化竞争向差异化发展转变。产业整合包括产业内部单元（企业）的并购、产业集群与产业链等形式，它们是引领产业规模化发展的重要途径。产业整合可以提高产业效率和专业化，加强创新和技术进步，从而更好地推动产业经济发展。战略性新兴产业的培育和发展，需要大量资金投入和人才队伍作支撑，这就决定了在产业发展初期，必须走集群化、规模化的发展道路，把有限资源聚集在重点产业和重点领域，发挥出最大效用。通过打造产业集群等方式发展战略性新兴产业，可以使战略性新兴产业所蕴含的创新动力和自我升级动力得到充分释放。

2.3.1.2 战略性新兴产业成长的态势及特征

（1）战略性新兴产业成长历程

通过对产业成长要素的分析可以发现，产业成长是产业从弱小到强大、从不成熟到成熟的生命周期演化过程。产业成长的过程涵盖了产业规模、产业技术和产业组织三个方面的演化。产业成长的基本规律是从低附加值向高附加值发展，从高耗能向低耗能发展，从粗放型向集约型发展。从整体上看，产业成长也是产业结构优化、产业规模扩大、产业技术发展、产业层次提升、产业组织完善以及产业模式转变的过程。对于战略性新兴产业的成长，可以借助美国学者迈克尔·波特的观点来理解，战略性新兴产业的成长是在人力资本和物质资本相对于劳动力以及其他资源而言更丰富的情况下，国家在资本和技术密集型产业中发展具有比较优势的产业①。从各国战略性新兴产业的成长轨迹来看，也是符合这一规律的。

战略性新兴产业的提出与发展是全球经济周期演化的必然要求。从全球范围来看，战略性新兴产业虽然在不同国家的称谓不同、范围不同，但是发展初衷和导向是相同的，即通过加大对新兴技术和产业的布局，使全球经济疲软能够得到缓解。新兴产业的发展过程中所辐射出的经济增长新动力，是世界各国所期盼的。由此，围绕该思想的一系列重大发展战略被不断推出。例如，以美国、德国和日本为首的发达国家就将目光锁定在新一代互联网产业、生物产业等七大产业上，美国提出的《先进制造业国家战略计划》、《美国创新战略：推动可持续增长和高质量就业》以及《出口倍增计划》等诸多法案，就是对战略性新兴产业大力支持的政策法案；德国政府推出了工业 4.0 战略、日本推出了以环保型汽车、电力汽车等产业为主的新增长战略、韩国推出了《新增长动力规划及发展战略》（其中提及 22 个重点产业）……可以说各国新兴产业的成长都是在国家政策驱动下而不断推进的过程。

在我国，"新兴产业"一词最早出现于 2006 年颁布的《国家长期科学和技术发展规划纲要（2006—2020）》。2009 年中央经济工作会议提出，要加快培育战略性新兴产业。随后 2010 年发布的《国务院关于加快培育和发展战略性新兴产业的决定》，确定了我国战略性新兴产业的涵盖领域，标志着战略性新兴产业框架已成定局。2012 年 7 月 9 日，国务院再次印发《"十二五"国家战略性新兴产业发展规划》，再次确定了战略新兴产业的范畴②。通过对七大战略性新兴产业的重点培育，

---

① 波特. 国家竞争优势［M］. 李明轩，邱如美，译. 北京：华夏出版社，2002.
② 此次确定的范畴为节能环保产业，新一代信息技术产业，生物产业，高端装备制造产业，新能源产业，新材料产业，新能源汽车产业这七大产业。

试图利用新一轮技术变革缩小我国与发达国家的差距。2013 年，国家和发展改革委员会公布了《战略性新兴产业重点产品和服务指导目录》。至此，国家层面的战略性新兴产业终于落到了具体操作层面。总体来看，我国战略性新兴产业是在政策体系不断细化落地的驱动下，逐渐发展壮大，并进入全面深入的推进期。

（2）我国战略性新兴产业的成长态势及特征

在我国经济增长下行的压力下，保增长调结构成为现阶段所关注的重点问题。战略性新兴产业所呈现出高成长性和发展动力为整个宏观经济增色不少，成为稳定经济的重要砝码，这一点可以通过采购经理指数（PMI）来说明一二。采购经理指数是一套每月发布的、综合性的经济监测指标体系，其分项指标能够确切呈现新兴生产力的发展状况，反映一国经济结构调整的发展进程。2015 年 3 月，中国科学技术发展战略研究院和中采咨询联合发布了中国战略性新兴产业采购经理指数（emerging industries PMI，简称 EPMI），该指标涉及七大产业近 300 家企业的经营动态，可以作为综合反映目前我国战略性新兴产业成长态势的权威数据。从图 2-1 的统计数据可以看出，2014—2015 年期间，EPMI 一直处于较高的水平，几乎全部高于 50 的荣枯分水线，并且高于同期的国内制造业 PMI，说明我国战略性新兴产业正处于产业成长周期的上升阶段，发展潜力巨大。

目前，战略性新兴产业已成为支撑经济增长的主要动力。国家发改委研究院披露的数据显示，2015 年战略性新兴产业领域 27 个重点行业规模以上企业主营业务收入达 21.9 万亿元，实现利润总额近 1.3 万亿元，同比分别增长 15.3% 和 10.4%。其中，工业部分收入增长是同期工业总体收入增速的 5 倍以上；工业部分利润同比增长超过 15%，而 2015 年工业总体利润增长同比下降 2.3%。我国战略性新兴产业的快速崛起，填补了传统制造业的下滑空缺，稳增长作用凸显，成为中国经济增长的新"引擎"。从产业整体发展态势来看，呈现出以下特点：

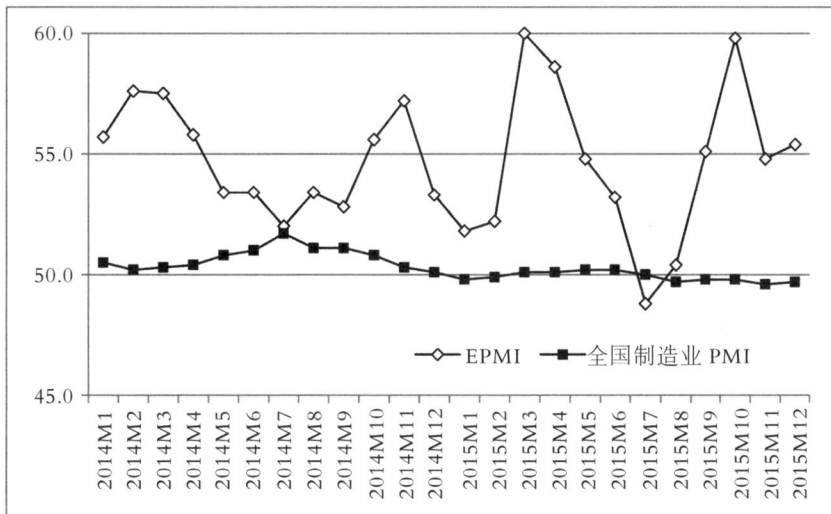

M 表示月份

图 2-1 战略性新兴产业采购经理指数（EPMI）月度统计

数据来源：根据中国科学技术发展战略研究院网站资料整理。

第一，产业规模不断扩大，增速趋缓但好于经济总体。2010 年以来，受国际经济不佳以及国内经济结构调整等因素影响，我国 GDP 增速趋缓，各主要经济指标均持续低迷，尽管我国战略性新兴产业增速也出现较大幅度下滑，但相比经济整体来看还是相对要好的，战略性新兴产业扮演着经济稳定的重要角色。从上市公司数据来看，产业整体的营收增速减慢、下滑，但仍好于上市公司总体，国家信息中心的统计数据显示（见图 2-2），2010—2015 年期间在宏观经济形势的压力下，上市公司整体上呈现出营收增速下滑的趋势。其中上市公司整体的营收增速从最高年份（2010 年）的 35.7% 下降到最低年份（2012 年）的 8.8%，下降幅度极其明显。比较来看，尽管战略性新兴产业的营收增速也在下滑，但每一年份均高于同期的上市公司整体。其中，2015 年战略性新兴产业上市公司（A股）营业收入同比增长 16.0%，高于 A 股上市总体增速 9.6%，还可以看出，自 2012 年之后战略性新兴产业上市公司的营收增速是高于上市公司整体的。从市场规模来看，中商产业研究院的数据显示，2013—2015 年期间，我国战略性新兴产业的市场规模不断扩大，这 3 年的数据分别是16.7 万亿元、19 万亿元、21.9 万亿元，年均增长速度为 15%。预计到

2016 年会达到 25.2 万亿元。分行业来看，国家信息中心公开数据显示，2015 年战略性新兴产业重点行业业绩表现良好，呈现全面发展的格局。新能源、节能环保以及新一代信息技术领域营收增速位居前三，其中，以核电、风能以及光伏为代表的新能源产业继续位列七大产业之首，产业营收增长 25.2%，较 2014 年提升 5.6%；节能环保产业在利好政策带动下迎来快速增长，2015 年营收增长 23.7%，较 2014 年提升 0.7%；信息消费爆炸式增长支撑了新一代信息技术产业营业收入持续快速增长——增速达 22.6%，较 2014 年提升 6.2%。从其他产业来看，生物领域保持平稳增长态势，2015 年营收实现较快增长，达到 14%，高于 2014 年 1.9%。但是，高端装备制造与新材料领域营收增速出现较为明显下滑，新材料产业一直低位运行，2015 年产业营收增速为 0.4%，增速甚至低于上市公司总体的 1.1%；受海洋工程装备与航空装备制造业拖累，高端装备制造领域营收增速为 4.4%，低于 2014 年 14.5%。与此同时，战略性新兴产业正成为当前消费领域的热点概念，健康消费、绿色消费、信息消费成为拉动消费的主要增长点。例如，4G 手机出货量达到 2.91 亿部，新能源汽车产销量在 2015 年同比分别增长 3.3 倍和 3.4 倍，其中比亚迪累计销量 6.2 万辆，同比增长 234.7%，远超日产、特斯拉等国际品牌，雄踞全球新能源汽车销量第一的宝座。

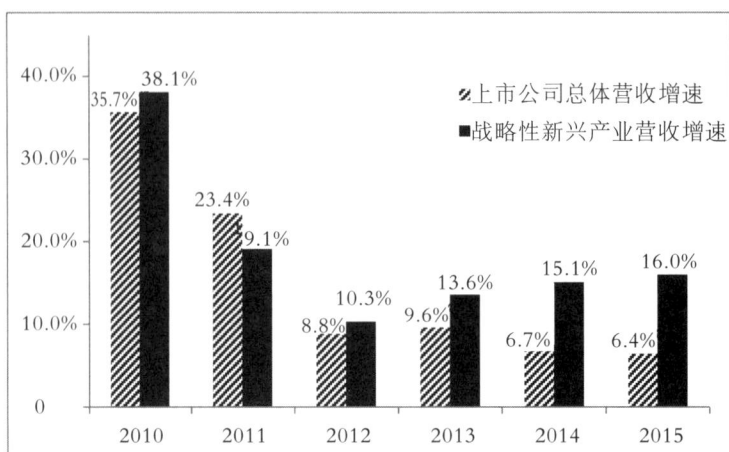

图 2-2　2010—2015 年战略性新兴产业上市公司营业增速变化

数据来源：根据国家信息中心网站资料整理。

第二，产业创新技术水平不断提升，但仍处于起步阶段，与发达国家差距较大。随着我国创新驱动战略持续实施，战略性新兴企业创新创业活力进一步迸发。从国家信息中心上市公司数据库的统计数据可知，2015 年战略性新兴产业上市公司平均研发投入达到了 1.53 亿元，较2014 年提高了 21.4%，平均研发强度（占公司营收的比重）达到了6.21%，明显高于上市公司平均 3.50%的研发强度。具体来看，共有 468家战略性新兴产业上市公司研发投入强度超过了 5%，占战略性新兴产业上市公司总数的 45.2%。但纵向比较来看，也存在一定问题。国家知识产权局于 2016 年 1 月发布的《2010—2014 年战略性新兴产业发明专利授权状况统计报告》显示，我国战略性新兴产业发明专利授权总量呈增长态势，年均增长率为 13.82%，但逐年增幅明显不均（见表 2-1）。从逐年增速上看，2011 年战略性新兴产业发明专利授权年增长率为26%，略低于同期全国发明专利总体授权 27.41%的年增长率，2012 年和 2013 年战略性新兴产业均明显高于同期全国发明专利授权总体的年增长率，但这一优势并未能持续保持，2014 年，发明专利总体授权的年增长率达到了 12.02%，而战略性新兴产业发明专利授权年增长率仅有 0.75%，也就是说，发明专利总体授权在经过了 2013 年的下降后，在 2014 年出现了较大的反弹，而战略性新兴产业发明专利授权在 2012到 2014 的三年间处于停滞状态。

表 2-1　2010—2014 年战略性新兴产业发明专利授权及比较

年份	战略性新兴产业发明专利授权（件）	年增长率（%）	全国境内外发明专利授权（件）	年增长率（%）	战略性新兴产业占比（%）
2010	56 971	—	135 000	—	42.20
2011	71 784	26.00	172 000	27.41	41.73
2012	94 798	32.06	217 000	26.16	43.69
2013	94 902	0.11	208 000	-4.15	45.63
2014	95 610	0.75	233 000	12.02	41.03

数据来源：《2010—2014 年战略性新兴产业发明专利授权状况统计报告》、全国年度统计公报。

　　七大战略性新兴产业中,新一代信息技术产业的发明专利授权在2010—2014年期间的总量居各产业首位,授权总量占各产业合计量的28.27%,生物产业以25.80%的占比次之,节能环保产业排名第三(20.16%),上述三个产业的发明专利授权量之和超过战略性新兴产业各产业合计量的七成,具有支柱性地位。在战略性新兴产业发明专利授权量中,最少的要属新能源汽车产业,居于整个产业的末位(见表2-2)。

表2-2　　2010—2014年七大战略性新兴产业发型专利授权量　　单位:件

产业类别	2010年	2011年	2012年	2013年	2014年	合计	占总量比
节能环保	12 070	16 069	21 881	23 170	23 797	96 987	20.16%
新一代信息技术	23 919	25 665	32 192	27 725	26 501	136 002	28.27%
生物	14 480	20 463	27 532	30 684	30 965	124 124	25.80%
高端装备制造	3 756	4817	6 079	6 069	6 130	26 851	5.58%
新能源	2 400	3 742	5 870	6 413	6 607	25 032	5.20%
新材料	7 626	10 761	14 854	15 099	15 520	63 860	13.27%
新能源汽车	940	1 272	1771	2 110	2 118	8 211	1.71%

数据来源:《2010—2014年战略性新兴产业发明专利授权状况统计报告》。

　　从产业技术的国际比较来看,中国近年来战略性新兴产业领域的专利数量虽然大幅增加,但是某些产业的核心关键技术积累与发达国家仍存在差距。国家知识产权中心数据显示,2015年,国家知识产权局共受理发明专利申请110.2万件,同比增长18.7%,连续5年位居世界首位。国内发明专利授权26.3万件,同比增长61.9%。相比之下,美国商业专利数据库IFICLAIMS发布的2015专利统计数据显示,全年授权专利数约为29.8万件。同比下降不到1%。尽管中国近年来专利爆发性增长,但是部分技术领域专利申请量与发达国家还存在一定差距[①]。

---

　　①　例如,在新一代信息技术产业中的物联网领域,核心关键技术方面,如RFID标签、非接触式智能卡、应答装置、发射接收器等,美日韩核心优势明显,而中国对物联网的研发主要集中在拓展物联网的实际应用层面;在新能源产业的太阳能光热发电领域,目前核心技术主要掌握在美国、德国、西班牙等国家,关键材料、关键设备供应商多为发达国家的龙头企业,如Applied Materials、Centrotherm、GT Solar等;绝大部分国内企业都在使用已应用长达15年的主流晶硅电池技术,又由于西方国家的反倾销,导致进步缓慢。在高端装备制造业的航空发动机制造领域,呈现出高度垄断的格局,美国、德国和日本的公司掌握了主要的研发和应用技术。中国历年来的航空发动机的平均专利申请量仅为美国的1/10。

第三，市场有效需求不足，提升空间巨大。尽管我国战略性新兴产业的投入力度逐年加大，但是相关新产品、新服务的国内市场有效需求不足问题仍然制约着产业发展。这一现象在我国光伏产业表现得最为明显。我国光伏产品几乎完全依赖于出口，因此受制于世界经济整体低速增长以及发达国家贸易保护政策，我国光伏产业在国际市场上面临着巨大的不确定性。2014 年 7 月，美国商务部宣布对中国地区的太阳能电池板生产商征收惩罚性关税，使中国企业受到较大打击。从国内来看，市场环境不成熟、地方保护主义和准入限制均制约了光伏产业有序竞争的开展。例如，2015 年我国用于太阳能发电的电池板产量为 5 863.03 万千瓦，国内太阳能电站的装机容量为 2 100 万千瓦，新增装机容量只占同年全国太阳能电池产量的 35.82%，这已经是近几年来的最高值。整体来看，光伏产业的有效需求不足不仅限制了相关企业的发展空间，也不利于产业的进一步拓展。从消费角度来看，终端消费者往往受困于成本高、缺乏后续服务等方面原因，观望态度会取代对产品的消费意愿。这对产品的推广是十分不利的。例如，新能源汽车是十分依赖"一站式"服务的耐用产品。目前国内具有最高续航里程 502 公里的纯电动汽车特斯拉 ModelS，已堪称新能源汽车圈的贵族。但平均来看，国产纯电动车的最高续航里程大多在 200 公里以内，而传统内燃机汽车的满油里程一般超过 400 公里，加之至今尚未形成覆盖全国的电动汽车充电设施和电池检测维护系统。降低成本、完善专用基础设施和服务体系都不是在短期内能够完成的，因此国内消费市场的启动难题将不利于新能源汽车产业的发展。

尽管目前我国战略性新兴产业需求开发不足，但长远来看产业提升空间巨大。以生物医药产业为例，随着社会老龄化，发展大健康产业是必然选择。目前，我国医疗健康支出占 GDP 比例不到 6%（其中包括药物、医疗设备、医院、制药和保险），与美国的 18%、英国 12%、印度 8.9%的占比水平相比，中国卫生支出水平提高的空间还很大，因此在生物医药产业中，如康复医疗、健康养老等方向发展潜力是巨大的。

第四，产业成长的政策环境有待完善。自 2010 年提出战略性新兴产业发展战略以来，国家相继出台了一系列推动战略性新兴产业发展的政策和管理办法，但是部分地区仍然存在政策落实不到位、政策协调性不足的现象，限制了相关企业的生存和发展空间，影响了产业的进一步发展。2014 年 7 月 4 日，国家新闻出版广电总局在第三届中国互联网电视大会上提出，互联网电视集成业务牌照将不再发放，商业网站不能在互联网电视上自建内容平台等一系列严厉的政策监管和内容控制措施，这对与之相关的行业，如互联网电视机盒的上游芯片生产企业、下游的终端销售企业带来极大的发展限制，也不利于三网融合的发展。我国光伏产业产能过剩的直接推手就是政府干预[①]。从目前来看，产能过剩仍然极大地限制了我国光伏产业发展。

第五，产业整合趋势明显。战略性新兴产业发展初期的成员多为创新型中小企业。中国工程科技发展战略研究院于 2015 年 11 月发布的《中国战略性新兴产业发展报告（2016）》指出，近年来中国战略性新兴产业总规模有了较大比例的提升，在 7 个重要领域中，民营中小企业数量占比超过 70%，已成为发展战略性新兴产业的重要力量。新兴产业的发展规律决定了创新型中小企业在其中发挥的关键性作用，扶持中小企业是长期以来的新兴产业发展战略。从长远来看，随着战略性新兴产业的不断成长，一些优质的创新型中小企业在外部资源的支持下会不断地重组、并购为大型企业，从产业角度考虑，这也是产业链延伸、开拓市场空间、提升创新能力、扩大产能规模、实现协同效应的内在需要。因此，产业的整合是必然趋势，这不仅有利于促进优质中小企业的成长，也有利于产业自身组织结构的不断优化。

从我国实际来看，随着战略性新兴产业的认知度提升，各类社会资本纷纷介入，相关企业的市场化整合、并购节奏加快。近年来战略性新兴产业领域的并购案例数和并购金额，都居于中国并购交易的前列。国家信息中心公布的数据显示，2015 年，战略性新兴产业上市公司全年完成并购重组 176 起，占同期上市公司并购重组总数的 37.6%，其中主要目的为横向整合的重组占比达 61.9%，高于上市公司总体 15.8%，从

---

① 2005 年，《中华人民共和国可再生能源法》颁布，我国整个光伏产业爆炸式增长，全国 31 个省（区、市）均把光伏产业列为优先扶持发展的新兴产业。2009 年财政部、科技部、国家能源局联合发布了《关于实施金太阳示范工程的通知》及《金太阳示范工程财政补助资金管理暂行办法》，进一步促进了光伏产业的扩张。

产业活跃度来看，新一代信息技术和生物产业是并购企业的主要参与者。在互联网领域，百度收购糯米网，腾讯收购大众点评网，阿里巴巴收购高德地图，都是互联网巨头加速对 O2O 市场卡位的实际行动。在集成电路领域，中国电子信息产业集团旗下贵州中电振华信息产业有限公司先后整合成都华微电子、收购苏州盛科网络等两家芯片公司并设立了合资公司。在光伏领域，顺风光电国际收购了无锡尚德，协鑫新能源收购了金湖正辉。在医药生物领域，新华医疗、乐普医疗等在内的多家药企纷纷并购重组。在高端装备制造领域，均胜电子通过控股子公司德国普瑞收购 IMA 及其相关知识产权。与此同时，战略性新兴产业集群竞相崛起[①]。

2.3.2　资本形成为战略性新兴产业发展提供资金

战略性新兴产业是资金密集型产业，雄厚的资金是其成长的后盾。首先，从劳动力成本来看，产品的开发和创新需要大量高素质人才，因此其人力资本投入一般大于同等类型下其他行业的企业。其次，为了让消费者能够更深入地了解产品的特点和性能，战略性新兴企业就需要建立一个相对完善的市场营销体系，因此，宣传成本也很高。最后，新兴产业的特征之一是产业成长的不确定性较高，风险因素较多，最终是否能够形成产业化发展仍属未知。同时，战略性新兴产业项目在市场导入期存在一定的风险，而且技术和资本投入到产业后，需要很长的时间才能出成果，这就加大了战略性新兴产业的资金需求量。总之，资本形成可以为战略性新兴产业成长提供大量的资本资源。如果资本形成不足，将会使产业陷入资金的"瓶颈"。

资本形成是战略性新兴产业成长的水分和养料，它不仅来源于自身

---

① 自 2010 年国务院颁布《关于加快培育和发展战略性新兴产业的决定》以来，许多地方已经打造并形成一批上千亿元规模的战略性新兴产业集群，增强了产业竞争力，成为地方新的经济增长点，有力地带动了区域经济的发展。早在 2010 年，上海市浦东新区就依托已有的产业基础，将其定位为"战略性新兴产业主导区"，着力构建战略性新兴产业集群。2012年，上海浦东新区又推出了两个"1 000 亿元"投资计划，把战略性新兴产业项目作为重要发展方向。同年，中关村管委会发布了《中关村战略性新兴产业集群创新引领工程》，确定打造下一代互联网产业集群等六大产业集群，并将加大扶持力度，力争成为首都创新驱动发展的支柱和引擎。武汉、成都、深圳、西安等地在培育发展战略性新兴产业中，也十分重视集群化、规模化，并逐步形成了产业特色鲜明、产业链完善、创新能力突出的战略性新兴产业集群，这对于促进资金、人员、技术及信息等资源的相互交换、融合、补充产生了积极作用，也促进了产业集群内部的企业分散创新风险、降低创业成本，促进了区域经济的合理布局，避免了低水平的重复建设。

资本的不断累积，更大一部分需要依靠社会资本的筹措。而连接社会资本和产业成长的纽带就是现代金融体系。金融体系是储蓄转化为投资的重要渠道，通过金融机构使零散的储蓄资金不断地累积，在健全的金融体系运作下，多样化的金融工具使储蓄资金转化为支持产业成长的投资资本，不仅解决了新兴产业周期较长、风险较高而资本形成不足的问题，还通过金融机构将资金引入到成长性高的战略性新兴产业，极大地提高了储蓄和投资的效率。可以看出，金融体系在战略性新兴产业成长与资本形成过程中扮演着重要的角色，而二者的合作会构造出"双赢"的局面。

2.3.3　资本形成推动战略性新兴产业的技术创新

技术创新是战略性新兴产业成长的源泉，它可以降低该产业的生产成本、提高其利润率、扩大其市场占有率，是产业核心竞争力的重要组成部分。然而，对于技术本身来说，并不能作为独立的个体转化为生产力，它只有借助于生产资料（如劳动力、物质资本），才能在复杂的物化过程基础上，最终转化可用于销售的产品或者服务。而技术创新最终能否实现成果的转化，还受到很多不确定性因素的影响。因此，技术创新是高收益和高风险并存的活动，资本形成是技术创新的重要推动力。

技术创新的投入是一个动态而持续的过程。这种投入不仅仅体现在产品研发的初期，而且贯穿于整个产业生产过程中。一项科技成果从开发到形成生产力，大致需要经历科技开发、科技成果转化和科技产业化三个阶段，同时还依赖于关键技术的提升、工艺流程的完善、明确的产业化目标等。在这三个阶段中，对资金的需求量呈逐级递增的趋势。发达国家的经验表明，这三个环节的投入比例大致为 1∶10∶100。因此，资本形成是技术创新的重要驱动因素，如果缺失资金，会遏制科技人员在战略性新兴产业中创新能力的发挥，技术创新与产业化发展的链条也会随之断裂，而要解决这些问题，就应该完善市场机制，让科技与资本形成合力，充实技术创新的资金链。同时，应建立技术成果转化的助推机制，而这种助推机制应由企业、科研所（高校）和资本形成共同构建。其中，科研所（高校）是技术市场的供给者，资本形成是技术市场的保障，企业实现技术成果转化。这种助推机制能够促进技术创新和产业成长的良性互动。

2.3.4　资本形成有利于战略性新兴产业的整合和延伸

战略性新兴产业成长的标志是大量分散的科技型中小企业通过整合后的产业化发展，这也是量变转为质变的过程。从目前的发展趋势来看，产业集群和企业并购重组是战略性新兴产业整合的主要方式。经验表明，无论哪种方式都离不开资金的支持。从产业集群方面来看，作为战略性新兴产业发展到一定阶段的重要组织形式，产业集群化是提高科技型中小企业发展质量的重要载体，而资本形成在这一过程中能够起到引导和放大的作用。通常情况下，产业集群化是产业内部企业通过自发的、空间上的聚集而形成的专业化分工的过程，其最大好处是降低生产成本、形成规模化生产效应。战略性新兴产业是处于成长初期、未来发展潜力巨大，对社会经济具有全局带动作用的产业，因此，通过资本形成的介入、尤其是以政府为核心的产业集群专项资金，可以起到明确的产业导向作用。将专项资金投入到对集群发展有重大带动作用、具有一定发展规模或者成长前景好的关键企业关键项目，可提升战略性新兴产业集群化发展的速度，促进战略性新兴产业发展。从企业并购重组来看，战略性新兴产业通过横向的并购，可以改变散、乱、小的产业格局，帮助企业实现规模报酬，优化行业的资源配置。而纵向的并购能够重新厘定产业链经营的边界和范畴，使企业交易成本降低，运行效率提高。在企业并购重组过程中，并购资金是实现并购过程的保证。从实际来看，已成功并购的案例都有上亿元的资金流动，尤其是在战略性新兴产业领域更是逐年递增。例如，截至 2015 年年末，全球半导体业并购交易规模已突破 1 200 亿美元，创下历年来的纪录，其中包括清芯华创投资 16 亿美元收购美国光学影像感测元件大厂豪威等。通过市场手段进行的并购，其后期仍然需要大量的资金，这也是并购活动是否成功的关键。如果并购后的再注入资金不充裕，不仅会造成并购活动的半途而废，也会浪费前期投入的资金。从目前我国战略性新兴产业领域的并购案例来看，大多为中国企业（或资本）发起的国际并购，尽管国内存在着数量庞大的、同质化严重的科技型中小企业，但是国内企业间的并购、重组却不多，其主要原因是资金不足。以产业投资基金为主导的资本形成能够缓解这一问题。通过政府层面设立的产业投资基金能够带动国内资本对战略性新兴产业的关注和投入。总之，无论是发展产业集群还是企业的并购和整合，资本形成都扮演着重要的角色，是产业成长由量变转为质变的关键。

2.4　本章小结

资本形成是在储蓄转化为投资、货币转化为产业资本的过程中实现的，在这一过程中，金融业起到了重要的媒介作用。本章以新古典增长模型中的资本增加型函数为研究基础，结合战略性新兴产业的创新性特点，推导得出理论上的金融资本和产业内部资本相互转化的产业经济平衡增长路径，即产业外部金融资本、产业内部资本和产业实际产出在理想的状态下都会以不变的速度增长。通过这一结论可以认为，资本形成能够有效推动产业成长，但金融资本的形成应该适量，不足或是过量都会对产业成长带来不利影响。同时，产业内部资本形成不仅要注重数量，还要注重资本形成的过程。由此可得，在战略性新兴产业的发展过程中，资本形成有利于产业成长的全周期阶段。通过在不同成长阶段选择适当的资本形成手段，会进一步促进产业的不断推进和创新。从实际来看，战略性新兴产业的成长是内部与外部综合作用的结果，主要包括市场需求、技术创新、产业政策和产业整合四个关键要素。战略性新兴产业的成长态势是全球经济周期演化下的必然结果，世界各国都希望通过发展战略性新兴产业来布局新的经济增长点，而我国培育和壮大七大战略性新兴产业也是产业结构调整与升级的战略部署。现阶段，产业规模不断扩大、创新水平不断提升、产业整合加速，但在技术水平、市场需求、政策环境方面都有很大的提升空间是我国战略性新兴产业呈现出的主要特征与问题，而资本形成对于这些问题的解决是大有裨益的。因此，战略性新兴产业的成长过程也是资金不断投入和累积的过程。

3 战略性新兴产业融资需求与融资路径分析

3.1 战略性新兴产业融资需求分析

3.1.1 战略性新兴产业发展的阶段特征

战略性新兴产业的成长需要经历一系列的演变过程，分析战略性新兴产业融资需求必须从产业成长的不同阶段入手。产业生命周期理论是对产业成长的重要诠释。传统的产业组织理论认为，一个产业的盈利水平如果高于其他产业，那么外部企业就会进入到该产业中，随着产业内部竞争者数量的增加，产业的非均衡盈利将趋于均衡。因此，在 20 世纪 70 年代以前的产业经济学家的研究重点多围绕产业结构演化、产业结构调整等方面。例如，美国学者刘易斯于 1954 年提出的二元经济模型、赫希曼于 1958 年提出的不平衡增长理论、罗斯托于 1962 年提出的主导产业扩散理论等就是典型代表。传统的产业组织理论研究是对产业内部的静态解释，并没有揭示出产业成长的动态演进过程。进入 20 世纪 80 年代，由产品生命周期演变而来的产业生命周期理论开始出现，其代表是 1982 年 Gort 和 Klepper 对 46 个产品长达 73 年的时间序列数据进行定量分析并由此建立了产业经济学意义上第一个产业生命周期模型。进入 20 世纪 90 年代以后，产业生命周期实证研究开始增多，例如 Klepper 和 Graddy（1990）、Agarwal 和 Gott（1996）、Mita 和 Herry（2000）、Michael（2001）、P. A. Geroski 和 Mazzueato（2001）、Cusumano、Kahl 和 Suarez（2006）等等。这其中，既有考察产业生命周期曲线的形态的研究，又有分析企业进入、退出产业生命周期各阶段的壁垒分析，另外还包括产业生命周期的演化动力的研究等等。正是因为这些围绕产业生命周期理论与实践的不断争论和融合，该理论日趋走向成熟。

传统产业生命周期理论认为，任何产业的形成与发展都会遵从一定的演化规律，按照产业在全部产业中所占的比重大小或者增长速度将产业的生命周期划分为形成期、成长期、成熟期、衰退期，不同时期识别发展趋势的指标有所不同，如市场增长率、需求增长率等等。举例来说，市场的增长指标如果较高，则产业处于形成期；如果该指标很高，则产业处于成长期；如果该指标不高，则产业处于成熟期；如果该指标下降，则产业处于衰退期。该理论还指出，任何产业在成熟期之前的生命曲线都是一条类似 S 形状的抽象化的生长曲线，产业生命周期曲线是一种定性上的描述，如何判断每个产业处于哪个发展阶段并没有严格的数量指标限制。而进入成熟期之后，产业的发展会变为两种情况：长期处于成熟期的稳定行业和进入衰退期逐渐被淘汰的夕阳产业。传统的产业周期理论是从产业整体角度考虑，而现实中每个产业的发展特性不同，情况也更复杂，很难通过这些指标精确地定位是哪一个阶段，很多外部因素也会影响产业的发展，例如政策环境、整体经济形势等等。

随着现代市场经济的发展和理论界研究的推进，产业生命周期理论已从传统产业转向了新兴产业，这些研究可以归结为现代产业生命周期理论。现代产业生命周期既具备传统产业生命周期的一般特征，又有着自身的差异性，是传统产业生命周期理论所不能解释的。与传统产业相比，新兴产业具有高度的不确定性，包括技术研发的成败、产品的市场接受程度、产业化进程等等，而这些不确定性特征决定着新兴产业的生命周期异于传统产业的生命周期。这些研究更多围绕微观企业的创新与产业生命周期的关系。Boldrin 和 Levine（2008）指出，新兴产业与传统产业相比，最大的差异在于新兴产业产生了很多创新，因此在新兴产业的生命周期中，创新的信息流也更加迅速。Floricel 和 Dougherty（2007）结合新兴产业的特性，建立了关于超级竞争等方面的分析框架和创新内生更新周期的不同模式，他们的研究也是对产业生命周期理论的扩展。

结合战略性新兴产业的特点和现代产业生命周期理论来看，战略性新兴产业的发展包括初创期、发展期、成熟期和持续期四个阶段，每个阶段的特征如下：

（1）初创期

处于初创期的战略性新兴产业，其形成标志是在某一领域的新技术或者新工艺从出现到成熟，能够形成生产力并进入市场被部分消费者所接受。在这一时期，由于产业的高技术特性，并不是所有企业都能够进入到产业内部，这种少数企业进入产业内部的特征使处于初创期的战略性新兴产业又表现出自然垄断的特点，即产业进入壁垒较高，风险较高。部分能够进入的企业在经历初期投资后，可能会扭亏为盈，并获得大量的垄断利润。

（2）发展期

处于发展期的战略性新兴产业，由科技创新不断推动，一些市场不确定因素在不断减少，新兴产业的投资风险能够得到释放。随着产业发展的需要、政府的扶持和鼓励，在利好信息的吸引下，大规模的投资者开始进入到战略性新兴产业，使得处于这一阶段的产业的规模迅速扩大。与此同时，随着产业内部企业数量的增加，竞争也越来越激烈，从初创期的自然垄断格局转为全面竞争的状态。其表现为产品的价格竞争非常激烈，垄断利润消失。一些优质的企业不断更新经营理念、加强技术创新，从而提高生产效率，通过建立自身的竞争优势，不断过渡到下一个周期阶段。

（3）成熟期

少数一些经营理念丰富、技术创新性高的企业会在激烈竞争中脱颖而出，进入产业发展的成熟期。在这一阶段，一些优质企业无论是在规模上还是在经济实力方面，都是同业中的领先者。而发展缓慢、竞争劣势明显的企业也不占少数。对于优质企业来说，它们希望通过产业内部的资源配置来进一步提高生产效率，巩固企业的领头羊位置。而劣势企业也希望通过适当退出或者其他形式重新参与产业竞争。由此，战略性新兴产业的成熟期是一个优胜劣汰的阶段，也是一个产业重组的阶段。在这一阶段，市场需求相对稳定且饱和，产业的发展潜力变小，由前期的价格竞争转为寡头竞争，优势企业的发展重点是技术创新和结构升级，这也是企业进入下一个阶段的前提。

（4）持续期

经历重组后的战略性新兴产业会进入到持续期。在这一时期，企业的技术创新和结构升级需要投入大量的人力、财力，或者对原有的资源进行重新配置，或者寻求新的产业发展方向。如果能够成功实现创新或者升级的话，企业将获得更多的投资。随着新技术的研发和应用、新产品的开发和销售，消费者更多处于观望阶段，因此处于持续期的战略性新兴产业从某种意义上讲，与自然垄断的初创期是密不可分的。

3.1.2　战略性新兴产业不同发展阶段的融资需求分析

战略性新兴产业是技术密集型和资金密集型产业。尽管其劳动生产率高、产品的附加值高，但其也需要更高的研发费用投入。在产业的发展过程中，技术的应用前景、产业化、市场竞争等方面均存在很多不确定性，而资金投入则是这些风险因素的必要补偿。因此，战略性新兴产业的资金需求量是非常大的。考虑到战略性新兴产业生命周期的多阶段的特点，每个阶段的发展定位不同，产业的资金需求量和需求方式、收益和风险也不同，归纳起来如图3-1所示。

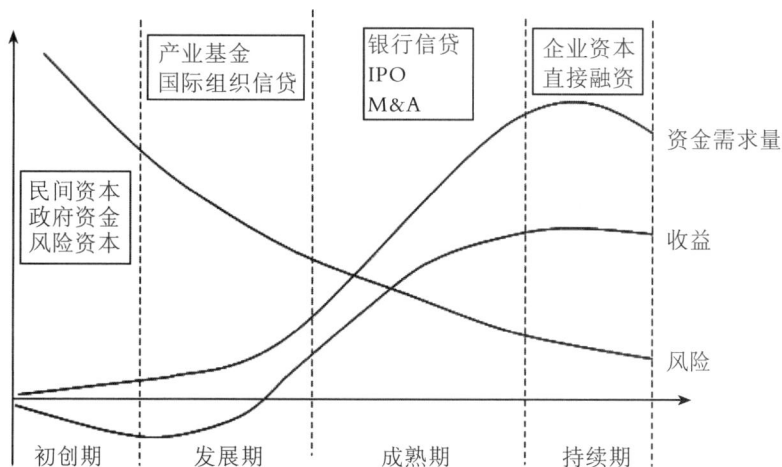

图 3-1　战略性新兴产业资金需求、收益与风险特征

（1）产业初创期的融资需求

在战略性新兴产业的初创期，企业的大部分资金投向产品的研发，技术研究开发阶段基本上处于中后期。虽然研发成果并没有形成真正的产品、技术成熟度低，但是企业的初创者坚信其技术推广市场前景是十分广阔的。从收益和风险来看，企业并没有获得很高的利润，甚至是处于亏损阶段，此时的经营风险最高。相比其他阶段，处于初创期的企业并不需要太多的研发资金，其来源主要包括自有资金和政府扶持政策下的资助。由于风险较高，一般性的金融机构大多不会在产业的初创期介入，而考虑自有资金的有限性，因此健全的政策性融资体系对处于初创期的战略性新兴产业来说就显得尤为重要。另外，规模不大的风险资本也是该阶段满足资金需求的必要补充。

（2）产业发展期的融资需求

在战略性新兴产业的发展期，企业的科技人员已经将初创期的研发技术转化为具有商业价值的成果，在这一时期资金主要用于产品的开发和市场推广，包括广告费用的投入以及其他的摊销费用，由于企业的收入有限，因此企业可能仍然处于低盈利状态。另外，随着产业内部企业数量的增加，市场竞争程度不断提高，这也会抵消企业的利润。相对于初创期来说，技术风险的比例会有所下降，但是其他风险，如市场风险较为突出。处于这一时期的企业，除了通过自有资金、政府支持获取资金之外，还可能会通过一些规模较大、保守型产业基金的渠道获得融资支持，尤其是政府设立的扶持性创业投资基金将在这一时期起到明显的支持作用。另外，在政府政策的推动下，一些政策性贷款、国际组织信贷会对战略性新兴产业有所介入。

（3）产业成熟期的融资需求

在战略性新兴产业的成熟期，企业的技术风险和市场风险会明显下降，盈利能力开始凸显，但是企业需要更多资金以扩大生产规模和市场开发，不断研发出更具有竞争力的产品。此时企业的风险主要来自于盈利上升而带来的资金运营风险和为了规模化生产而产生更大的资金需求缺口。在这一阶段企业更需要价格低、规模大的资金，此时商业银行贷款、债券融资等低成本的融资方式会更受欢迎。当企业的规模和盈利能力达到证券市场上市的要求时，大部分企业会选择 IPO，企业可能仍然无法达到主板市场上市标准，因此创业板市场会作为首选之地。此时在初创期和发展期介入的风险资本开始退出，除了一些重大的高科技项目外，政府的投入在此阶段也会减少，一些大型的优质企业通过发行债券、上市等方式获得充足的资金之后，会在产业内部进行并购重组，从而实现快速扩张。在战略性新兴产业成熟期，企业在外源融资的地位上已经由被动转为相对主动。

（4）产业持续期的融资需求

能够进入战略性新兴产业持续期的企业，基本上都是行业中实力雄厚的企业。在这一阶段，企业经营风险降低，在人才素质、组织结构、技术水平、营销服务等方面已经发生了质变，面临的主要风险是转型风险。通过前期的并购和重组，企业急需对大量的资源进行重新配置和转换，如果产业升级失败，企业会遭受大量损失。虽然在这一时期，企业的资金需求量仍然很大，但是随着企业自有资金量和融资能力的提高，资产收益率和可抵押资产数量也在增加，企业获得商业银行贷款的难度会降低。而更多的企业会选择在资本市场进行长期融资的方式来增加资金来源渠道，除了上市、发行企业债券之外，一些产权交易、场外交易等方式也是不错的选择。

3.2　战略性新兴产业的政策性融资分析

3.2.1　政策性融资的必要性

政策性融资不仅可以在一定程度上弥补商业性融资市场的缺位，同时也是财政支持科技的市场化行为。与税收等优惠政策相比，用低息有偿方式资助初创期的新兴科技企业并保证资金良性循环，更能考验政府智慧和运作能力。

从企业特点来看，战略性新兴产业中的企业多为科技型中小企业，尤其是科技型初创企业，它们的技术优势和创新能力对整个产业的结构调整与升级十分重要。然而这些企业自身发展的特点和商业性金融机构的投资偏好相悖，导致这些企业的外源融资能力较弱。在商业性金融机构眼中，中小企业所需资金规模较小，很难形成贷款的规模效应，可图之利甚少（Latimer Asch，2000）。中小企业融资难是一个世界性的普遍问题，自 20 世纪 30 年代"麦克米伦缺口"被提出开始，许多国家纷纷采取政策性金融手段来破解中小企业融资困境。因此，中小企业融资难的实质是一种市场失灵，这一问题只能通过组建致力于支持中小企业发展的政策性金融机构才能得到根本的解决（纪琼骁，2003）。

政策性融资的最大好处在于对企业研发活动进行资助可以有效地缓解商品市场的非有效性（Arrow，1962）。政策性金融是商业性金融的有益补充，在那些商业性金融不愿意介入的领域中，政策性金融的作用就非常关键。在科技型中小企业发展初期，政府扮演着关键的角色，如果没有财政资金的支持，很多核心技术很难实现突破，更谈不上产业化。财政补贴是财政资金扶持产业发展的常用手段，但有研究表明，政府直接资助企业创新的政策手段，往往由于信息不对称和企业的逆向选择行为，产出效率并不高（例如，安同良等，2009）。政府如果过度干预企业补贴资金投向，会扭曲资金使用效率，致使大部分政府补贴资金流向低效率领域，我国太阳能电池行业的产能过剩就是最好的例证。相比之下，政策性融资是财政支持金融化、市场化的有效途径。总之，以新兴科技型中小企业为核心的战略性新兴产业在发展初期，融资来源主要还是依靠政府的政策导向，但是政策资金的投入应遵循市场化行为，直接干预和指派的最终结果都是不理想的。

3.2.2 政策性融资的方式

在我国，政策性融资对战略性新兴产业的发展和升级培育的主要方式包括通过国家政策性银行发放的政策性贷款，政府通过政策性担保、财政贴息等方法引导商业性金融机构的信贷倾向于战略性新兴产业，以及国家和政府设立的专项扶持基金等。

（1）政策性贷款

在我国，政策性银行是发放政策性贷款的主要承担者，其中国家开发银行是我国支持战略性新兴产业的主力银行。战略性新兴产业的项目需要中长期性的资金支持，定位于开发性金融的国家开发银行在战略性新兴产业中扮演着重要的角色。在 2010—2015 年期间，先后为我国民用航天领域遥感卫星、中航工业航空发动机航空产业链和中泰化学循环经济等重点项目提供资金支持，在江苏、安徽、湖北、广东和深圳"四省一市"试点探索新型平板显示、基因工程、数字医疗设备、生物医药、新材料、智能电网等战略性新兴产业融资模式。根据国家开发银行公布的年度报告计算，"十二五"期间其累积发放战略性新兴产业贷款 10 066 亿元，贷款余额 7 957 亿元，不仅为新一代信息技术、海洋生物工程等领域提供了发展资金，同时也为推动先进制造业整合和开发、构建银企合作机制助力。

（2）政府专项基金

近几年，为响应建设创新型国家的战略部署，各大部委分别建立了扶持产业发展的基金或专项①，这些扶持基金通过无偿补助或贷款贴息的方式，支持战略性新兴产业的发展。除了各部委之外，地方政府对战略性新兴产业的财政投入规模也在持续扩大。根据《中国企业自主创新

---

① 如发展改革委的高技术产业化专项、科技部的国家重点新产品计划、工业和信息化部的电子信息产业发展基金等等。

评价报告（2012）》的调查结果，我国战略性新兴产业的前 500 家企业在地区分布上主要集中在北京、广东、江苏、浙江、上海、山东等经济发达地区，而这些地区地方政府对战略性新兴产业的财政投入力度也远高于其他省市①。

一直以来，我国对科研项目的财政支持多遵循"点对点""项目对项目"的方式，而这种方式对科技企业的研究及成果转化的促进效应有待科学评估。在借鉴外国经验的基础上，2009 年 10 月，国家发展改革委、财政部联合启动实施了"新兴产业创投计划"，由中央财政资金与地方政府资金、社会资本共同发起设立新兴产业创业投资基金，通过设立创业投资企业，或以股权投资模式直接投资创业企业等方式，引导社会资金支持初创期、早中期新兴产业企业的发展。这种方式最大的优势在于，可以把政府的货币资本与社会的人力资本、民间资本有效结合起来，把公共政策的效应与市场化机制有机结合起来。该项基金不仅实现了资金来源多元化，而且将进行完全的市场化运作。2011 年，战略性新兴产业领域的中小企业纳入"新兴产业创投计划"支持范围。截至 2015 年年末，我国"新兴产业创投计划"已累计支持设立 206 家创业投资企业，资金总规模 557 亿元，该投资基金对拓宽战略性新兴产业企业融资渠道发挥了重要作用，有力地支持了战略性新兴产业领域创新型中小企业的发展。

（3）政策性融资担保

政策性融资担保是通过各级政府投资或控股的政策性担保机构来解决企业的融资问题。例如，美国的小企业管理局在中小企业融资中起到了很好的政策性融资担保作用。我国现有的担保机构，呈现出数量多、在保余额小的特点，同时大多数为商业性担保机构，尽管其打着政策性担保公司的旗号。

根据中国融资担保业协会发布的数据，2015 年年底，全国融资性担保行业共有法人机构 8 402 家，总共注册资本为 9 311 亿元，在保余额 1.91 万亿元，平均资本仅为 1.11 亿元，平均每家担保机构在保余额

---

① 例如，2012—2014 年，浙江省财政从战略性新兴产业专项资金中统筹安排 7.4 亿元，支持 107 家重点企业研究院建设。广东省财政设立战略性新兴产业银企合作专项资金，在 2011—2015 年期间安排 50 亿元，通过贷款贴息方式，扶持战略性新兴产业发展。

2.27 亿元，放大倍数仅为 2 倍，乘数效应难以发挥，并未形成全国性的担保机构，这种分散性降低了担保公司的公信力和银行认可度。在这 8 402 家担保机构中，国有控股的占 18.7%，民营及外资控股的占 81.3%。也就是说，国内的担保公司大部分是商业性的。即使是以政策性为名义的担保公司，由于需要接受国有资产保值增值目标、公司绩效等方面的考核，在开展政策性担保和再担保业务时也因缺乏政策性扶持而显得力不从心。

近年来各级政府积极推进政策性融资担保体系的建设、支持科技型中小企业的发展。例如，浙江省成立专业性科技型担保公司，为省内科技型、创新型企业拓宽融资渠道。2015 年，云南率先构建政策性融资担保体系，由省级财政筹措资金 20 亿元，组建云南省信用再担保有限公司；浙江省政府发布《浙江省人民政府关于推进政策性融资担保体系建设的意见》；甘肃省政府在《甘肃省小微企业互助贷款风险补偿担保基金管理办法》中提出优先支持战略性新兴产业。总的看来，尽管政策性融资担保是政府扶持下的市场化运作模式，但是由于我国的政策性融资担保体系尚未健全，因此短期内其很难在战略性新兴产业发展中发挥作用。

3.2.3 政策性融资效应分析

在战略性新兴产业的发展过程中，政策性融资应在传统的财政贴息和无偿补助的基础上，遵循市场化的运作导向，同时我国的政策性担保体系仍处于起步阶段，短期内难以在战略性新兴产业的政策性融资中发挥效用。因此，本书主要从政策性贷款和创业投资引导基金两个角度对战略性新兴产业的政策性融资效应进行考察。受限于数据的可得性，本书政策性贷款数据仅包括国家开发银行公布的相关数据。

本节数据分别来源于相应年份的中华人民共和国国家统计局的全国年度统计公报、全国科技经费投入统计公报、国家开发银行年度报告、国家知识产权局的战略性新兴产业发明专利统计分析总报告。由于我国战略性新兴产业发展战略提出年限尚短，且对外公开披露的信息有限，考虑到数据的可得性，考察的样本区间为 2010—2015 年。

　　从政策性贷款方面来看，2011—2014 年国家开发银行发放的政策性贷款增速基本稳定，而 2015 年出现了大幅增加的现象。从实际来看，2015 年我国政策性银行改革，国家开发银行明确定位于开发性金融，当年中国人民银行也加大了对三大政策性银行的资金支持力度，对国家开发银行注资 320 亿美元，保守估算国家开发银行贷款发放能力提升了 2.7 万亿元。由此，2015 年国家开发银行发放政策性贷款 2.15 万亿元，其中战略性新兴产业贷款 2 530 亿元，比较来看，国家开发银行2015 年发放的战略性新兴产业贷款增加规模有限。从战略性新兴产业政策性贷款发放增速来看，以 2011 年增速最高（326.09%），2011—2015 年的平均增速为 63.92%（如图 3-2 所示）。可以看出，尽管国家开发银行在近年来发放的战略性新兴产业贷款规模不断增加，但自2012 年起的贷款发放增速明显要低于同期全国政策性贷款总体发放的增速，并且以 2015 年的差距最为明显。其主要原因在于，尽管战略性新兴产业需要重点支持，但相对而言，国家其他层面的战略实施也是国家开发银行的工作重点，如我国的"一带一路"建设。因此，战略性新兴产业很难从政策性贷款中获得全部关注。

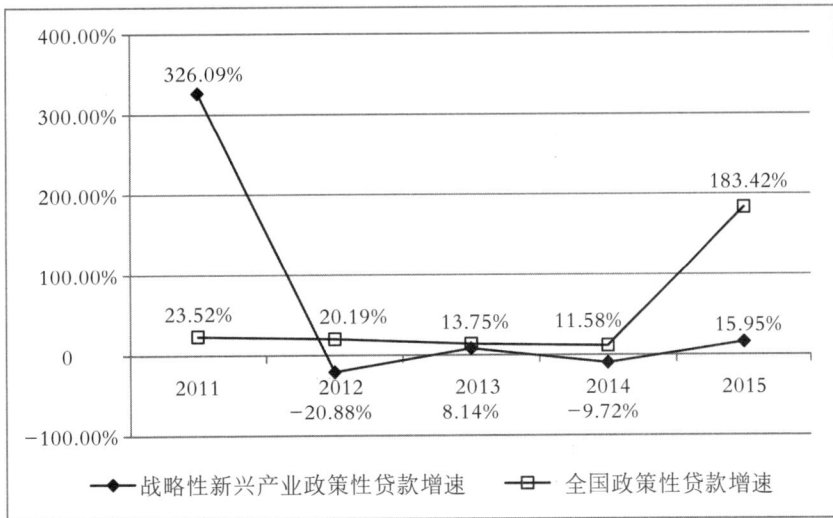

图 3-2　2011—2015 年战略性新兴产业政策性贷款增速及全国政策性贷款增速

　　除了政策性贷款之外，国家层面的专项资金在近年来也加大了对战略性新兴产业的支持，其中最值得关注的就是国家新兴产业创投计划。从数量上来看，2015 年，国家新兴产业创投计划资金投放规模达 557 亿元，2011—2015 年的平均增速为 58.77%，呈现出快速增长之势。其中最高为 154.93%（2011 年）。从图 3-3 的比较可以看出，尽管近年来国家新兴产业创业投资引导基金的规模增速趋缓，但明显高于同期全国财政科技支出的总体增速。这也说明财政资金对战略性新兴产业表现出明显的倾向性。

图 3-3　2011—2015 年国家新兴产业创投计划资金增速及全国财政科技支出增速

归纳来看，近年来我国政策性融资对战略性新兴产业提供了大力支持，但是资金的投放规模有限，对战略性新兴产业的信贷支持形同顺带开展的"副业"，其业务重心并不在此，融资效应并不明显①。政策性资金在市场化运作下规模不断扩大才是财政资金支持战略性新兴产业发展的长久之计。从我国实际来看，由政府出面组织的政府引导基金是迎合战略性新兴产业融资需求的最佳政策性融资方式，通过政府引导基金吸引更多的民间资本，既可以弥补现有财政支持的不足，也可以满足市场化运作的要求。当然，如何提高政府引导基金的作用效率，如管理模式、运作流程等问题，都是必须不断得到解决和完善的。

　　① 田娟娟，梁峰. 我国战略性新兴产业政策性融资效应分析 [J]. 农村金融研究，2016（4）：31-36.

3.3 战略性新兴产业的股权融资分析

3.3.1 股权融资的优势

股权融资和债权融资是直接融资的两大构成要素，是资本市场的重要融资方式。从我国现实国情来看，股权融资能够为战略性新兴产业成长提供多样化的融资服务，满足其融资需求。产业发展、技术创新、经济增长都需要强大、完善的资本市场提供支撑。从世界产业发展史来看，计算机、通信、网络、生物医药等新兴产业的发展无不得益于资本市场的支持。理论界的研究指出，资本市场有着最为成熟的市场化资源配置机制。通过股票市场和银行的比较，Allen（1993）证明了前者对科技型企业的融资效果更好，因为股票市场的股价是公众判断的反映，这优于银行货币委员会或者贷款审批员的判断。Levine（1997）从解决信息非对称以及融资成本角度分析金融市场的功能，得出股权融资有利于资本积累从而促进企业的发展和科技创新。Beaver（2002）认为有效的资本市场可以将有限的资源同最佳企业和行业配置起来，从而创造最大的产出，以实现社会福利最大化。Verrecchia（2012）指出，通过资本市场对经济和社会的融资可以实现资源的最优配置。与银行贷款等间接渠道相比较而言，股权融资在发达国家更受欢迎。同时，股权融资不仅可以为战略性新兴产业提供资本，还起到风险共担、利益共享、加快科技成果的产生和生产力转化等重要作用。

股权融资在战略性新兴产业的成长过程中，扮演着重要推手的角色，而其优势是其他融资途径所无法取代的，这主要体现在两个方面：

第一，股权融资能够实现战略性新兴产业的价值发现。选择功能是资本市场的重要功能之一，在外部投资者看来，新兴产业常常处于严重的信息不对称和发展前景不明朗的阶段，而股权融资可以甄别出有发展后劲和高绩效成长的企业。在资本市场中，数量众多的创业投资机构、证券投资机构、研究机构等各类市场主体会在对处于不同阶段的企业进行一系列调研和考察之后，筛选出具有发展潜力的项目和企业，有利于市场价格的公允性。在股权市场的筛选下，政府扶持和市场资源的配置会更有效。

第二，股权融资能够满足不同成长阶段企业的融资需求。在我国发展战略性新兴产业的大背景下，不同产业的发展速度、同一产业中不同企业的发展阶段均不相同，因此各自的融资需求也不同，而多层次的股权融资市场是战略性新兴产业成长的大舞台，可以为不同个体的发展提供多角度的路径选择（见表3-1）。例如，处于初创期的战略性新兴产业企业，需要投入一定数量的资金进行项目的测试或者验证，资金数量一般不多，因此可以在完成项目计划书的基础上吸引以个人投资者为主的天使资本的进入。尽管天使投资所提供的资金可能并不多，但其相对丰富的阅历和经验能够为初创期的企业提供很好的发展建议。如果企业的产品研发成功，为了实现产品的经济价值，企业需要筹建公司并进行试生产和销售，此时需要数量较多的门槛资金，用于购买厂房、机器、生产资料、办公设备、后续的研发资金、初期的销售费用及人员工资等。在此阶段，个人投资者已经不能满足资金所需，企业可以通过向机构投资者股权融资的方式来解决资金问题。风险投资不仅会解决企业的资金来源问题，同时会监督企业按照现代企业制度科学管理、规范运作，在产权上也要求十分明晰，有利于将来企业的上市融资。另外，我国的产权交易市场、新三板市场都是处于初创期企业融资的不错选择，它们处在多层次资本市场的金字塔底端，更加贴近投资者，价值发现的效率也最高。进入发展期的企业，一方面，产品刚进入市场，销售渠道还未完全建立，此时需要的资金主要用于市场推广，因此仍是资金的流出大于流入的阶段。另一方面，企业的生存问题已经解决，会拥有一部分稳定的客户和供应商，此时可以做上市融资的准备，不过由于主板市场的上市门槛较高，上市的地点主要以专门针对科技型企业的创业板为主。随着企业进入到成熟期，融资问题已经不再是困扰企业成长的难题，企业已经有了稳定的现金流，此时主板上市、企业并购可以作为融资方式的首选，不过如何挑选具体可行的融资方案以及规避高成长、高报酬背后的高风险的问题，是企业必须要深思熟虑的。

表 3-1   我国战略性新兴产业的股权融资选择路径

市场类别	市场名称	企业成长阶段
股权投资基金市场	天使投资、风险资本（VC）、私募股权基金（PE）	初创期
股票市场	主板市场（中小企业板市场）	成熟期、持续期
	创业板市场	发展期
	新三板市场	初创期
场外市场	全国性（区域性）股权交易市场 产权交易市场	初创期

3.3.2　战略性新兴产业的股权融资现状与不足

（1）股权投资基金

在我国经济高速发展的带动下，我国股权投资基金市场规模不断扩大，市场参与者和资金累积数量不断上升，市场活跃度日益提高。截至 2015 年年末，中国股权投资基金市场活跃的 VC/PE 机构超过 8 000 家，管理资本量约 5 万亿元，市场规模与 20 年前相比有了质的飞跃。从募资和投资的情况来看，根据已披露的统计数据，2015 年我国股权投资基金市场共筹集资金 7 849 亿元，投资金额 5 255 亿元，同上一年相比分别增长了 53.36% 和 20.06%，创历史新高（如图 3-4 所示）。这说明股权投资基金市场被越来越多的投资者所青睐。从领域细分来看，我国股权投资基金市场主要由天使投资资本、风险资本（VC）和私募股权基金（PE）构成，图 3-5、图 3-6、图 3-7 中分别列出了这三大领域在我国近年来的发展规模。2015 年，我国天使资本、VC、PE 的投资金额分别为 101.88 亿元、1 293 亿元和 3 860 亿元，较上一年分别增长了 214.93%、24.57% 和 16.76%。通过以上数据可以看出天使投资的规模虽然最小但增长率最高；PE 的投资规模最大，在我国 2015 年股权投资基金市场中其比例已达到 73.46%。我国股权投资基金市场的壮大不仅有利于我国本土民间资本的有效集中，还有利于提高资金的使用效率、缓解流动过剩，对我国的经济增长起到了助推器的作用。

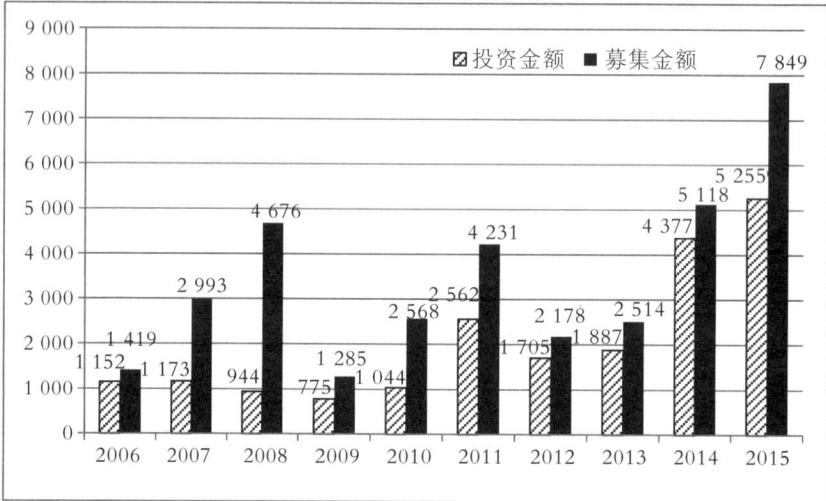

图 3-4 2006—2015 年中国股权投资基金投资、募资情况

（包括天使投资、VC、PE，单位：亿元）

数据来源：私募通统计数据库。

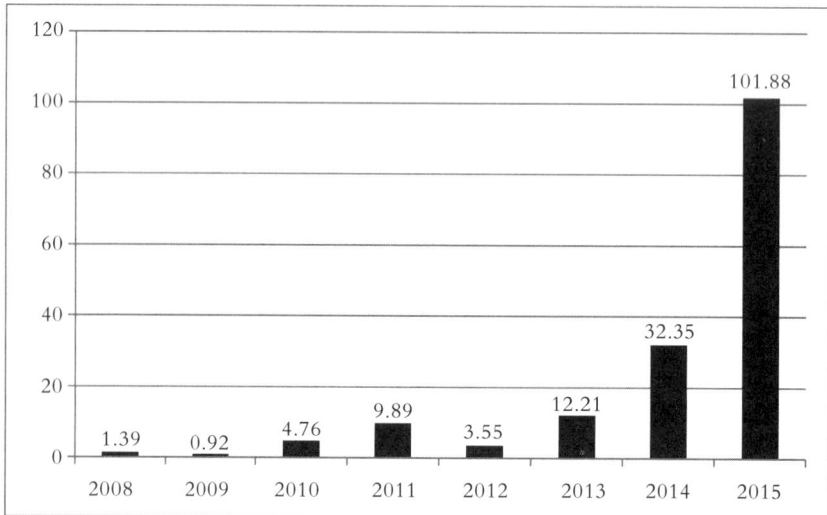

图 3-5 2008—2015 年中国天使投资总量情况（单位：亿元）

数据来源：私募通统计数据库。

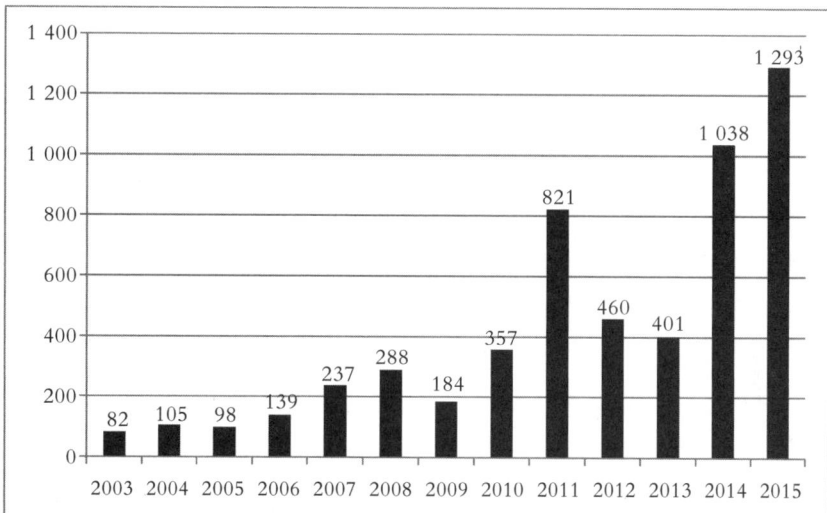

图 3-6 2003—2015 年中国 VC 投资总量情况（单位：亿元）

数据来源：私募通统计数据库。

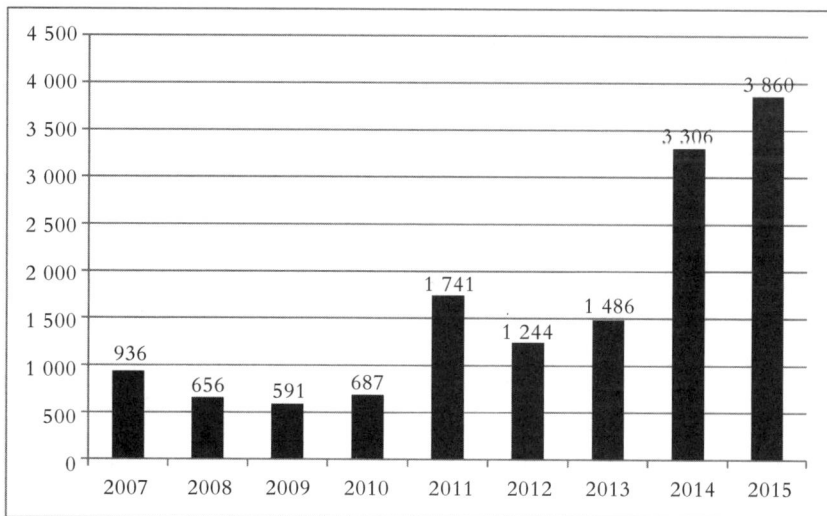

图 3-7 2007—2015 年中国 PE 投资总量情况（单位：亿元）

数据来源：私募通统计数据库。

从我国现阶段股权投资基金的投资行业分布来看，互联网、IT、生物医疗及高端制造等新兴、高成长性产业已成为其投资重点，其中以互联网行业尤为受到关注。本书根据私募通统计数据库的数据并结合战略性新兴产业的行业细分，在表 3-2、表 3-3、表 3-4 中分别列出了 2015 年天使投资、VC、PE 对战略性新兴产业的投资金额和投资案例数。从产业整体资金投向来看，天使投资对战略性新兴产业的关注度和活跃度最高，VC 投资次之，二者对战略性新兴产业的投资金额和投资案例数占比均超过一半。PE 投向战略性新兴产业的资金比例虽然只有31.75%，但是资金总额达到 1 225.49 亿元。目前我国 PE 的主要投向还是金融行业和房地产行业，2015 年投向这两个行业的资金占比接近30%。从行业细分来看，在战略性新兴产业中最受青睐的是以互联网为主的新一代信息技术产业。其中，在天使投资的行业中新一代信息技术产业占比最大，投资金额和案例数分别达到了 59.09% 和 58.36%，但是在整个股权投资基金市场中天使投资的规模有限。除新一代信息技术产业之外的其他四种产业——生物、绿色产业、高端装备制造业、新材料——在天使投资、VC 和 PE 的投资行业分布中各自所占的比例并不高。

表 3-2 　　　　　　　　**2015 年我国天使投资的行业分布**

产业类别	投资金额（亿元）	比例（%）	案例数	比例（%）
新一代信息技术	60.20	59.09	1 211	58.36
生物	3.63	3.56	47	2.27
绿色产业（环保、新能源、新能源汽车）	0.37	0.36	10	0.48
高端装备制造业	0.99	0.97	21	1.01
新材料	0.04	0.04	1	0.05
战略性新兴产业	65.23	64.03	1 290	62.17
其他	36.65	35.97	785	37.83
总计	101.88	100.00	2 075	100.00

数据来源：私募通统计数据库。

表 3-3   **2015 年我国 VC 投资的行业分布**

产业类别	投资金额 （亿元）	比例 （%）	案例数	比例 （%）
新一代信息技术	494.10	38.21	1 492	43.31
生物	143.80	11.12	310	9.00
绿色产业 （环保、新能源、新能源汽车）	26.62	2.06	114	3.31
高端装备制造业	41.44	3.20	124	3.60
新材料	2.26	0.17	11	0.32
战略性新兴产业	708.22	54.77	2 051	59.54
其他	584.78	45.23	1 394	40.46
总计	1 293.00	100.00	3 445	100.00

数据来源：私募通统计数据库。

表 3-4   **2015 年我国 PE 投资的行业分布**

产业类别	投资金额 （亿元）	比例 （%）	案例数	比例 （%）
新一代信息技术	704.97	18.26	771	27.10
生物	215.66	5.59	246	8.65
绿色产业 （环保、新能源、新能源汽车）	104.45	2.71	146	5.13
高端装备制造业	166.49	4.31	137	4.82
新材料	33.92	0.88	18	0.63
战略性新兴产业	1 225.49	31.75	1 318	46.33
其他	2 634.51	68.25	1 527	53.67
总计	3 860.00	100.00	2 845	100.00

数据来源：私募通统计数据库。

    通常情况下，股权投资基金大多投向处于初创期和发展期的企业，从我国现阶段股权投资基金的投资阶段统计来看，其也是与这一规律相符的。以 VC 为例，图 3-8、图 3-9 中显示了 2006—2015 年我国 VC 投资阶段的比例统计图。按金额统计来看，2015 年 3 个投资阶段——初创期、发展期、成熟期——各自所占的比例相当，投向初创期的资金比例略高；在图 3-9 中按案例数统计，2015 年投向初创期的案例数所占比例最大，超过 50%，投向发展期的案例数所占比例次之。可以看出，尽管我国目前的 VC 投资对处于初创期的企业关注度最高，但投向资金的规模并不大。战略性新兴产业的特点是投资期长、资金投入产出慢，因此，目前的这种格局是不利于我国战略性新兴产业发展的。

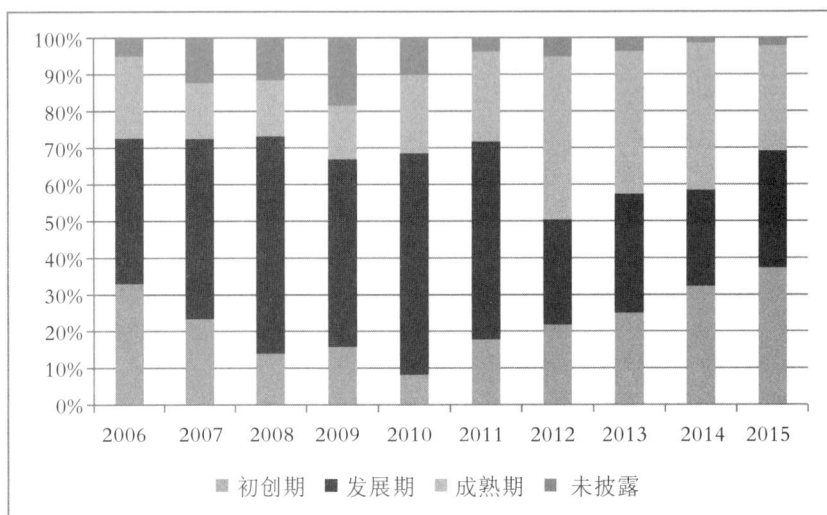

图 3-8 2006—2015 年 VC 投资阶段占比分析（按金额，亿元）

数据来源：私募通统计数据库。

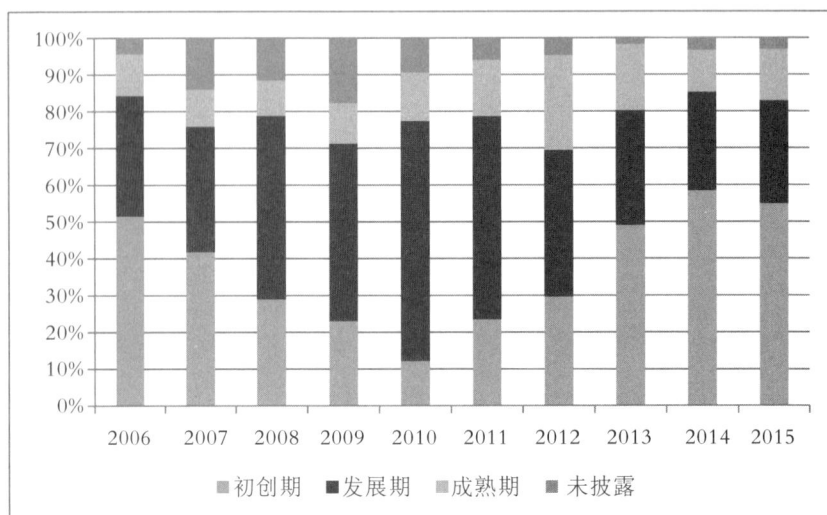

图 3-9 2006—2015 年 VC 投资阶段占比分析（按案例数，起）

数据来源：私募通统计数据库。

通过以上分析可以看出，近年来我国股权投资基金市场规模日益壮大且发展迅速，但其对战略性新兴产业的投资呈现出规模小、比例低、产业投向分布不均的现象。一些处于初创期、发展期的企业的融资需求并没有通过股权投资基金市场得到满足。结合实际来看，尽管相关政策导向新兴产业、抑制传统产业，整个投资市场呼声高，但实际有效市场不足，而且投资偏好差异明显，呈现出互联网产业最热，新材料产业遇冷的现象。综合原因在于存在投资机构对战略性新兴产业认知度低、顾忌产业投资回报周期长等问题。例如，节能环保产业一直被认为是具有巨大发展潜力的战略性新兴产业之一，尤其是随着环境治理力度的加大，环保产业市场的空间也越来越大，然而现实中，环保企业的融资难问题依然是老大难。从表 3-2、表 3-3、表 3-4 中的数据可以看出，股权投资基金对其投资的比例也仅占总体的 2% 左右。由于环保产业的投资周期长，因此，很多行业——如固废处理、城市餐厨垃圾处理——目前依然不适合股权投资机构的介入。一些投资机构在选择产业时会考虑到环保产品需要设计、施工、投资、建设、分析回收等环节，投资周期长就会面临资金持续性问题。因此在整个环保产业链条上，参与者都会面临着巨大的融资困难。如果预想到钱款周转不开、回款周期非常长的难题，投资机构也只能避开对环保产业的投资了。

（2）股票发行上市

企业通过 IPO 融资，不仅可以缓解资金难题，同时还可以提高企业的知名度、规范企业的财务体系和组织结构，因此上市融资是企业深入发展的不错选择。从 2015 年的实际情况来看，股市对战略性新兴产业的支持力度明显回升，全年战略性新兴产业 IPO 上市企业达 86 家，仅低于 2010 年、2011 年水平（如图 3-10 所示）。从上市板块来看，2015 年战略性新兴产业 IPO 企业主要集中在创业板，达到 55 家，占比达 63.95%，接下来分别是主板和中小板，分别为 21 家和 10 家。

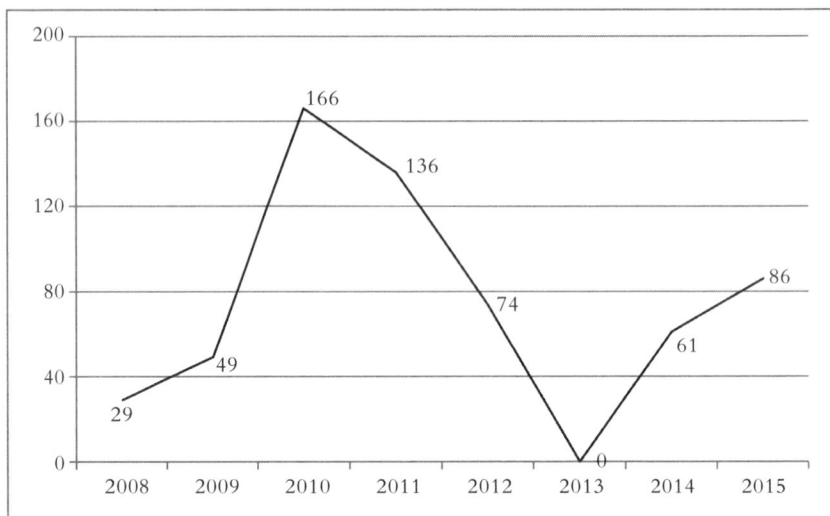

图 3-10　2008—2015 年战略性新兴产业 IPO 上市公司的数量

数据来源：国家信息中心上市公司数据库。

　　本书根据我国战略性新兴产业的特点，结合可得的上市公司披露信息，以深圳证券交易所的上市公司为研究对象，通过对其披露的 1 766 家上市公司 2015 年年报和历年《深交所多层次资本市场上市公司年报实证分析报告》的数据整理分析，把握目前战略性新兴产业企业上市融资的现状。其中，在上市公司的选择上，行业归属参考国家统计局 2012 年 6 月发布的战略性新兴产业分类目录，并且企业的第一主营业务必须属于战略性新兴产业，其相应的营业收入所占比例较大。通过整理、统计分析可以看出，我国深圳证券交易所的战略性新兴产业上市公司呈现出以下特点：

　　第一，多层次的战略性新兴产业上市公司分布基本形成。截至 2015 年 12 月 31 日，深圳证券交易所的 1 766 家上市公司中共有战略性新兴产业企业 695 家，占其上市公司总数的 39.35%，其中主板、中小企业板和创业板的战略性新兴产业企业分别为 86 家、244 家和 365 家，其占对应板块上市公司总数的比例分别为 17.99%、31.12% 和 72.42%，从表 3-5 中可以看出，创业板是战略性新兴产业企业上市融资的主要渠道。

表 3-5   2013—2015 年深圳证券交易所
战略性新兴产业上市公司数量

年份	战略性新兴产业上市公司数量				战略性新兴产业上市公司占比			
	主板	中小企业板	创业板	总数	主板	中小企业板	创业板	总数
2013	82	221	229	532	17.08%	30.74%	60.42%	33.71%
2014	76	233	317	626	15.83%	31.23%	71.08%	37.44%
2015	86	244	365	695	17.99%	31.12%	72.42%	39.35%

数据来源：根据历年《深交所多层次资本市场上市公司年报实证分析报告》整理。

从行业分布来看（见表 3-6），2015 年在深市的 695 家战略性新兴产业上市公司中新一代信息技术和生物两大领域的上市公司占比超过 50%，其中新一代信息技术产业上市公司最多，为 222 家，占比为 31.94%；生物产业上市公司为 128 家，占比为 18.42%。绿色产业上市公司共有 187 家，占比为 26.91%，具体为节能环保上市公司 120 家、新能源上市公司 50 家和新能源汽车上市公司 17 家。以上上市公司的分布特征同我国战略性新兴产业的设置有很大关系。其中，只有新能源汽车有比较明确的产业归属，主要包括新能源汽车的生产及上下游相关企业，再加上我国单一的、以新能源汽车为主题的企业很少（即便包括在中小板登陆的新能源汽车龙头企业"比亚迪"在内），因此新能源汽车上市公司数量的占比最少也不难理解。从其他产业来看，其规定范围比较宽泛，例如，新一代信息技术涵盖了信息网络基础设施建设、新一代移动通信及互联网核心设备和智能终端的研发、三网融合、物联网、云计算、集成电路、新型显示、高端软件、高端服务器、数字虚拟等文化创意产业在内的众多层面，其细分产业更是多达几十个，因而上市公司数目最多也是合情合理的。

表 3-6   **2015 年年末深圳证券交易所战略性**

新兴产业上市公司行业分布

产业	新一代信息技术	生物	节能环保	高端装备制造	新能源	新材料	新能源汽车	合计
数量	222	128	120	103	50	55	17	695
占比（%）	31.94	18.42	17.27	14.82	7.19	7.91	2.45	100

数据来源：根据历年《深交所多层次资本市场上市公司年报实证分析报告》整理。

    第二，战略性新兴产业上市公司的竞争力强，但成长性不明显。从战略性新兴产业上市公司的盈利情况来看，表 3-7 中列出了 2013—2015 年战略性新兴产业上市公司及各板块的平均毛利率，对比之下可以看出，战略性新兴产业上市公司在"政策红利"的驱动下，盈利能力较强，历年销售毛利率较为稳定，高于深市上市公司整体、主板上市公司、中小企业板上市公司的平均盈利能力，显现出新兴产业在推动经济转型升级过程中的独特优势，但比较来看其仍低于创业板上市公司的平均盈利能力。这说明战略性新兴产业上市公司并没有表现出较高的成长性，这可能缘于一部分公司上市年限尚短，国家创新政策和企业各类投入的效果显现都需要一定时间的积累，同时对于上市年份较长的企业来说，随着产业竞争的加剧，企业的盈利能力受到冲击。

表 3-7   **2013—2015 年战略性新兴产业上市公司平均毛利率对比**   单位：%

年份\类别	2013	2014	2015
战略性新兴产业	24.23	24.74	25.62
全部	20.21	20.87	21.50
主板	18.84	19.37	19.56
中小企业板	21.00	21.44	22.27
创业板	34.06	33.12	31.10

数据来源：根据历年《深交所多层次资本市场上市公司年报实证分析报告》整理。

第三，创业板对战略性新兴产业上市公司的集聚效应明显。创业板是战略性新兴产业上市公司的首选之地，这一点不仅体现在表 3-5 中上市公司的数量上，还可以通过研发投入窥见一斑。研发投入是企业实现技术升级、产品升级、服务升级的基础，也是上市公司融资效应的体现。从表 3-8 中的数据比较可以看出，战略性新兴产业上市公司的整体研发投入呈现出逐年稳步增加的趋势，且其增速高于上市公司整体增速。以 2015 年为例，在深市已披露年度研发数据的上市公司中，研发投入金额合计 1 665.59 亿元，平均每家 0.95 亿元，较上年增长11.93%；其中，中小板、创业板的上市公司总体研发投入金额较上年分别增长 13.89%和 26.01%。从战略性新兴产业上市公司来看，其 2015 年整体研发投入 881.18 亿元，较上年增长 38.12%。从研发强度来看，深市上市公司整体的平均研发强度为 4.73%。相比之下，创业板上市公司的平均研发强度为 4.84%，占创业板 72.4%的战略性新兴产业上市公司的平均研发强度达到 5.92%，这说明创业板对战略性新兴产业企业起到了良好的集聚和示范效应。

表 3-8　　　　　　　　**2013—2015 年战略性新兴产业**

上市公司研发投入对比　　　　　　　单位：亿元

年份	2013		2014		2015	
	总体	平均	总体	平均	总体	平均
战略性新兴产业	525.48	0.99	637.99	1.01	881.18	1.27
全部	1 336.06	0.85	1 488.09	0.89	1 665.59	0.95

数据来源：根据历年《深交所多层次资本市场上市公司年报实证分析报告》整理。

尽管我国已初步建立了多层次的股票市场，可以为拟上市融资的企业提供多样化选择，但是对于战略性新兴产业企业来说，通过发行上市的方式融资依然很困难。表 3-9 中列出了 2015 年我国企业境内外上市融资的规模及数量。可以看出无论是从融资额度还是从上市公司数量来看，战略性新兴产业的上市企业占比均很低。2015 年，我国

企业境内外上市融资规模为 3 541.45 亿元，新增上市公司数量 308
家，而战略性新兴产业的这两个指标所占比例分别为 18.86% 和
36.36%，并且资金和上市企业数量分布不均匀，呈现出上市企业数量
不少但资金量低的特点。从 IPO 平均融资规模来看，除了绿色产业之
外，其他战略性新兴产业的平均融资额均低于上市公司总体的平均
水平。

表 3-9　　　　　2015 年我国企业境内外上市融资规模及数量

产业类别	融资额度 （亿元）	比例 （%）	上市 数量	比例 （%）	平均融资额 （亿元）
生物	248.15	7.01	56	18.18	4.43
绿色产业 （环保、新能源、新能源 汽车）	179.17	5.06	10	3.25	17.92
高端装备制造业	121.58	3.43	22	7.14	5.53
新一代信息技术	116.83	3.30	23	7.47	5.08
新材料	2.06	0.06	1	0.32	2.06
战略性新兴产业	667.79	18.86	112	36.36	5.96
其他	2 873.66	81.14	196	63.64	14.66
总计	3 541.45	100.00	308	100.00	11.50

数据来源：私募通数据库。

我国战略性新兴产业企业上市融资难是由我国现有的 IPO 制度决
定的。从我国目前股票市场构成来看，战略性新兴产业企业可以按照自
身发展阶段、资金实力、经营能力的不同，选择不同的上市地点。表
3-10 中列出了我国主板市场、中小企业板市场、创业板市场和新三板
市场上市（挂牌）的条件，相比之下，新三板市场的挂牌条件最低，适
合那些刚刚成立不久的新兴中小企业，从实际情况来看，目前我国新三
板市场流动性问题并没有得到有效缓解，不少企业挂牌后交易量小，无

法满足融资需求。①创业板则适合那些处于初创期末期、即将过渡到发展期的新兴产业企业，如果企业的规模及盈利能力进一步提高，则其适合选择中小企业板上市，而主板市场则是产业龙头企业的上市选择。

表 3-10　　　　　　　我国股票市场上市（挂牌）条件比较

名称	定位	上市条件	制度安排
主板	大中型企业	近3个会计年度净利润均为正数且累计超过人民币3 000万元； 最近3个会计年度经营活动产生的现金流量净额累计超过人民币5 000万元；或者最近3个会计年度营业收入累计超过人民币3亿元； 发行前股本总额不少于人民币3 000万元； 最近一期期末无形资产占净资产的比例不高于20%； 最近一期期末不存在未弥补亏损	审核制
中小企业板	中小企业	同主板标准	审核制
创业板	创新型企业	最近两年连续盈利，最近两年净利润累计不少于1 000万元，且持续增长； 或者最近一年盈利，且净利润不少于500万元，最近一年营业收入不少于5 000万元，最近两年营业收入增长率均不低于30%； 最近一期期末净资产不少于2 000万元，且不存在未弥补亏损； 发行后股本总额不少于3 000万元	审核制
新三板	创新型成长初期企业	持续盈利能力，无财务要求	备案制

① 截至2016年5月18日，新三板挂牌企业数量已经达到7 308家，合格投资者数量超过22万。但整个新三板市场每天的平均总交易额只有2亿元，还不及一只普通A股股票的交易额，仍有2 000家左右的挂牌企业挂牌之后尚未有一笔成交，成为名副其实的"僵尸股"，这一数字与新三板7 000多家的企业总数相比并不低。从私募通数据库的统计数据来看，我国新三板市场呈现出挂牌企业增加速度快、定向融资增长缓慢的特点，例如，2016年4月新三板市场总体成交金额162.23亿元，环比下降3.89%，完成定增301次，完成股票发行20.92亿股，募集金额125.30亿元，环比3月的121.24亿元仅上涨3.35%。这主要是由于相关市场制度的完善有待落地，投资者们大都持观望态度。从新三板挂牌企业的行业分布来看，2015年机械制造行业以978家挂牌企业遥遥领先，其次是IT行业，挂牌企业达718家，两大行业挂牌数占到全部挂牌总数的1/3；随后是化工原料及加工、建筑/工程和生物技术/医疗健康行业，分别有392家、296家和288家企业挂牌。前五大行业合计挂牌企业2 672家，超过挂牌总数的一半，而环保等其他五大战略性新兴产业的挂牌企业总体数量偏低，新三板市场也存在着挂牌企业的行业分布不均的现象。综上所述，短期来看战略性新兴企业的融资需求仍难以通过定位于创新科技型企业的新三板市场得到满足。

从表 3-10 中的上市条件比较可以看出，我国境内企业上市的最低要求都是要连续盈利，上市标准都还比较传统。净利润、净资产等指标都是按照传统产业设定的。如果追溯早期互联网公司，比如说新浪网，均是以亏损的身份在海外上市的。也就是说，一些具有成长性的新兴产业企业，在它的初创期时是无法满足上市的制度要求的。另外，国内上市实行审核制，IPO 的等待期相对较长，战略性新兴产业企业即使满足上市条件，在时间上也是滞后的。在现有市场体制和发行上市体制还不完善的情况下，很多优质战略性新兴产业公司被迫到海外上市，这在一定程度上使本土资本市场面临空心化和边缘化的危险。目前在美国上市的中概股约有 200 家，其中包括阿里巴巴、京东、百度等在内的知名"互联网+"企业占中概股的 1/4 左右，而互联网公司的市值占中概股的比重则超过 3/4。总之，我国现有的上市门槛对大部分战略性新兴产业企业仍缺乏包容性。

3.4 战略性新兴产业的商业性信贷融资分析

3.4.1 银行业在战略性新兴产业发展中的角色

尽管资本市场是新兴产业的融资首选之地，但这并不是绝对的，其仍受到具体国情的限制。长期以来，银行体系一直是我国金融体系的核心和主体，多层次资本市场体系的建立和完善以及资本市场与信贷市场"相比肩"仍需时间。目前，以银行为主导的间接融资在我国现阶段社会融资中仍占主要地位。根据中国人民银行公布的《2015 年社会融资规模存量统计数据报告》，2015 年年末社会融资规模存量为 138.14 万亿元，银行业对实体经济发放的本外币贷款余额为 95.77 万亿元，占社会融资规模存量的比重为 69.33%。因此，在我国现有的以间接融资为主导的金融体系下，战略性新兴产业的外部融资问题很大程度上还是需要通过商业银行信贷的形式予以解决。

银行贷款是微观经济主体满足融资需求的主要融资方式。大量的研究表明，银行业的存在，可以有效地引导资金流向，起到配置社会资金资源的作用，促进产业经济增长和结构升级。例如，刘梅生（2009）通过多变量 VAR 模型等方法对中国银行信贷与产业结构升级之间的实证研究得出二者之间存在着长期的协整关系。盛丹、王永进（2013）指出，产业集聚之所以能够促进融资依赖行业的快速发展，其主要原因之一就是信贷资源的配置效应。石璋铭、谢存旭（2015）认为银行信贷资金是战略性新兴产业在技术创新过程中研发投入的主要来源，并通过实证分析得出提升中国银行业竞争力有利于缓解战略性新兴产业发展的融资约束，从而提升技术创新力。Brown、Martinsson 和 Petersen（2012）指出，新兴产业通过股权融资会降低其创新收益的索取权，而大多数企业并不具备在债券市场的发债资格，因此，银行信贷是新兴产业的重要外源融资方式。战略性新兴产业代表着未来的产业主体和发展方向，但同时又存在着发展周期长、每个生命周期阶段特点不同的问题，因此就需要商业银行为其提供全周期的产品和服务，可以说，银行业在战略性新兴产业成长过程中扮演着重要的角色。具体来看，其表现在以下几个方面：

首先，银行业可以为战略性新兴产业提供丰富的资金资源。资本形成的基础是储蓄向投资的转化，而银行体系聚集资金的多少，决定着其向实体经济融资的能力。我国银行体系规模庞大、资金实力雄厚，充足的信贷资金可以使银行体系的融资功能得到最大发挥。近年来，我国货币信贷的新增存量、流量增速平稳，存、贷款余额稳步增长（见表 3-11）。2010 年，我国银行业金融机构人民币存款余额为 71.82 万亿元，人民币贷款余额为 47.92 万亿元。到 2015 年年末，人民币存款余额增加到 135.70 万亿元，人民币贷款余额增加到 93.95 万亿元，存贷款差额也从 2010 年的 23.90 万亿元增加到 2015 年的 41.75 万亿元，可以看出，在存、贷款余额稳步增长的同时，存贷款差额在不断扩大。巨大的存贷款差额不仅保障了银行业运行的安全性，降低了信贷风险，同时也会对银行业的盈利能力带来考验，如果这些资金的运用效率低，其将会直接影响到未来商业银行的经营能力。可以预想，巨大的存贷差也使商业银行为战略性新兴产业提供信贷支持成为可能。

表 3-11 2010—2015 年金融机构存贷款余额统计 单位：万亿元

年份	人民币 存款余额	人民币存款 余额增长率（%）	人民币 贷款余额	人民币贷款 余额增长率（%）	存贷差
2010	71.82	—	47.92	—	23.90
2011	80.94	12.70	54.79	14.34	26.15
2012	91.74	13.34	62.99	14.97	28.75
2013	104.38	13.78	71.90	14.15	32.48
2014	113.86	9.08	81.68	13.60	32.18
2015	135.70	19.18	93.95	15.02	41.75

数据来源：根据中国人民银行公布的历年《金融统计数据报告》整理。

其次，银行业可以为战略性新兴产业提供专业的金融服务。从产业内部个体来看，任何企业的成长不仅需要资金的不断积累作为支持，更需要有效的资本运营为企业的后续发展提供动力。科技型企业通常缺乏资本运作、投资理财、市场分析、企业管理方面的人才、信息和经验，而商业银行可以为其提供全方位的金融服务。在众多金融机构中，商业银行具有从事投资咨询、融资理财、项目评估、资本市场运作等方面的优势，由此商业银行与战略性新兴产业企业在中间业务——特别是投资银行业务——合作上有极广阔的空间。从产业整体的成长性来看，战略性新兴产业的产业链和产业集群特征明显，产业集群可以使更多的企业获得技术溢出效应，而通过产业链的延伸可以增强上下游企业的关联性。金融是产业链式发展的重要载体，而商业银行则是产业链金融的重要参与者。战略性新兴产业通过产业链金融业务，可以使区域内的企业之间形成相互关联的信息、资源网络，当个别企业有违背信用的事件发生时，其他企业会及时发现，产业链金融增强了信息的透明度，商业银行与核心企业合作并建立良好的信用关系，辐射到产业链上的其他上下游企业。产业链金融既增加了战略性新兴产业的融资可能性，又拓宽了商业银行的业务范围，对二者来说，合作是双赢的。总之，无论是从融资来源还是从融资服务角度考虑，银行业对战略性新兴产业持续发展的重要性都是不言而喻的。

3.4.2　战略性新兴产业的商业性信贷融资现状

（1）商业银行对战略性新兴产业的信贷投放规模

近年来，在《国务院关于加快培育和发展战略性新兴产业的决定》（国发〔2010〕32号）等宏观金融政策颁布的背景下[①]，商业银行将战略性新兴产业列为优先支持产业，不断加大信贷政策、信贷资源的支持力度，并不断调整信贷投向的重点领域。从贷款投放规模来看，我国商业银行投放的战略性新兴产业贷款规模稳步提升。2010年我国银行业金融机构投放战略性新兴产业贷款余额为1.23万亿元，到2015年年末便增加到2.40万亿元（如图3-11所示）。从投放规模的占比来看，2010—2015年商业银行战略性新兴产业贷款余额占全部贷款余额的比例平均为2.50%左右（如图3-12所示），其中2013年的投放余额占比最大，为2.74%，在随后的两年呈现略微下降的趋势。从历年的战略性新兴产业贷款增长率来看（如图3-13所示），2012年增长最快，为22.97%，其后的增长速度趋缓并下降，在2014年、2015年低于同期的银行业贷款余额增长率。可以看出，尽管近年来我国战略性新兴产业的贷款投放规模增长较快，但是从总体规模、增长速度来看，其与同期的金融机构人民币贷款投放规模相比还是存在一定的差距的，并没有呈现出明显的投放倾向。

[①]　《国务院关于加快培育和发展战略性新兴产业的决定》（国发〔2010〕32号）提出"鼓励金融机构加大信贷支持。引导金融机构建立适应战略性新兴产业特点的信贷管理和贷款评审制度。积极推进知识产权质押融资、产业链融资等金融产品创新。加快建立包括财政出资和社会资金投入在内的多层次担保体系。积极发展中小金融机构和新型金融服务。综合运用风险补偿等财政优惠政策，促进金融机构加大支持战略性新兴产业发展的力度。"

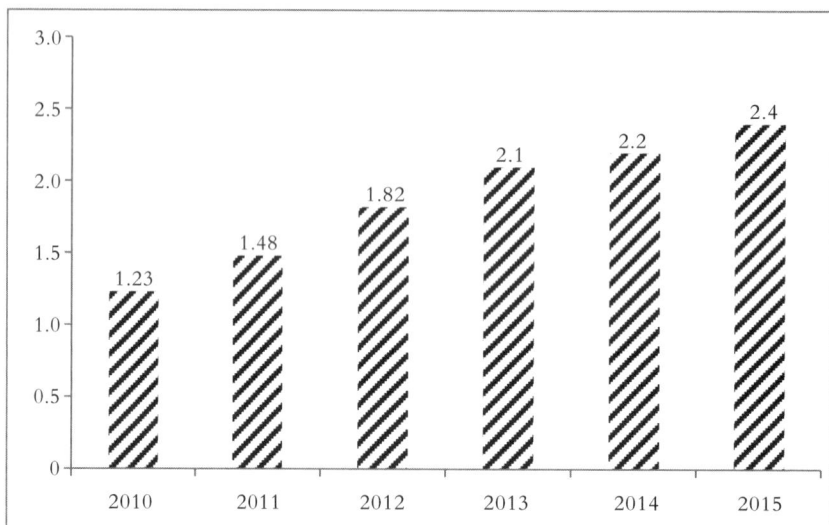

图 3-11 历年战略性新兴产业贷款余额（单位：万亿元）

数据来源：根据历年《中国银行业社会责任报告》整理而得。

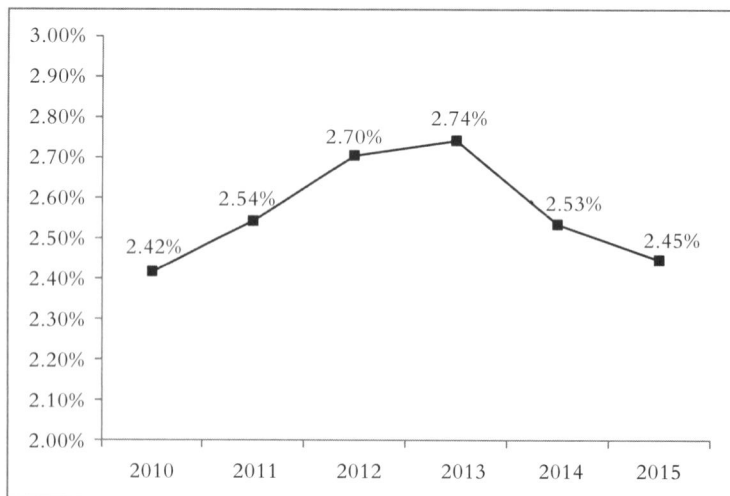

图 3-12 历年战略性新兴产业贷款余额占比

数据来源：根据历年《中国银行业社会责任报告》整理计算而得。

（2）商业银行对战略性新兴产业的信贷投放意愿

在实际的信贷投放中，商业银行对不同战略性新兴产业的支持力度也会随着宏观经济环境和产业发展阶段的不同有所差异。通过对中国银

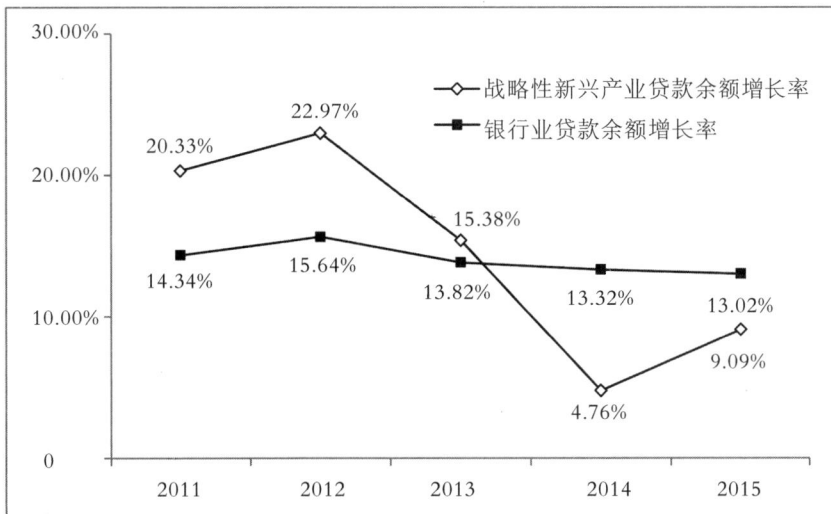

图 3-13 历年战略性新兴产业贷款增长率及银行业贷款余额增长率

数据来源：根据历年《中国银行业社会责任报告》整理计算而得。

行业协会公布的历年《中国银行家调查报告》的整理发现（见表 3-12），银行业贷款投向的重点支持行业是不断变化调整的，每年的产业排名虽然不同，但是可以发现一定规律。首先，在银行业贷款投向排名中，名次比较靠前的战略性新兴产业是信息技术服务、医药业、机械制造业，尤其是前两者在近三年的投放倾向非常明显，但二者并没有位列第一。其次，在 2012 年《中国银行家调查报告》中，战略性新兴产业被单独提出作为贷款重点投放排名第一的领域，这也是图 3-13 中战略性新兴产业贷款增长率在 2012 年达到最大的原因。再次，新能源领域是 2010 年贷款投放的重点领域，但是受近年来光伏产业产能过剩等因素的限制，商业银行降低了对该产业的信贷投放，因此其在近五年的信贷重点支持行业中消失。最后，表 3-13 中列出了未提及的其他战略性新兴产业贷款支持率，可以看出，商业银行对节能环保产业、新材料产业、新能源产业、新能源汽车产业的信贷投放数量有限，其支持率排名在所有信贷投放行业中处于末位。

表 3-12　　　2010—2015 年银行业贷款投向重点支持行业

年份\排序	2010	2011	2012	2013	2014	2015
1	基础设施	机械制造业	战略性新兴产业	农林牧渔业	农林牧渔业	城市基础设施
2	电力、燃气和水	物流业	物流业	物流业	城市基础设施	医药业
3	新能源	公路铁路运输	传播文化业	信息技术服务	信息技术服务	信息技术服务
4	装备制造	石油化工业	机械制造业	城市基础设施	物流业	公路铁路运输
5	物流业	电力、燃气和水	农林牧渔业	医药业	医药业	农林牧渔业
6	农业	商贸业	信息技术服务	社会服务业	传播文化业	物流业
7	医疗卫生	信息技术服务	石油化工业	传播文化业	社会服务业	旅游业
8	教育	社会服务业	旅游业	商贸业	旅游业	社会服务业

资料来源：根据历年《中国银行家调查报告》整理。

表 3-13　　　2013—2015 年战略性新兴产业贷款支持率及排名

年份	2013	2014	2015
新一代信息技术	55.7%（3）	53.6%（3）	55.5%（3）
生物医药	52.2%（5）	52.1%（5）	57.2%（2）
高端装备制造	41.3%（11）	39.7%（12）	41.3%（11）
节能环保	4%（其他，24）	3%（其他，24）	4.7%（其他，24）
新能源	4%（其他，24）	3%（其他，24）	4.7%（其他，24）
新材料	4%（其他，24）	3%（其他，24）	4.7%（其他，24）
新能源汽车	4%（其他，24）	3%（其他，24）	4.7%（其他，24）

资料来源：根据历年《中国银行家调查报告》整理。

3.4.3　战略性新兴产业的商业性信贷融资困境

从现实情况来看，战略性新兴产业的融资缺口较大，银行信贷并没有满足其贷款的需求。其中既有商业银行支持战略性新兴产业的发展存在"先天不足"的原因，也存在其自身主观意愿的不强烈。具体表现在三个方面：

第一，风险控制约束。商业银行安全性的经营原则使其对信贷风险的防范格外严格，而战略性新兴产业的高风险特征是与生俱来的，这两者放在一起就是无法解开的矛盾。因此，即使是在经济发展前景好、国家政策支持的大背景下，商业银行在对一些高风险行业进行信贷投入时仍是谨小慎微，尤其是在我国传统产业的信贷利息收入仍有利可图的条件下，商业银行更不愿意冒这个风险。实际上，各国监管机构对银行资产的安全性、流动性都提出了较为严格的监管要求。银行必须强调审慎、稳健经营，受监管约束，一般不愿意向高风险项目或高风险企业发放贷款。在分业经营要求下，长期的经营惯性及制度缺陷使我国银行业对战略性新兴产业领域的支持动力更为不足。

第二，产业分析能力不足。现有商业银行的优势是其有对传统成熟产业的规律分析经验，而面对新兴产业，商业银行需要重新投入成本进行价值分析，并且得到的结论仍需要时间来验证。由于战略性新兴产业存在着一定的不确定性，不同的战略性新兴产业各自的特点不同，未来产品的发展趋势、新兴技术的研发方向的风险性各异，因此商业银行对此类企业进行分析必须配备相应的专业团队，而实际情况是大部分银行缺乏对新兴产业的专业分析人员，无法做到对战略性新兴产业未来发展模式作出准确判断。一个典型的例子是关于环保产业的信贷投放问题，商业银行对环保产业相关企业进行信贷审查时，通常是采取和当地环保局合作的方式才能得到贷款企业的信贷指标。如果银行授信的企业因为污染事件被环保部门责令停业，商业银行就会面临巨大的风险，而这种风险并不在商业银行自身的可控范围内，商业银行是十分被动的。因此，出于安全谨慎的经营原则，商业银行必然会对产业的发展前景持有谨慎的态度，从而会降低对战略性新兴产业的信贷投放量。

第三，金融服务与产品的创新动力不足。目前，国内各家主流商业银行针对战略性新兴产业"轻资产、高成长"的特点，设计了应收账款质押、股权质押、知识产权质押、订单质押、出口退税质押、存货抵押、发票融资、应收租金保理、合同能源管理等一系列"弱担保"措施或金融产品。例如，针对科技型中小企业设计的知识产权质押贷款已实施数年，但是从目前的实际效果来看，只能说是叫好不叫座。虽然知识产权质押贷款能够帮助企业解决融资难和融资贵的问题，但由于知识产权在评估、变现等方面存在问题，大部分地区在知识产权质押贷款上并没有完全打开局面，很多中小企业——特别是科技型中小企业——手握大量知识产权，却无法通过知识产权质押取得贷款。数据显示，北京在2011 年到 2015 年的 4 年间，已经完成了 20 多亿元、近 100 笔的知识产权抵押贷款，这类贷款数量与科技型中小企业的贷款需求相比相差甚远。从目前已实施知识产权质押贷款业务的商业银行来看，其多数要求是组合贷款，单一的知识产权获得贷款的难度较大。总之，出于风险补偿的考虑，商业银行会提高大部分创新产品和服务的融资成本，客户经理营销积极性不高，决策层也不愿承担更大风险，相关创新也只是停留在表层。

3.5 保险业支持战略性新兴产业发展分析

3.5.1 保险业支持战略性新兴产业发展的必要性

金融业对战略性新兴产业的支持，不仅体现在资金的供给上，更应该体现在为其提供全方位的风险分散和服务体系。如果风险保障体系不健全，战略性新兴产业就很难获得金融机构持续的资金支持。与传统产业的融资机制相比，战略性新兴产业的发展需要更多的中长期资金支持以及风险分散机制的保障，只有在良好的金融支撑环境下，新兴产业与金融资本之间良性互动，才能使战略性新兴产业的规模日益壮大、产业层次不断提升，而保险业则可以担当此任。在众多金融工具中，保险既具有经济补偿功能，可以分散产业发展的风险，同时保险资金又能够为产业发展提供融资支持。因此,若能将保险业和战略性新兴产业有效结合,这对双方来说是互惠互利的。如果保险机构能发挥其资金融通和风险管理的功能,其将会推动战略性新兴产业的发展。具体来看其作用体现在三个方面:

第一,保险业可以为战略性新兴产业提供长期而稳定的资金支持。近年来,我国保险业发展迅速,行业地位不断提高,保险资金规模日益壮大。根据中国保监会公布的数据,2015 年全国保费收入 2.4 万亿元,同比增长 20%,保险市场规模位列全球第三位。可以看出,我国保险业已经具备了很强的社会融资能力。保险业资金具有期限较长的独特优势,这一特性不仅有利于为股票市场和债券市场长期稳定发展提供有力支持,同时保险机构作为资本市场的重要参与者,其对保险资金的运用也是国家重大基础设施建设和民生工程建设的重要保证。因此,应发挥保险资金长期投资的独特优势,提高资金配置效率,把更多的资金投入到战略性新兴产业和重大的基础设施、民生工程方面,为经济转型升级作出贡献。

第二,投资战略性新兴产业可以拓宽保险业的资金运用渠道。保险资金运用不仅为经济建设直接提供资金,同时能够增强保险企业经营的活力,扩大保险承保和偿付能力。保险业的主要存在目标是风险转移,保费是风险转移的价格,但由于市场竞争,整个价格往往不够支付转移的成本,所以,没有保险投资,整个保险行业经营是不能维持下去的。也就是说,保险资金运用在现代保险服务业中的作用十分关键。尽管近年来我国保险业发展日益成熟,保险金规模不断扩大,但与此同时,新资本的不断涌入也使保险市场竞争日益加剧,对保险资金运用的考验日益加深。截至 2015 年年末我国保险资金运用余额为 11.18 万亿元,同比增长 19.81%。从投资渠道来看,银行存款 24 349.67 亿元,占比 21.78%;债券 38 446.42 亿元,占比 34.39%;股票和证券投资基金 16 968.99 亿元,占比 15.18%;其他投资 32 030.41 亿元,占比 28.65%,可以看出保险资金结构配置中固定收益类资产占主导地位(银行存款和债券两项占比为 56.17%),权益类资产有所提升(2014 年股票和证券投资基金占比为 11.1%)。然而对比保费收入增长率和保险资金运用投资收益率，结果却不理想。从图 3-14 中可以看出，自 2007 年国际金融危机以来，我国保险业的保费收入增长率远远高于保险资金运用收益率（除 2011 年外），甚至部分年份的商业银行 5 年期定期存款利率也高于保险资金的投资收益率。如果对比西方发达国家，差距则更明显。以英国非寿险行业为例，根据英国 UK Insurance Key Fact 2014 公布的数据，2012 年其经营收益仅占总收益 20%，投资收益占比 80%。2009 年和 2010 年英国非寿险行业经营收益均为负值，分别为 -3 700 万英镑和 -10.4 亿英镑，而投资收益分别为 39.71 亿英镑和 46.37 亿英镑。正是得益于保险投资方面的良好收益，其年度总体盈利水平才得到了有效保障。如果我国保险业的保费收入和保险资金运用余额快速增长，而保险投资收益率与增速不一致，保险业的保险资金将存在错配风险，这就会增加保险资产负债匹配的管理难度。

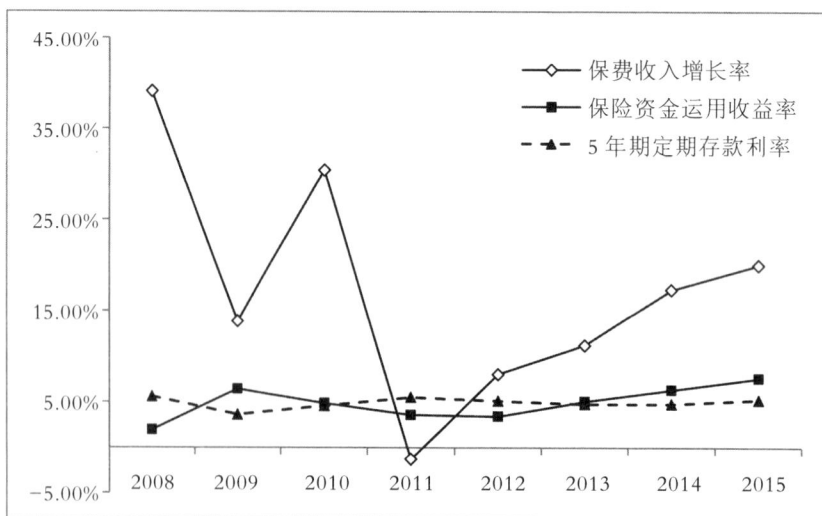

图 3-14　2008—2015 年我国保险业保费收入增长率、
保险资金运用收益率及 5 年期定期存款利率

数据来源：中华人民共和国国家统计局网站（http://www.stats.gov.cn）。

与保险资金投资收益率直接相关的就是保险资金投资渠道。目前，我国保险资金运用的法定渠道有银行存款、投资政府债券、投资金融债券以及国家规定的其他形式，虽然在新《中华人民共和国保险法》中对保险资金投资渠道的限制有所放松，但实际操作难度依然很大。如果保险资金投资渠道过窄、主要投资于收益率低的固定收益品种，那么随着未来金融机构竞争加剧而推高的渠道销售费用和负债成本，保险资金运用依然面临着严峻的挑战。因此，引导保险资金流入战略性新兴产业将给保险业的发展带来新的机遇。2014 年 4 月，中国保监会颁布《保险资金运用暂行管理办法》等专项支持政策，鼓励保险资金利用债权投资计划、股权投资计划等方式直接或者间接投资于科技型企业、小微企业、战略性新兴产业等领域。保险资金加大对战略性新兴产业的投入，不仅会进一步拓宽产业发展的融资渠道，对保险业自身来说也可以规范保险资金运用，防范投资风险，促进虚拟经济和实体经济的融合，使保险资金价值链得到延伸，优化保险业资产负债的匹配度，从而获得竞争优势，实现自身发展。

第三，保险业可以为战略性新兴产业的发展提供风险保障。在解决战略性新兴产业融资这一问题上，无论是以商业银行为主的间接融资还是以资本市场为主的直接融资均存在着难解的瓶颈，因此解决融资困境的前提是先要解决风险问题，而这恰恰是保险的专业所在。利用保险这一市场化的风险管理手段，可以为战略性新兴产业的发展提供有效的风险保障服务。具体来看，可以通过建立科技保险体系，为战略性新兴产业提供有利于科技创新的保险产品和服务，提供关键设备的保险风险补偿机制，这些途径都可以促进企业创新和科技成果产业化。可以针对科技型中小企业设计信用保险和贷款保证保险产品，同时发挥保险在咨询、法律、会计、评估、审计等方面对产业的辐射作用。可以针对战略性新兴产业的出口贸易企业，着力发挥出口信用保险促进外贸稳定增长和转型升级的作用。总之，应通过保险和其他融资手段的合作，搭建起产业发展的避风港，从而提高战略性新兴产业的融资效率。

3.5.2 战略性新兴产业成长中保险业支持现状

虽然保险在服务战略性新兴产业方面具有先天的优势，但现实情况却并不理想。目前我国保险业针对战略性新兴产业的专属产品还很鲜见，关联度较高的主要有科技保险、信用保险等。因此，本书主要从这两类保险在国内的发展现状来分析我国保险业对战略性新兴产业的支持现状及存在的问题。

科技保险是科技企业或研发机构在研发、生产、销售、售后以及其他经营管理活动中，因各类风险而导致企业或研发机构的财产、利润和科研经费损失，以及对股东、雇员或第三者的财产或人身造成伤害而应承担的各种民事赔偿责任时，由保险公司给予赔偿的保险保障方式。科技保险是科技创新的助推器。在市场经济条件下，运用科技保险工具，能为企业解除后顾之忧，保障和激励科技创新活动的开展。同时，科技保险也是科技产业及社会的稳定器。当发生科技风险事故时，通过科技保险及时进行赔付，将避免一些研究机构、科技企业陷入困境甚至破产，有利于科技产业的健康发展和社会和谐稳定。自 2007 年我国开展科技保险创新试点工作以来，成效初显，对增强自主创新能力、推动高新科技产业发展及经济结构转型升级作出了积极贡献。2007 年 7 月，北京、天津、重庆、深圳、武汉及苏州高新区等五市一区被列入首批科技保险创新试点地区。随后，上海、成都、沈阳、无锡及西安国家高新区、合肥国家高新区被列入第二批试点。目前科技部、中国保监会确定 5 大类 15 种产品，包括产品研发责任保险、关键研发设备保险、营业中断保险、高管人员和关键研发人员团体健康保险和意外保险、财产保险、产品责任保险、产品质量保证保险、董事会监事会高级管理人员执业责任保险、雇主责任保险、环境污染责任保险、专利保险、小额贷款保证保险、项目投资损失保险、特殊人员团体意外伤害保险和重大疾病保险。各地还根据实际情况出台了配套保费补贴等扶持政策。尽管我国科技保险已推行 9 年有余，但还存在承保覆盖面不够宽的问题，推行效果并不理想，这其中既有扶持政策措施还不够健全、部门协作不够顺畅、企业风险和保险意识还不强等外部原因，也有保险业自身专业服务能力存在差距等内在原因。目前多数参保企业更倾向于投保占总成本费用比例不足 0.3% 的产品研发责任险和关键研发设备险，而真正针对高科技企业研发的责任保险、产品责任保险、专利保险、项目投资损失保险等险种则很少有人问津，企业不能有效利用保险工具管理企业风险。很多未参保的高科技企业并不是缺乏参保意愿，而是认为现有的科技保险产品投保方式不够灵活，或者认为贷款保证保险的覆盖金额太小，难以抵抗风险损失。从科技保险的条款看，不少内容也是"换汤不换药"。例如，自然灾害仍是营业中断保险的主要理赔范围，产品责任保险的覆盖范围也没有体现出高科技企业的特色等。此外，科技保险的险种服务目前还主要集中在产品生产阶段，真正针对产品前期研发阶段的保险服务还很少，难以满足高新企业多层次避险要求。

信用保险是以信用风险为承保标的，补偿因信用风险给权利人造成的经济损失的一种保险。信用保险最大的优势就是可以分散企业及银行风险，因此可以为战略性新兴产业中的出口企业提供风险保障。2001年年末，以我国加入 WTO 为背景，中国人民保险公司出口信用保险部和中国进出口银行出口信用保险部分别从原单位剥离，合并成立中国出口信用保险公司（以下简称"中国信保"），成为我国唯一承办出口信用保险业务的政策性保险机构，2015 年实现承保金额 4 715.1 亿美元，同比增长 5.8%；其中中长期出口信用保险新增承保金额 238 亿美元，海外投资险承保金额 409.4 亿美元，短期出口信用保险承保金额 3 638.8亿美元，向客户支付赔款达 14.5 亿美元，承保规模持续位居国际同业前列，为促进我国外贸稳定增长和转型升级发挥出重要作用。近年来，中国信保加大力度支持机电产品、高新技术、节能环保，以及新能源、新材料、生物医药等战略性新兴产业出口。2009 年至 2014 年，中国信保短期险项下累计支持机电、高新技术、汽车、船舶、轻工、纺织、医药和农产品等重点行业出口金额达 1 万亿美元，年均增长 44.8%，占同期短期险总承保规模的 78.5%。

从信用保险最为发达的欧洲来看，出口信用保险的市场化运作成为一种潮流。然而我国信用保险市场的竞争格局仍以政策性信用保险公司为主导（如图 3-15 所示）。自 2013 年开始，中国保监会同财政部、商务部等部门，逐步引入 4 家商业保险机构，试点经营短期出口信用保险业务，推动信用保险业务的市场化进程。中国保监会公布的《2015 中国保险市场年报》中的数据显示，2014 年，我国短期出口信用保险实现保费收入 11.8 亿美元，承保金额 3 602 亿美元，累计服务支持出口企业超过 5.3 万家，获得融资额度人民币 2 125.8 亿元，其中为 3.7 万家出口小微企业获得融资额度人民币 252.3 亿元。尽管如此，目前对实行出口信用保险的商业性保险公司存在政策上的限制：商业保险公司必须向保监会申请，经保监会审核同意才能获得经办出口信用保险业务的许可。如果限制商业性保险公司进入出口信用保险领域，或者对经营出口信用保险业务的商业性保险公司不在税收、费率等方面给予优惠，将抑制商业保险公司经营的积极性。这既无法满足战略性新兴产业中出口企业的风险保障需求，也不利于我国保险市场竞争机制的完善。

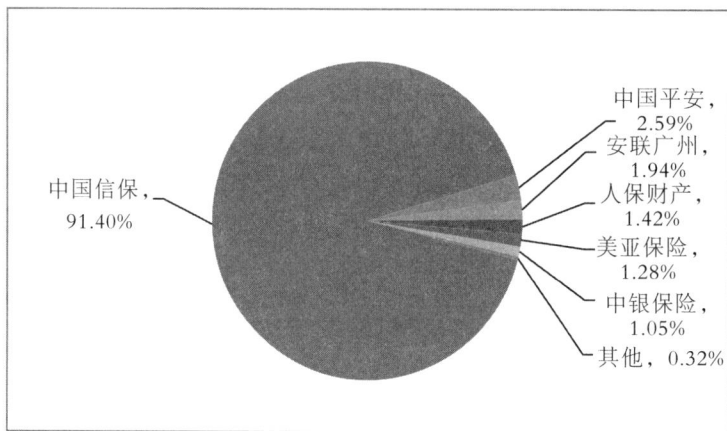

图 3-15 2014 年中国信用保险行业市场竞争格局

数据来源：中国产业信息网（http：//www.chyxx.com）。

在很长一段时间内，信用保险主要是政策性的出口信用保险和海外投资保险，不过这种趋势最近两年有所改变。贷款相关保证保险规模的增长，是信用保险市场不断扩张的主要驱动力。贷款保证保险是承保投保人（借款人）不能按贷款合同约定的期限偿还所欠贷款的风险，当借款人不能按期偿还贷款时，由保险人承担偿还责任，其运作模式如图 3-16 所示。因此，对于处于起步阶段的战略性新兴产业企业而言，其可以通过贷款保证保险的方式来扩大间接融资规模。例如，以"政府＋银行＋保险"模式为主导的武汉"科技型企业贷款保证保险"是其典型代表。2013 年，武汉推出科技型企业贷款保证保险模式，从 2013 年 11 月至 2014 年年末，累计承保 2.5 亿元贷款。贷款利率在同期贷款基准利率的基础上适当浮动，上浮比例不超过 30%，保险费率一般为每年

2.4%。政府补贴保费的 40% 和基准利息的 25%，企业的总融资成本约 7.2%，低于小微企业通常的贷款成本。贷款发生违约时，由保险公司、地方政府、商业银行按 5∶3∶2 的比例分担损失，从目前的实行效果来看尚未发生贷款违约。

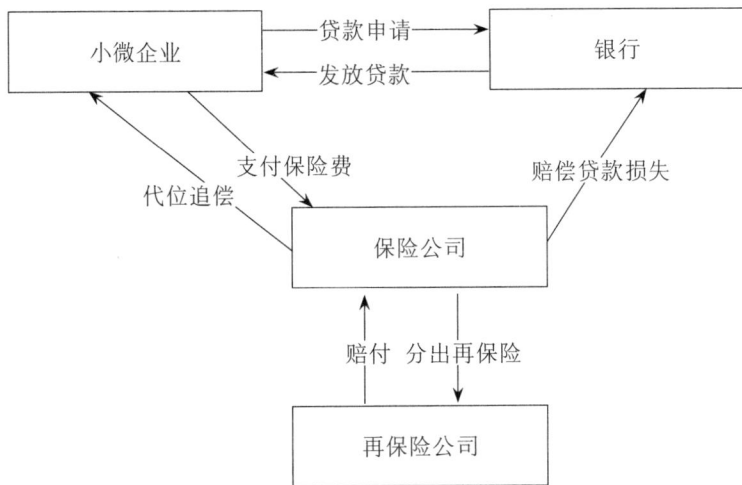

图 3-16 贷款保证保险流程图

目前国内试点的小额信贷保证保险业务取得了一定成效，但由于风险控制难度大、扶持资金有限、各方协调困难，业务规模普遍偏小。保监会数据显示，2015 年全行业贷款保证保险支持小微企业及个人获得融资金额 1 015.6 亿元，其中，有 25 个省区市开展小额贷款保证保险试点，共支持 12.3 万家小微企业获得银行融资贷款 188.6 亿元。尽管如此，我国现阶段小微型企业贷款保证保险还处于初期发展阶段，市场上开展保证保险业务的保险公司数量少，而且有明显的地域限制，业务设立试点初期，仅在个别城市进行，仅凭有限的试点区域，发展状况是不能全面地反映保证保险的真实市场环境的。而且试点区域内很多保险公司针对的是特定行业类别的企业，很多保证保险贷款获得的资金只能用于生产性用途，借款人多为农业种养大户、初创期小企业、城乡创业者。很多申请贷款的小微型企业都处于起步阶段，资金压力大，贷款坏账损失风险较高，有些保险公司对于此类申请人采取了回避的态度。从保险公司自身角度来看，保证保险市场的准入门槛高限制了该业务的发展。保证保险的经营方式与传统保险业务不同，保险公司需对每个贷款项目单独评估风险，贷前调查和贷后管理所需的人力、财力投入较大，同时，保险公司也难以全面、便捷地掌握贷款企业的信用信息。2014年，保证保险的综合费用率达47.4%，远高于行业平均水平，高成本使得大多数保险公司对这一业务望而却步。目前，只有少数保险公司的保证保险业务达到一定规模，大多数公司在这一领域还处于探索和起步阶段。

综合来看，无论是科技保险还是信用保险，均没有最大效力发挥其对战略性新兴产业的支持和服务能力。因此，我国保险业对战略性新兴产业的风险保障功能并没有体现出来，无论是在产品设计、服务体系还是在风险监控机制方面都有很大的拓展空间。

3.6 本章小结

战略性新兴产业的成长需要经历不同阶段，每个阶段的融资需求也不同。本章根据现代产业生命周期理论和战略性新兴产业的特点，分析了初创期、发展期、成熟期和持续期四个不同阶段的产业融资需求，并提出相应的融资方式，即政府资本、民间资本和风险资本是初创期的融资首选，政策扶持性信贷适用于处于发展期的企业，处于成熟期的企业应以上市和商业信贷为主，处于持续期的企业的首选是直接融资。在此基础上，分别从政策性融资、股权融资、商业信贷三个角度对我国金融业支持战略性新兴产业发展的现状及存在问题进行了剖析。

政策性融资是财政资金支持科技的市场化行为，同时还能对商业性融资起到很好的导向作用。在我国，针对战略性新兴产业领域的政策性融资主要包括政策性贷款、政策性担保融资、财政贴息和政府专项扶持基金等方式。从实际效果来看，以国家开发银行为主的政策性贷款和以政府为主导的新兴产业创投计划资金对战略性新兴产业的投放规模有限，并没有起到很好的政策性融资效应。

股权融资的优势在于价值发现、资金配置效率和差异性需求，因此也是最为迎合战略性新兴产业特点的融资方式。从产业的成长阶段和我国资本市场发展来看，处于初创期的企业应选择股权投资基金市场、新三板市场、场外股权交易市场，处于发展期的企业可以选择创业板市场，处于成熟期和持续期的企业可以选择主板市场。从我国战略性新兴产业的股权融资实际效果来看，尽管近年来股权融资发展迅速，但存在的问题也很明显。股权投资基金对战略性新兴产业的投资呈现出规模小、比例低、产业投向分布不均的现象，其主要原因是我国缺乏专业性的投资机构，对战略性新兴产业的认知度低。在股票发行上市中，从深圳证券交易所 695 家战略性新兴产业上市公司的统计数据来看，其呈现出产业分布基本形成、竞争力强但成长性不足和创业板集聚明显的特点，但仍存在融资难、融资贵的现象，其主要原因是我国股票市场的上市发行制度对战略性新兴产业缺乏包容性。

我国长期的间接融资为主导的金融体系决定了商业信贷在战略性新兴产业发展中的角色不容小觑。商业银行不仅可以为其提供丰富的资金资源，同时专业化的金融服务水平也是其他金融机构难以匹敌的。目前，我国商业银行对战略性新兴产业的信贷支持并没有明显的投放倾向，同时从信贷投放意愿上看，其也主要集中于新一代信息技术、生物医药和高端装备制造产业方面，对其他产业支持率很低。主要原因是受到风险控制约束、缺乏产业分析能力、服务和产品的创新动力不足这些因素影响。

保险业对战略性新兴产业的支持也十分必要。这是因为保险资金的长期稳定性和保险业的风险分散保障性，同时投资战略性新兴产业也有利于拓宽保险业的资金运用渠道，因为从实际来看，我国保险业的资金运用收益率并不高。从我国保险业支持战略性新兴产业的现状来看，这种支持仍处于起步的初级阶段，这体现在有针对性的产品和服务并不多见，主要还是围绕传统的科技保险、信用保险等。从科技保险来看，主要问题是覆盖面窄、缺乏特色；从信用保险来看，针对出口企业的信用保险市场呈现出政策性保险机构垄断的局面，商业性保险难以介入。贷款保证保险尽管是近几年的发展趋势，但是由于风险控制难度大、扶持资金有限、各方协调困难等原因，普遍存在业务规模偏小、成本高。总之，我国保险业对战略性新兴产业的风险保障效用并没有得到充分发挥，在产品、服务和风险监控方面有很大的提升空间。

4 战略性新兴产业融资效率的评价

4.1 融资效率内涵与范畴

一般而言，企业是否实现价值以及业绩的好坏都通过企业整体效率体现出来，而整体效率又包括企业融资效率、投资效率和运营效率。融资可以被看作企业资金流转的起点，实现融资过程可以有很多方式，每种方式各有优势，关键在于如何对不同的融资方式进行有效的组织和运用，评判这一过程好坏的标准就是融资效率的高低。在经济学中对"效率"的解释是产出与投入的比率，或者是收益与成本的比率。对参与经济活动的个体而言，如果其能够实现产出与投入的最优，则可以实现个体效率最优。如果资源能够向充分发挥效率优势的个体集中，则称资源配置是有效率的。资源配置效率是一种整体效率，通常对它的验证是通过判断个体是否有效率而进行的。企业融资是否有效率则可以被看作企业在进行与融资有关的财务活动时，能否实现资金的功能与功效。企业融资的目的在于通过最低的资金成本来获得最优的资金结构和资源配置。如果企业能够实现这一目的，则其融资行为或融资方式就是有效率的。融资效率包括资金的筹集效率和资金的使用效率，前者注重考查企业从不同融资渠道获得资金的难易程度，包括成本、风险等，后者则侧重如何用筹集的资金创造出最大的效益。

融资效率的高低不仅关系到企业的生产和经营，同时也体现着整个经济社会的资源配置优劣。理论界的学者对融资效率的相关研究也在不断地深入，尤其是对产生融资效率差异的原因的探讨。企业融资效率的理论研究可以追溯至著名的 MM 定理（Modigliani 和 Miller，1958），该理论认为，在无税情况下，企业融资结构不会影响企业的价值，而在有税情况下，融资结构对企业价值起到决定性的作用。在这一理论的基础上，Myers（1984）进一步提出了融资次序理论，指出企业对不同融资方式的选择依据是成本最小化，例如，交易成本为零的内源融资是首选，债券融资次之，最后是股权融资，因为股权融资的信息约束最为严格，可能会导致企业价值被低估。从近年来的国外文献来看，更多的研究是关于融资模式等因素如何影响融资规模的实证分析。Klapper（2002）以东欧的中小企业为研究对象，对其融资模式进行了剖析，得出新型中小企业所面临的融资约束会影响到企业的长期融资效率和成长。Hogan 等（2005）认为，大部分企业的融资主要依靠外部资源，在债务融资和股权融资二者之中，企业更愿意选择后者，也就是说融资决策会影响到融资效率。总之，企业可以通过信贷市场和资本市场的融资转换来缓解融资难的问题，多样化的融资渠道是保证融资有效率的必要前提。但是纵观国外理论界，很难找到精确的"融资效率"这一概念，其主要原因在于西方国家的市场经济下资金配置效率是天然而生的，更多的研究是集中于市场整体效率的研究。

从国内来看，随着我国资本市场的发展和深入，企业融资问题开始受到学者们的关注，其中一条分支就是对融资效率进行的研究。较早研究融资效率相关问题的是曾康霖（1993）、肖冰（1999）等人，其中，曾康霖（1993）最早提出融资效率这一概念并对影响融资效率的因素进行了深入的分析，其他学者的研究切入点主要是宏观角度制度下的效率研究。肖冰（1999）以资本市场为基础，从融资效率、监控效率、风险防范三个方面对直接融资和间接融资进行比较,并提出二者应该相互促进、共同发展,资本市场的资源配置问题才是长久发展目标。进入 21 世纪,国内关于融资效率的研究开始集中于中小企业群体,对这一问题的分析视角开始由宏观转为微观、由定性转为定量,出于财务数据的可得性,这一群体基本上都是上市公司。朱冰心(2005)以浙江中小企业为研究对象,通过模糊评价的方法得出研究对象一般遵循内源融资到非正式民间借贷、再到正规金融机构的外源融资次序。伍装(2005)通过将中小企业与大企业的对比得出,前者的融资效率更低一些,其主要原因在于信息不对称、交易成本等方面。近年来,一些研究开始关注科技型中小企业的融资效率问题,其差异之处在于评价的指标和方法。王新红(2007)从资金供给的有效性角度研究了高新技术企业的融资效率问题,并提出我国高新技术企业资金供给有效性不足、科技与金融的融合度不高、融资结构不合理等问题是造成融资效率低下的主要原因。同时在资金运作方面,企业没有将有限的资金合理配置到高新技术的主营业务上,从而缺乏可持续发展的能力。何丽娜(2016)通过数据包络分析模型对我国民营性质的创业板上市公司的工业和信息技术两组样本的融资效率评价得出,在非效率企业中普遍存在规模收益递增和投入冗余并存的问题,企业有效管理并运用资金才是提高融资效率的关键。曹宇和耿成轩(2016)在灰关联的基础上,以熵值法作为指标赋权,分析得出影响节能环保上市企业融资效率最大的因素是存货周转速度、技术开发力度和债权融资成本。李衍霖、孙海涛(2016)利用 Malmquist 指数研究中关村科技园中小企业集群的融资效率问题,发现集群发展、规模效应下,科技型中小企业的融资效率、技术效率、规模效率在整体上均呈现报酬递增趋势。

通过参照效率的基础内涵、金融学研究领域的发展过程和国内对科技型中小企业的融资效率实证研究可以看出,研究战略性新兴产业的融资效率问题,有利于从产业内部分析融资难的关键因素,从而找出解决问题的良方。

4.2 融资效率的 DEA 评价方法

4.2.1 DEA 理论概述

对融资效率的评价涵盖在企业多投入、多产出效率定量方法的研究中。早期对投入产出效率的评价方法大多以计量经济模型为主，这类研究要求各评价指标之间的相互关系能够以定量的方式表示，但是操作起来还是存在一定局限性，有些主观因素的评价指标往往难以量化。近年来出现的指标体系法慢慢开始应用，主要包括层次分析法、数理统计法和模糊综合评价法。这类评价方法是基于最优化原理以及美国著名心理学家 H. A. 西蒙的满意度原理，其优点是能够满足企业融资效率评价指标数量较多的特点的需要。但是这些方法的局限是需要预先确定各指标的优先权重，而在这一点上往往很难做到客观，同时各评价指标的重要程度不同，如果忽略这一点则评价结果会出现非公正性。因此，指标体系法被称为融资效率的传统评价方法。1978 年美国著名的运筹学家 A. Charnes，W. W. Cooper 和 E. Rhodes 首先提出了一种被称为数据包络分析（data envelopment analysis，简称 DEA）的方法，用来评价部门间的相对有效性（因此被称为 DEA 有效）。DEA 是一种线性规划技术，可以计算每个决策单元（DMU）在多投入要素、多产出要素下的相对效率值。效率值的大小通常是 0~1 之间的数字，如果一个决策单元的效率值小于 1，则被认为是相对低效率的。早期对 DEA 的应用主要是测度决策单元的技术效率而不是配置效率。在运用 DEA 对技术效率进行研究的背景下，着重考察有效的生产过程是如何将投入转化为产出的，这里的有效被定义为投入的决策效率，即通过选择有效的生产计划来达到降低生产成本的目的。因此，配置效率是成本效率与技术效率的比率，其中成本效率是观测样本的最低生产成本与 DMU 实际生产成本的比率。DEA 也可以用于衡量利润效率，这需要同时计算成本效益和收益效益。Banker（1984）、Mester（1996）指出，DEA 方法的优势在于预先判断决策单元的生产结构，因为该方法不需要依托于特定的生产技术。DEA 方法的这一特征使融资效率可以通过决策单元可观测到的目标进行评估，可以通过该方法得出的结果对效率低的 DMU 提出潜在的改进策略。近年来，DEA 模型在产业经济效率领域的实证研究中开始出现。Hashimotoa 等（2008）通过 DEA 方法对日本制药产业的产出效率进行研究，并对该产业的技术效率动态特征进行了捕捉。Suyanto（2010）使用 DEA 方法分析了印度尼西亚在外商直接投资领域的生产效率，并分析了影响因素。潘玉香等（2014）通过 DEA 方法对我国文化创意产业融资模式及效率进行了实证分析，得出融资效率偏低的结论。因此，本书运用数据包络分析方法构建我国战略性新兴产业上市公司融资效率评价模型，对其融资效率进行实证分析，在此基础上探讨提高我国战略性新兴产业融资效率的路径。

4.2.2 基于广义 DEA 的战略性新兴产业融资效率评价模型

（1）DEA 模型的基本原理

在 DEA 分析的众多模型中，应用最广泛的是规模报酬不变（CCR）模型（Charnes、Cooper 和 Rhodes，1978）和规模报酬可变（BCC）模型（Banker、Charnes 和 Cooper，1984）。其中，前者的假设前提是规模报酬不变（constant returns to scale，CRS），后者则是假设规模报酬可变（variable returns to scale，VRS）。在 DEA 模型的实际分析中，还需要选择投入导向还是产出导向。其中，投入导向是指在模型的分析中以产出既定为前提来研究如何使投入减少，而产出导向是指以投入既定为前提来研究如何使产出增加。二者的研究角度虽然不同，但是最终结果是一致的。一般而言，我国战略性新兴产业企业大多处于成长初期阶段，与成熟的大型企业差别较大，在这种情况下采用规模报酬不变（CCR）模型会与实际相差较大。另外，相对投入来说，产出更难控制，而投入变量较容易操作，因此本书在对战略性新兴产业融资效率的评价中，采用投入导向的、规模报酬可变的 DEA 模型——即 BCC 模型——进行研究。

由 Banker、Charnes 和 Cooper 在 1984 年提出的 BCC 模型是对

CCR 模型的改进，利用 BCC 模型可以得出在不同规模报酬状态下的相对效率值，既可以计算出每一个决策单元的技术效率，也可以计算出去除规模效率的纯技术效率。它们的主要区别在于，技术效率即投入产出效率的综合体现，是观察对象的实际效率与生产前沿面之间的距离。在实际计算中，假设有 n 个决策单元（DMU），每个决策单元效率值取决于 m 个投入要素和 s 个产出要素，对于第 j 个决策单元的投入、产出向量可以 x_j 和 y_j 分别表示为[①]：

$$x_j = \left(x_{1j}, x_{2j}, \cdots, x_{mj}\right)^T, y_j = \left(y_{1j}, y_{2j}, \cdots, y_{sj}\right)^T, j = 1, 2, \cdots, n \qquad (4-1)$$

对于每个决策单元来说，通过求解如下线性规划模型来得到相应的效率值：

$$\min\left[\theta - \varepsilon\left(\sum_{i=1}^{m} s_i^- + \sum_{i=1}^{m} s_i^+\right)\right]$$

$$S.T. \begin{cases} \sum_{j=1}^{n} x_{ij}\lambda_j + s_i^- = \theta x_{ij0} \\ \sum_{j=1}^{n} y_{ij}\lambda_j - s_i^+ = y_{ij0} \\ \sum_{j=1}^{n} \lambda_j = 1, \lambda_j \geq 0 \\ \theta \in [0,1], \quad s_i^- \geq 0 \quad s_i^+ \geq 0 \end{cases} \qquad (4-2)$$

其中，x_{ij0} 和 y_{ij0} 分别表示第 j_0 家上市企业的第 i 项输入和第 i 项输出；s_i^- 为松弛变量，s_i^+ 为剩余变量；ε 为非阿基米德无穷小变量，一般取正的无穷小；θ 即为第 j 个决策单元的相对有效效率值，当其等于1时，该决策单元的效率值处于有效前沿面上，由 $1-\theta$ 还可以计算出第 j 个决策单元的多投入比例，也就是减少投入的最大比例。由 CCR 模型计算出来的技术效率值等于纯技术效率与规模效率的乘积，且 VRS 计算出的效率值大于 CRS 对效率值的测算结果，说明其观测点更接近于前沿有效面。

通过对式（4-2）的计算，可分析出决策单元是否对融入资金进行有效运用，或者在既定的资金投入下是否达到产出最大化，θ 越高代表融资效率越高。

---

① 魏权龄. 数据包络分析［M］. 北京：科学出版社，2004.

（2）基于面板数据的广义 DEA 模型

在效率评价的方法中，DEA 方法所得出的效率值结果是相对可靠的，但是当目标决策单元的样本是面板数据时，即增加时间条件时，通过基于截面数据的基本 DEA 模型所计算出的效率值就可能会存在偏差，因为在 DEA 模型中默认所有时间点上的生产技术是相同的，这显然违背了随着时间推移技术进步的可能性。然而在实际计算中，融资效率的取值势必要观察不同年份的变化情况，此时若仍然采用基本 DEA 模型显然是不合理的。针对基本 DEA 模型的这种缺陷，国内学者马占新①对其进行了改进，并相应提出了针对面板数据的广义 DEA 模型。

假设有 n 个决策单元（DMU），每个决策单元效率值取决于 m 个投入要素和 s 个产出要素，其中 DMU 的观测指标是由 T 个时间序列对应所得，则第 j 个决策单元在第 t 个时间段内的投入、产出向量可以用 x_j 和 y_j 分别表示为：

$$x_j^{(t)} = \left(x_{1j}^{(t)}, x_{2j}^{(t)}, \cdots, x_{mj}^{(t)} \right)', y_j^{(t)} = \left(y_{1j}^{(t)}, y_{2j}^{(t)}, \cdots, y_{sj}^{(t)} \right)'$$
$$x_j^{(t)} > 0, y_j^{(t)} > 0, j = 1, 2, \cdots, n, k = 1, 2, \cdots, T \tag{4-3}$$

对于第 j 个决策单元在 t 时间段上的效率值 $\left(x_j^{(t)}, y_j^{(t)} \right)$ 来说，如果存在 $\left(x_j, y_j \right)$ 使得：

$$x_j^{(t)} \geq x, y_j^{(t)} > y \tag{4-4}$$

则称第 j 个决策单元在第 t 个时间段为 D-panel 有效的，其解可由线性规划模型（4-5）而得：

$$\min \left[\theta - \varepsilon e^r \left(\sum_{i=1}^{m} s_i^- + \sum_{i=1}^{m} s_i^+ \right) \right]$$

$$(D-panel)S.T. \begin{cases} \sum_{j=1}^{n^{(t)}} x_j^{(t)} \lambda_j + s_i^- = \theta x_{jo}^{(t)} \\ \sum_{j=1}^{n^{(t)}} y_j^{(t)} \lambda_j - s_i^+ = y_{jo}^{(t)} \\ \sum_{j=1}^{n^{(t)}} \lambda_j = 1, \lambda_j \geq 0 \qquad j = 1, 2, \cdots, n^{(t)} \\ s_i^- \geq 0 \qquad s_i^+ \geq 0 \end{cases} \tag{4-5}$$

----

① 马占新. 广义数据包络分析方法［M］. 北京：科学出版社，2012.

广义 DEA 模型的最大优点在于不仅可以计算出最优效率值，同时还可以计算出超过基准包络面的决策单元具体效率值。也就是说，在基本 DEA 模型中，基准包络面外部的决策单元，效率值均设定为 1，在这种情况下，无法比较那些效率值超过 1 的决策单元孰优孰劣，而在广义 DEA 模型中，效率值没有小于 1 的限制，这表明在保证原有产出的情况下，只要满足相应条件，则目标单元的产出不会比基础时间段的生产效率差。当然，在广义 DEA 模型中也会存在无解的情况，这意味着相应目标单元的产出已经大到样本单元无法达到的程度，此时可规定效率值为 1。当效率值 θ 小于 1 时，则表明该目标单元相比基础单元是低效率的。

4.3 战略性新兴产业融资效率的实证分析

4.3.1 样本的选取与指标说明

样本的选择即确定决策单元的构成，本书研究的决策单元是由七大战略性新兴产业领域内的企业构成，受到样本和指标的限制，并考虑数据的可得性，本书以战略性新兴产业上市公司为研究对象，样本范围确定为深圳证券交易所公布的深证新兴产业指数（399641）涵盖的 200 家战略性新兴产业上市公司，其中有 1 家 ST 类上市公司被剔除以保证财务数据的正常性。样本公司的板块分布和产业分布及所占比例见表 4-1 和表 4-2。相关指标的数据根据 199 家战略性新兴产业上市公司 2011—2015 年年报整理并计算而得，原始数据全部来自于国泰安 CSMAR 系列研究数据库。从表 4-1 可以看出，深证新兴产业样本上市公司中主板市场上市公司 51 家、中小企业板上市公司 90 家、创业板上市公司 58 家。根据深圳证券交易所公布的深证新兴产业指数编制方案可知，入选样本的上市公司必须同时满足以下条件：上市地点为深圳证券交易所上市的非 ST、*ST 的 A 股股票；交易日期至少为 6 个月以上；近一年无重大违规事件发生，如经营异常、重大亏损；在考察期内没有股价异常波动的现象；所属行业是国家公布的七大战略性新兴产业及其细分领域内，并且呈现出产品有稳定并有发展前景的市场需求、良好的经济技术效益和带动效应的特征。从具体板块分布和上市标准来看，样本内的战略性新兴产业上市公司是那些已经处于发展期后期、成熟期初期的企业，已经在所属行业内部起到很好的示范作用。从表4-2的产业分布来看，上市公司数量最多的是新一代信息技术产业（90家，占比45.23%），最少的为新能源汽车产业（3家，占比1.51%），表中数据可以反映出我国战略性新兴产业内部的发展差距。

表4-1　　　　　　　　**深证新兴产业上市公司的板块分布**

板块类型	深市主板	中小企业板	创业板	合计
公司数量	51	90	58	199
占比（%）	25.63	45.23	29.14	100.00

表4-2　　　　　　　　**深证新兴产业上市公司的产业分布**

产业类型	新一代信息技术	生物	环保	高端装备制造	新能源	新能源汽车	新材料	合计
公司数量	90	36	21	25	17	3	7	199
占比（%）	45.23	18.09	10.55	12.56	8.54	1.51	3.52	100.00

　　战略性新兴产业融资效率测度即影响因素的选取，要充分考虑科技型企业的高技术性、高投入性和高风险性。根据前文对战略性新兴产业融资效率的影响因素分析，本书选择的投入要素包括营业成本、外源融资和内源融资三个指标，产出要素包括营业收入和无形资产两个指标。其中：

　　营业成本是企业在经营过程中所付出的代价，其大小决定了利润获得的多少，是影响产出的重要变量，同时营业成本的高低也体现了企业对资金运用能力的高低。

　　外源融资的多少体现了企业从外部获得资金能力的高低。本书中的外源融资包括长期借款、短期借款、股本和资本公积。其中长期借款与短期借款之和是企业债权融资的体现，而股本和资本公积衡量了企业股权融资的规模。

内源融资是企业资金积累能力的体现，本书中的内源融资由留存收益和未分配利润两部分构成。一般来看，对于处于发展初期的企业来说，内源融资是提供资本的重要渠道，而对于规模较大的企业来说，内源融资则是企业资本运营的主要资源。

营业收入是企业融入资金的经营效率的重要体现，它反映出企业融资后的成长性。营业收入越高，说明企业的盈利性越强。

无形资产的多少是战略性新兴产业企业技术性高低的重要体现。技术创新决定了企业的发展潜力，它能够将投入要素进行重新组合从而创造出新的产出要素。技术创新在开发阶段需要投入大量的研发费用，这些技术研发成功后通过企业的无形资产体现出来。无形资产的数量越多，表明企业拥有的技术价值越高。[①]

DEA 模型效率测度的经验法则要求 DMU 的样本数（199）至少是投入、产出要素之和（5）的两倍以上，本书样本容量的设定符合这一法则。

4.3.2 战略性新兴产业融资效率的评价

（1）投入、产出指标相关性分析

运用数据包络分析进行效率评价的前提之一是投入要素和产出要素之间具有一定的正相关性，如果不满足此条件将意味着投入的增加会带来产出的下降，这样的评价结果是没有意义的。通过 Eviews6.0 软件对样本上市企业的投入、产出指标进行相关分析，结果见表 4-3。可以看出，绝大部分投入要素与产出要素的正相关性较强，可以利用数据包络分析进行效率评价。其中相关性最强的是 2013 年的营业成本和营业收入（0.9988），相关性最弱的是 2014 年的无形资产和外源融资（0.0396），但是后一组指标在其他的年份相关性也较强，这说明外源融资产出指标相关性的波动性还是非常大的。

[①] 无形资产的增加不一定都是由自主创新或研发产生的结果，也可能是由购买技术、商标等带来的。无形资产包括专利权、商标权、土地使用权、版权、专有技术、经营特许权、商誉等。本书在此假设无形资产全部是由企业技术创新带来的。

表 4-3   投入与产出指标的相关性分析

年份	指标	营业成本	外源融资	内源融资
2011	营业收入	0.9974	0.9204	0.8242
	无形资产	0.4497	0.4986	0.5227
2012	营业收入	0.9980	0.9367	0.8548
	无形资产	0.6297	0.6357	0.5750
2013	营业收入	0.9988	0.9084	0.7949
	无形资产	0.5090	0.4792	0.5311
2014	营业收入	0.9980	0.0846	0.7528
	无形资产	0.5036	0.0396	0.3762
2015	营业收入	0.9975	0.9096	0.7062
	无形资产	0.6876	0.7168	0.4291

（2）融资效率总体评价

本书运用 Matlab 软件对广义 DEA 模型编程后结合样本数据对深证新兴产业样本上市公司进行融资效率分析，在实际计算中以 2011 年的投入、产出要素数据作为基础包络面，2011—2015 年的样本数据作为决策单元。图 4-1、图 4-2 刻画了 2011—2015 年深证新兴产业融资效率均值和变异系数的变化趋势（每一家样本上市公司的具体融资效率值见附录 B）。从图 4-1 来看，融资效率均值在 2011—2015 年期间呈递增趋势，且增幅明显，这说明深证新兴产业的融资效率在整体上大幅提升。其中，2011 年的融资效率均值为 0.2954，2015 年的融资效率均值便提升为 0.8664，效率改进明显。从图 4-2 的变异系数走势来看，2011—2015 年深证新兴产业融资效率的波动性也在增大。其中 2012—2015 年的融资效率变异系数均超过了 1，2012 年达最大值 1.3110。结合两个指标来看，在外部环境和内部因素的共同作用下，尽管深证新兴产业的融资效率提升幅度较大，但并没有达到最优效率值，仍存在效率改进空间，同时变异系数的增加也意味着融资效率改进的不确定性在增强。

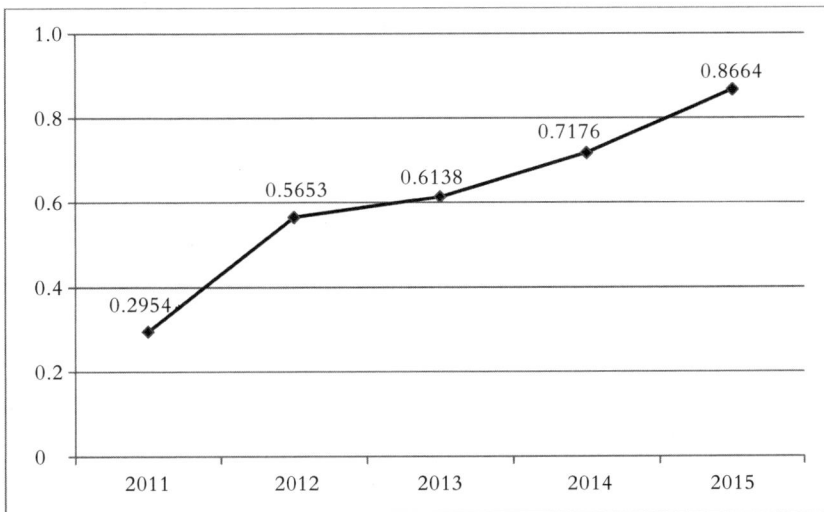

图 4-1　2011—2015 年深证新兴产业融资效率均值

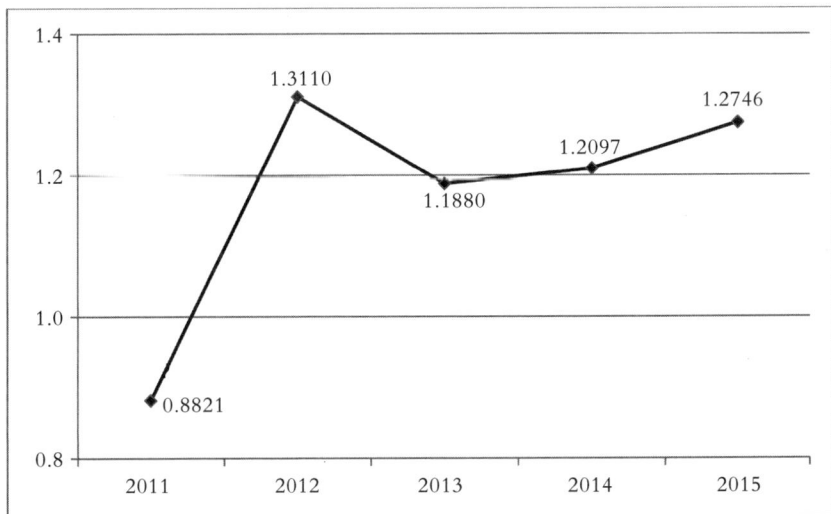

图 4-2　2011—2015 年深证新兴产业融资效率变异系数

从表 4-4 中深证新兴产业融资效率统计结果来看，在 2011—2015 年期间，无论是最大值还是最小值均有所提升，其中融资效率最大值从 2011 年的 1.0000 升到了 2015 年的 8.5548；最小值从 2011 年的 0.0036 提升到了 2015 年的 0.0634。从分区间统计来看，2015 年达到 DEA 有效的战略性新兴上市公司有 31 家，相比 2011 年增加了 20

家，占比也由 5.73% 提升至 15.58%。但是非 DEA 有效的企业仍然占绝大部分，尤其是 2015 年融资效率值在 0.5 以下的上市公司仍有 89家，占比 44.72%，比 2011 年减少 71 家。2015 年效率值在 0.9~1 期间的上市公司有 8 家，比 2011 年增加 5 家。根据 Michael Norman 与Barrystocke 对效率值单位的划分，DMU 效率值在 0.9 以上被称为边缘非效率单位，也就是说，此单位只要在投入或产出方面稍作调整即可达到效率值为 1 的标准。DMU 效率值明显小于 0.9 的被称为明显非效率单位，表明该单位经营效率不佳。由此可以判断出，80% 以上的样本观测公司是明显的非效率单位，尽管这一比例要比 2011 年的数据低。这说明，我国战略性新兴产业上市公司的整体融资效率并不高，投入产出并没有处在最优状态，在资金不足的情况下，对于资本的运用能力有待进一步提高。

表 4-4　　　　　深证新兴产业融资效率值统计分析

年份	最大值	最小值	效率值分区间统计			
			0.5 以下	0.5~0.9	0.9~1	1 以上
2011	1.0000	0.0036	160	18	3	11
2012	6.1160	0.0195	132	38	2	24
2013	6.5842	0.0020	123	46	7	21
2014	8.3618	0.0257	99	66	7	26
2015	8.5548	0.0634	89	71	8	31

表 4-4 的数据说明，如果 DEA 非有效的上市公司能够得到更多的资金投入，并将这些资金与科技创新有效结合，那么可能会带来更大比例的产出，从而提高企业的经营业绩。对于处于上升期的战略性新兴产业企业来说，如果能增加投资投入，则有利于促进科技成果的转化，以达到最优的融资效率。相比之下，处于下降期的企业应当收缩资本，通过科技创新寻找新的利润增长点，通过不断调整生产状态来提高产出效率。

4.3.3 战略性新兴产业融资效率的行业比较

战略性新兴产业内部不同行业之间的发展基础不同，融资能力差距较大。图 4-3、图 4-4 显示了 2011—2015 年 7 个产业融资效率均值及变异系数的比较结果。从图 4-3 中可以看出，7 个产业的融资效率均值呈逐年上升趋势，但不同产业融资效率的提升速度并不一致。其中，新能源汽车产业的融资效率值提升幅度较大但结合具体样本数据来看，其原因主要是由比亚迪（002594）一家上市公司的融资效率值所带动，其他新能源汽车上市公司的融资效率并不高。从图 4-4 来看，7 个产业融资效率的波动变化并不一致，其中新材料产业和生物产业的融资效率的变异系数在下降，节能环保产业、新一代信息技术产业和新能源汽车产业的融资效率变异系数均超过了 1，这说明这些产业的融资效率不稳定，波动较大。

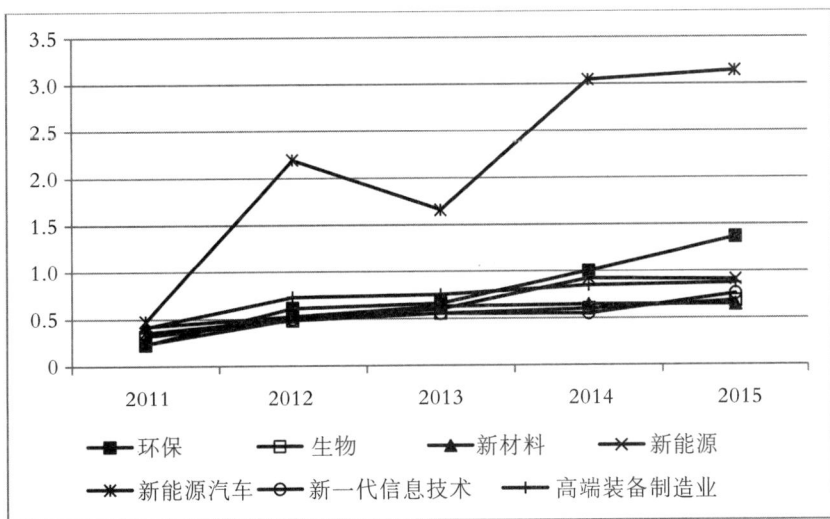

图 4-3　2011—2015 年深证新兴产业融资效率均值的产业比较

表 4-5 中统计了 2011—2015 年间新一代信息技术产业的融资效率值。在深证新兴产业样本上市公司中，该产业的公司数量是最多的，这反映出近年来信息产业在战略性新兴产业中发展的速度最快。从融资效率统计数据来看，2015 年该产业的融资效率均值为 0.7568，相比 2011

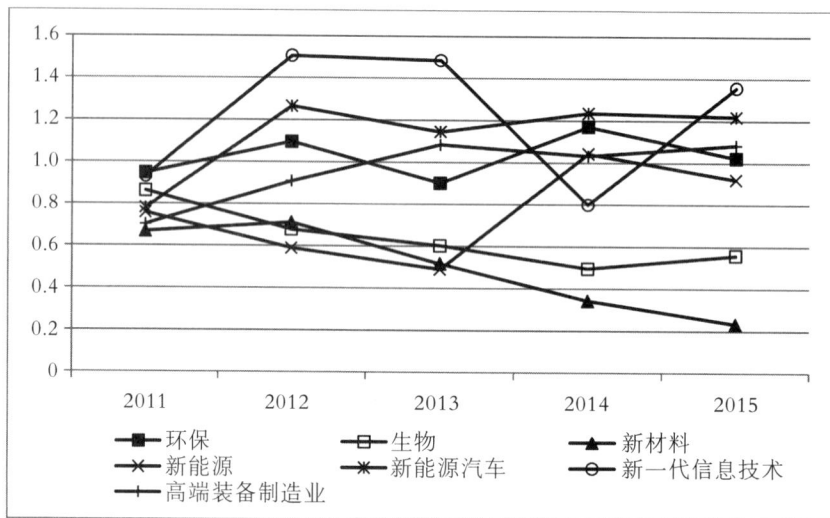

图 4-4　2011—2015 年深证新兴产业融资效率变异系数的产业比较

年上升幅度为 0.5191，其中相对有效的上市公司数量为 11 家，占比 12.22%，仍有 75 家上市公司的效率值在 0.9 以下，占比 83.33%。结合实际来看，尽管新一代信息技术产业中公司数量众多，但发展阶段和盈利水平良莠不齐，产业中既有行业龙头企业，如苏宁云商（2015 年融资效率值为 6.9897），也有众多处于发展初期的信息科技公司，从图 4-4 中也可以看出新一代信息技术产业融资效率的变异系数也是最大的。

表 4-5　　　　　新一代信息技术产业融资效率值统计分析

年份	均值	最大值	最小值	效率值分区间统计			
				0.5 以下	0.5~0.9	0.9~1	1 以上
2011	0.2377	1.0000	0.0036	77	4	1	3
2012	0.4946	5.9183	0.0667	67	11	2	5
2013	0.5526	6.5842	0.0330	65	11	5	7
2014	0.5495	2.2873	0.0257	53	24	3	9
2015	0.7568	6.9897	0.0634	52	23	4	11

表 4-6 中统计了 2011—2015 年期间生物产业融资效率值。从融资效率的提升幅度来看，2015 年该产业的融资效率均值为 0.6809，相比 2011 年上升 0.3636。从相对有效的公司数量来看，2015 年的数量为 2 家，占比 5.56%，2011 年相对有效的公司数量为 3 家，也就是说，整个产业的融

资效率并没有明显的提升迹象，尽管效率值在 0.9~1 之间的公司数量有所增加，但是与其他产业相比，生物产业的融资效率还是相对较低的。

表 4-6　　　　　　　　生物产业融资效率值统计分析

年份	均值	最大值	最小值	效率值分区间统计			
				0.5以下	0.5~0.9	0.9~1	1以上
2011	0.3173	1.0000	0.0122	27	6	0	3
2012	0.4840	1.6322	0.0195	23	9	0	4
2013	0.5555	1.7363	0.1263	21	11	2	2
2014	0.5996	1.4233	0.1679	16	16	1	3
2015	0.6809	2.2593	0.2237	13	18	3	2

　　节能环保产业是绿色产业的重要组成部分，尤其是 2015 年"美丽中国"首次被列入了国家"五年规划"，这种政策导向对节能环保行业来说无疑是一重大利好，从表 4-7 中的融资效率值中也可以看出这一点。2015 年，节能环保产业融资效率均值为 1.3647，相比 2011 年提升了 1.1345。从相对有效的公司数量来看，2015 年为 8 家，占比 38.10%，比 2011 年只有 1 家上市公司相对有效这一数字有显著提升。相比其他战略性新兴产业，节能环保产业的融资效率值相对较高。结合实际来看，目前国内节能环保行业创业项目数呈逐年攀升态势，且项目累计融资额已近千亿元。随着我国新型工业化和城镇化发展速度的加快、经济增长方式转变、产业结构优化升级的推进，环保产业的融资环境会进一步得到优化，发展空间广阔。

表 4-7　　　　　　　节能环保产业融资效率值统计分析

年份	均值	最大值	最小值	效率值分区间统计			
				0.5以下	0.5~0.9	0.9~1	1以上
2011	0.2302	1.0000	0.0085	18	0	0	1
2012	0.6125	2.9748	0.0915	16	0	0	5
2013	0.6604	2.6066	0.1358	12	4	0	5
2014	1.0043	4.9655	0.1787	11	4	0	6
2015	1.3647	4.6992	0.2367	7	6	0	8

　　制造业是我国的传统优势产业，在国民经济发展中起着重要的作用。从国际比较来看，我国是制造业大国，但仍面临着"大而不强"的局面。高端装备制造业不仅是高技术水平的代表产业，更肩负着我国传统制造业转型和升级的使命。从产业融资效率来看，在表 4-8 中 2011年的融资效率均值为 0.4120，相比其他战略性新兴产业在 2011 年的数据要高，这说明其前期的融资基础相对好。从发展态势来看，2015 年融资效率均值为 0.8704，比 2011 年提升了 0.4584，但整个产业的融资效率并没有达到最优。从融资效率相对有效的公司数量来看，2015 年有 4 家，占比 16.00%，比 2011 年有所提升，但是融资效率值在 0.9~1之间的公司数量明显偏少。综合来看，高端装备制造业的融资效率相对较高，但是仍有较大提升空间。

表 4-8　　　　　　　　　高端装备制造业融资效率值统计分析

年份	均值	最大值	最小值	效率值分区间统计			
				0.5 以下	0.5~0.9	0.9~1	1 以上
2011	0.4120	1.0000	0.0359	19	3	2	1
2012	0.7304	3.2089	0.1074	12	9	0	4
2013	0.7543	4.2001	0.0020	12	10	0	3
2014	0.8465	4.4583	0.2435	9	10	3	3
2015	0.8704	4.8625	0.2422	8	13	0	4

　　从表 4-9 中的统计数据来看，2015 年新能源产业的融资效率均值上升了 0.3988（相比 2011 年），在 2011—2015 年期间融资效率达到相对有效的公司数量提升明显。可以看出，样本内新能源产业的融资效率改进态势明显。从我国国情来看，目前我国的水资源、风资源、太阳能资源在世界上位居前列，特别是光伏产业的产能、出口等方面也是世界第一。在融资方面，2016 年 4 月公布的《全球新能源发展报告 2016》中显示，2015 年中国新能源产业融资额约为 1 105.2 亿美元，继续位居全球首位。对于新能源产业来说，在目前其所面临的融资问题中，提高资金运用效率要比加大资金支持力度更重要一些。

表 4-9   新能源产业融资效率值统计分析

年份	均值	最大值	最小值	效率值分区间统计			
				0.5以下	0.5~0.9	0.9~1	1以上
2011	0.3156	1.0000	0.0067	13	3	0	1
2012	0.4576	1.1304	0.0231	10	5	0	2
2013	0.5564	1.2727	0.2204	8	7	0	2
2014	0.7026	4.4610	0.2976	6	8	0	3
2015	0.7144	4.0034	0.2828	6	6	1	4

表 4-10 显示了新能源汽车产业融资效率的统计结果。从均值来看，其位列 7 个产业之首，2015 年的融资效率均值为 3.1417，比 2011 年提升了 2.6654，改进幅度明显。在深证新兴产业上市公司中，新能源汽车产业的上市公司数量只有 3 家，而这 3 家又都是国内新能源汽车的龙头企业。目前，在国内政策驱动下消费者对新能源汽车的需求日益增加，产业发展市场广阔，但是制约产业发展的最大问题是该产业上、下游的链条并不通畅，这也是国内新能源汽车企业发展缓慢的原因。因此对新能源汽车产业融资问题的关注焦点，应由单一的整车生产企业逐渐拓展为多元化的细分市场，如动力电池、客车、乘用车、充电桩等企业也都应该是产业的关注重点，提升新能源汽车产业融资效率的关键也在于此。

表 4-10   新能源汽车产业融资效率值统计分析

年份	均值	最大值	最小值	效率值分区间统计			
				0.5以下	0.5~0.9	0.9~1	1以上
2011	0.4763	1.0000	0.1792	2	0	0	1
2012	2.1927	6.1160	0.2169	2	0	0	1
2013	1.6594	4.3456	0.2514	2	0	0	1
2014	3.0436	8.3618	0.2865	2	0	0	1
2015	3.1417	8.5548	0.3169	1	1	0	1

表 4-11 显示了新材料产业的融资效率统计结果。比较来看，该产业的融资效率是最低的。从 2011—2015 年的融资效率提升幅度来看，其仅为 0.2229，但其 2011 年的产业融资效率均值并不是最低。从融资效率相对有效的公司数量来看，其呈递减趋势，2015 年的数量为 0。在战略性新兴产业中，新材料产业是基础性产业，与其他产业关系最为密切，新能源汽车、节能环保、高端装备制造业的发展和壮大，均离不开新材料产业的支持。随着我国新材料产业规模逐步扩大，融资需求规模也在扩大。该领域以中小企业和创业企业为主，呈现"小、散、专"的特征，自主创新能力薄弱，很多关键产品依赖进口，关键技术受制于人；整个产业发展缺乏科学规划、统筹规划和政策引导；大型材料企业创新动力不强，研发投入较少，新材料推广应用困难；整个行业的发展仍然处于高投入、高消耗、低效益的粗放型发展阶段。提升新材料产业的融资效率有利于提高产业结构调整的速度，促进产业由资源密集型向技术密集型转变。

表 4-11   **新材料产业融资效率值统计分析**

年份	均值	最大值	最小值	效率值分区间统计			
				0.5以下	0.5~0.9	0.9~1	1以上
2011	0.4214	1.0000	0.1399	4	2	0	1
2012	0.5247	1.3324	0.1911	4	2	0	1
2013	0.6308	1.3443	0.2567	3	3	0	1
2014	0.6434	1.0623	0.2988	2	4	0	1
2015	0.6443	0.9047	0.4391	2	4	1	0

4.3.4   战略性新兴产业融资效率的区域比较

战略性新兴产业的发展应因地制宜、因时而异。我国地大物博，各地区资源禀赋各异，经济增长的侧重点也不一致。尽管我国将发展战略性新兴产业锁定在 7 个方面，但是各省市应有所选择，集中力量发展区域性的优势产业，应避免一哄而上、广泛培养的现象发生。从实际来看，在国家的宏观政策支持下，各省市的战略性新兴产业发展迅速，并形成了初具规模的区域集群发展态势。目前，珠三角地区形成了电子信息、新能源汽车和半导体照明等产业集群，长三角地区的新能源、节能环保等产业初具特色，京津冀地区在新一代信息技术装备、航空航天等产业集群方面走在前列。国内一些省市已经开始统计本地区的战略性新兴产业的发展状况。例如，2015 年深圳市战略性新兴产业总规模超过 2万亿元，占 GDP 比重达到 35%。总的来看，各省市的战略性新兴产业呈现出强劲的增长态势。从地方融资服务来看，各省市纷纷推出相关业务支持战略性新兴产业的发展。例如，北京、山西等地的商业银行推出了战略性新兴产业的专属贷款，结合高科技产业的特征，设立科技银行，抵押物以知识产权为标的，丰富了节能环保、信息技术等行业的融资途径。安徽等省份推出由政府牵头的产业基金，有效地支撑了银行间接融资渠道的贷款数量和风险补偿。但是，由于我国区域经济发展不平衡，各地区的产业发展基础、资源禀赋各异，不同地区发展战略性新兴产业的能力不一样，其所具备的优势也有很大差异，因此，在发展战略性新兴产业过程中就必须避免结构同质化的情况发生。

对不同区域的战略性新兴产业融资效率进行比较考察，本书采取我国四大经济区的划分方式，也就是将我国的经济区域划分为东部、中部、西部和东北四大地区①。深证新兴产业中各区域上市公司的分布如图 4-5 所示。其中数量最多的是东部地区，中部、西部次之，东北最少。

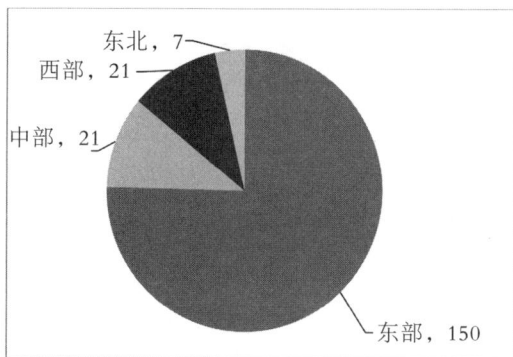

图 4-5　2015 年深证新兴产业上市公司的区域分布

---

① 东部地区 10 个省（直辖市），包括北京、天津、河北、上海、江苏、浙江、福建、山东、广东和海南；中部地区 6 个省，包括山西、安徽、江西、河南、湖南和湖北；西部地区 12 个省（自治区、直辖市），包括广西、重庆、四川、贵州、云南、西藏、陕西、甘肃、青海、宁夏、新疆和内蒙古；东北地区 3 个省，包括黑龙江、吉林、辽宁。

　　图 4-6、图 4-7 显示了各地区的战略性新兴产业融资效率均值和变异系数。从图 4-6 来看，2011—2015 年四大地区的战略性新兴产业融资效率均值呈上升趋势，中部和东部地区的比较结果更好一些，西部地区上升速度较快，尤其是在 2013 年以后。从图 4-7 中的变异系数比较来看更为明显。中部地区的战略性新兴产业上市公司融资效率相对稳定，东部地区由于产业内部的上市公司数量是最多的，差异性较大，因此变异系数处于高位。东北地区的战略性新兴产业融资效率均值和变异系数均处于低位，这说明该地区战略性新兴产业的发展是最为缓慢、融资效率改进最小的。

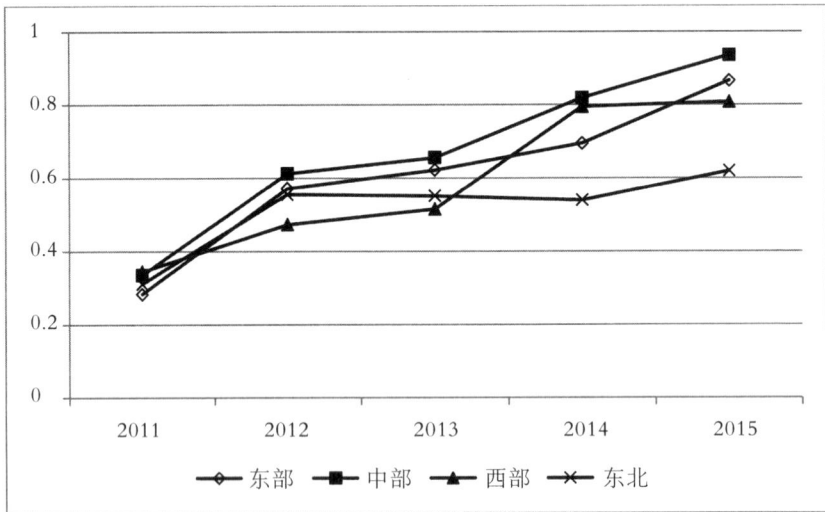

图 4-6　2011—2015 年深证新兴产业融资效率均值的区域比较

　　战略性新兴产业的发展对重要战略资源有相当的依赖，因此融资问题也依赖于区域金融基础。我国各地区之间金融资源分布不均衡、金融发展水平差异较大。从地区分布看，我国战略性新兴产业主要集中在东部地区，该区域融资资源较为丰富，占据这一优势，该区域战略性新兴产业产值占全国比重达到一半以上。从表 4-12 的数据来看，东部地区战略性新兴产业的融资效率均值在 2011—2015 年期间有显著提升，融资效率相对有效的上市公司数量也最多（占比 15.33%）。但从最大值、最小值的差异来看，其差幅也是最大的，这说明不同公司之间的融资效

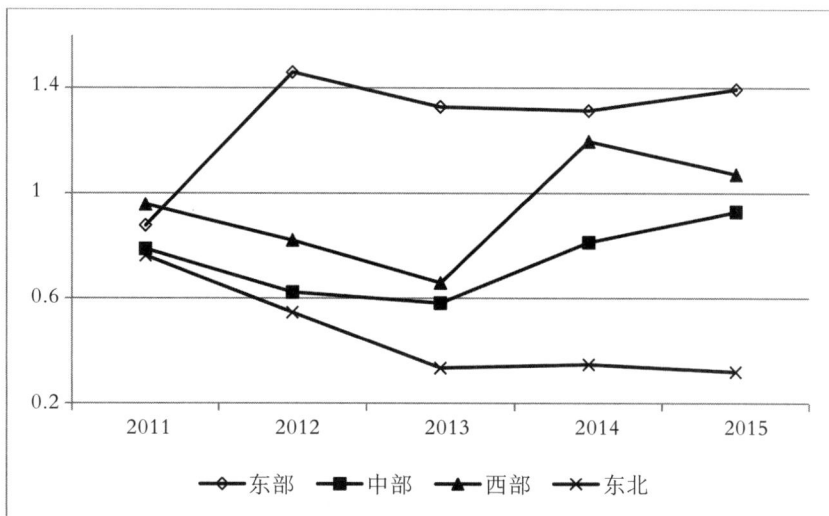

图 4-7 2011—2015 年深证新兴产业融资效率变异系数的区域比较

率差异较大，发展不平衡。中部和西部两个地区得益于近年来的开发政策红利，产业融资效率稳步提升，但与东部地区的融资结构相比，中、西部地区产业融资对银行贷款的依赖度仍然较高，东部地区直接融资占比明显高于其他地区。从表 4-13、表 4-14 的中、西部地区深证新兴产业融资效率值统计来看，2015 年中部地区产业融资效率均值提升了0.5994（相比 2011 年），西部地区提升了 0.4626（相比 2011 年），提升幅度明显。二者相比较来看，中部地区的产业融资效率要更高一些。

表 4-12　　　东部地区深证新兴产业融资效率值统计分析

年份	均值	最大值	最小值	效率值分区间统计			
				0.5以下	0.5~0.9	0.9~1	1以上
2011	0.2833	1.0000	0.0067	123	12	2	7
2012	0.5717	6.1160	0.0231	103	29	1	15
2013	0.6218	6.5842	0.0020	95	33	6	15
2014	0.6945	8.3618	0.0257	78	48	5	19
2015	0.8652	8.5548	0.0634	71	49	7	23

表 4-13　　　　中部地区深证新兴产业融资效率值统计分析

年份	均值	最大值	最小值	效率值分区间统计			
				0.5以下	0.5~0.9	0.9~1	1以上
2011	0.3353	1.0000	0.0800	17	1	0	2
2012	0.6123	1.3370	0.1384	10	5	0	5
2013	0.6557	1.5229	0.1422	11	4	0	4
2014	0.8180	3.2144	0.2479	6	9	1	4
2015	0.9347	4.4894	0.2717	5	11	1	4

表 4-14　　　　西部地区深证新兴产业融资效率值统计分析

年份	均值	最大值	最小值	效率值分区间统计			
				0.5以下	0.5~0.9	0.9~1	1以上
2011	0.3445	1.0000	0.0036	15	3	1	2
2012	0.4729	1.4342	0.0195	14	4	1	2
2013	0.5148	1.4874	0.1783	13	5	1	2
2014	0.7944	4.4610	0.1925	12	6	0	3
2015	0.8071	4.0034	0.2135	11	7	0	3

　　相比其他三个地区，东北地区的战略性新兴产业融资效率最低，从表 4-15 的统计数据来看，2015 年的产业融资效率均值提升仅为 0.3082（相比 2011 年），历年融资效率最大值也明显低于其他三个地区。结合东北地区的金融业发展实际来看，东北地区的金融业并没有充分发挥资源配置功能而成为经济增长的有力推手，这主要是由东北地区金融改革滞后引起的。由于东北地区金融体系仍以国有商业银行为主体，金融业仍处在较封闭的垄断状态，金融开放性和竞争性差，金融创新能力弱，在这样的信贷供给背景下，东北地区战略性新兴产业的信贷融资需求是很难得到满足的。

表 4-15　　　　　东北地区深证新兴产业融资效率值统计分析

年份	均值	最大值	最小值	效率值分区间统计			
				0.5以下	0.5~0.9	0.9~1	1以上
2011	0.3112	0.7589	0.0218	5	2	0	0
2012	0.5550	1.0579	0.2836	5	0	0	2
2013	0.5507	0.8901	0.3648	4	3	0	0
2014	0.5392	0.9278	0.2568	3	3	1	0
2015	0.6194	1.0637	0.4413	2	4	0	1

综合来看，由于我国各经济区域在空间特性、经济条件、产业基础、资源禀赋和所处工业化阶段等方面不同，因此在战略性新兴产业融资支持体系的构建与选择上不能盲目而随意，更不能同质化。不同城市在发展战略性新兴产业时，要充分考虑发展动机和产业选择。战略性新兴产业的选择应因地制宜、融资服务应多元化。

4.4　本章小结

企业的融资效率体现在资金的筹集效率和资金的使用效率两个方面。本章运用广义的 DEA 模型，以深证新兴产业上市公司为样本，结合 2011—2015 年的财务数据，选取营业成本、外源融资、内源融资三个方面代表投入要素，选取营业收入和无形资产代表产出要素，对战略性新兴产业的融资效率问题进行实证分析。通过分析得出，我国战略性新兴产业整体融资效率在 2011—2015 年期间有所提升，但整体融资效率并不高，其中 2015 年样本内非效率单元的比例超过了 80%，这说明产业整体上仍需要大量的资金支持。从产业融资效率的行业比较来看，节能环保产业、新能源汽车产业和高端装备制造业的融资效率相对更高一些；新一代信息技术产业中的公司数量众多、融资效率的差异性最大；生物产业、新能源产业和新材料产业的融资效率偏低，产业资金支持力度明显不足。从产业融资效率的区域比较来看，东部和中部地区的战略性新兴产业融资效率较高，西部地区战略性新兴产业融资效率的上升态势最明显，而东北地区的产业融资水平明显不足。

5   战略性新兴产业融资效率的影响因素分析

从资金的供给和需求两个角度来划分,影响战略性新兴产业企业融资效率的因素由外部因素和内部因素构成。外部因素包括资金供给方的投资偏好和外部约束力,其中前者又取决于资金市场的成熟度。内部因素是指资金需求者自身的融资能力,即资金的获得与运营能力。尽管在国家大力发展战略性新兴产业的背景下,战略性新兴产业企业会获得政策支持下相对多的外部投资偏好,但是企业的内部因素往往也会影响融资效率。如果战略性新兴产业企业内部的制度或者结构存在缺陷,则其会降低企业对外部资金的汲取能力,即使是获得了一定数量的外部资金支持,内部制度或结构的不足也会降低企业的融资效率。内部因素包括企业的融资成本、融资结构和资金使用率。以上因素共同影响着战略性新兴产业企业的融资效率,如图5-1所示。

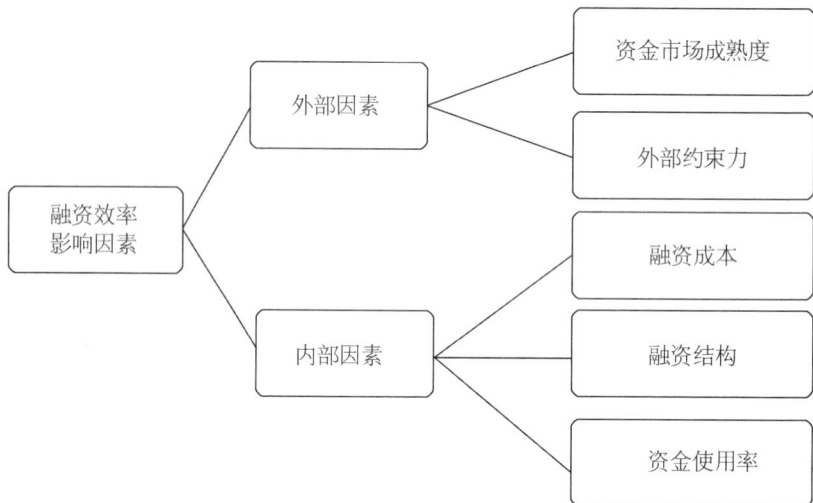

图 5-1 企业融资效率影响因素

5.1 融资效率的外部影响因素

5.1.1 资金市场的成熟度

在成熟的资金市场中，由于资金供给者数量多、资金规模庞大、融资途径丰富，资金需求者容易获得融资满足，企业的融资风险小，融资效率也就高。[①]与此同时，数量众多的资金供给者出于竞争的目的会增加对资金需求劣势群体（如科技型中小企业）的投资偏好。如果资金市场不成熟，优质的传统企业则是资金供给者优先考虑并主要扶持的对象，各方面的政策门槛对中小企业来说会相对较高。从证券市场来看，如果其发展不成熟，层次化不明显，具有不同行业特性的企业则无法通过发行上市进行融资。如果上市公司的数量少，投资者的可选择投资范围就窄，整个市场的价格发现功能就无法实现。总之，以科技型中小企业为主体的战略性新兴产业在不成熟的资金市场环境下，其融资需求是

---

① Rajan 和 Zingales（2001）通过研究发现在资金市场化程度高的地区，企业的外部融资成本差异性低。发达的金融发展水平能够为企业提供充足的资本，为外部投资者提供更多的企业决策信息，降低信息的不对称，提升企业获得外部融资的能力。

无法得到满足的。

纵观我国金融市场近年来的实际发展情况，由于与西方发达国家相比，我国金融市场起步较晚，其在一些方面的不足使得其仍难以满足战略性新兴产业的融资需求。首先，资本市场体系仍存在显著缺陷。中国资本市场是伴随着经济体制改革的进程逐步发展起来的，在发展思路上还存在一些深层次问题和结构性矛盾。例如，重间接融资，轻直接融资；重银行融资，轻证券市场融资；更具有明显的"重股市，轻债市，重国债，轻企债"倾向。目前，中国资本市场在整个金融体系当中比重很小，企业直接融资只占 15%左右。这种融资格局使我国金融风险高度集中于银行体系，客观上也加重了实体经济融资难和融资贵、居民投资渠道有限等问题。而且这种显著缺陷导致了整个社会资金分配运用的结构畸形和效率低下，严重影响到市场风险的有效分散和金融资源的合理配置。其次，银行体系不成熟，仍存在诸多问题。目前，商业银行是市场中最主要的资金供给者，几乎处于垄断地位，但是从其自身的服务能力和制度建设来看，其并没有与其资金垄断地位相匹配。例如，不良贷款问题、信贷审批制度问题、银行监管问题都有待进一步得到解决，这些问题都会严重影响到整个金融业的运行效率。从服务能力来看，由于我国股份制商业银行起步晚，因而并没有形成专门针对战略性新兴产业的金融服务机构，即使是在产品设计上也没有体现出差异化的竞争优势。最后，缺乏专业化的金融中介体系，服务范围有待进一步拓展，投资顾问、投资担保等服务功能不强，信息平台尚未建立等等这些问题会降低战略性新兴产业企业的融资效率，提高了融资主体的风险和成本。

5.1.2 外部约束力

外部约束力会影响融资主体受外界约束的程度，这种约束包括法律上的、规章制度上的和体制上的。政策约束力越大，融入资金的使用附加条件越多，企业的自由度就越低，融资效率也就越低。通常，企业的内源融资受政策的约束力相对低，但是战略性新兴产业企业的成长所需资金绝大部分依赖于外源融资。其中，债务融资会受到银行严格的约束条件制约，一般在贷款协议中都会指定资金的投向，并附加违规的处罚条款，尤其是对于大笔贷款或者经常性贷款，贷款企业还会受到监督员的日常监督。股权融资会受到证券发行和交易制度的制约，相对债务融资来说，股权融资使融资企业获得较大的自由度。如果战略性新兴产业的成长能够受到法律制度和财政补贴、税收优惠等政府政策的倾斜，则企业的融资效率会有所提升。

近年来，为促进战略性新兴产业的健康发展，国务院和各部门围绕支持战略性新兴产业发展出台了土地、财税、新药审批、充电设施等一系列政策，新兴产业政策环境得到明显改善（见表5-1）。其中，2013年7月国务院发布《国务院办公厅关于金融支持经济结构调整和转型升级的指导意见》（国办发〔2013〕67号）明确指出，加强对科技型、创新型、创业型小微企业的金融支持力度。但这里必须指出，产业改革和政策从出台到落实并持续发挥功效，还需要一个过程。因此，战略性新兴产业的政策助推效力有待进一步考察。

表5-1　2012—2015年我国战略性新兴产业发展政策一览表（部分）

年份	标题	发文字号
2012	国务院关于印发"十二五"节能环保产业发展规划的通知	国发〔2012〕19号
2012	国务院关于印发节能与新能源汽车产业发展规划（2012—2020年）的通知	国发〔2012〕22号
2012	国务院关于印发"十二五"国家战略性新兴产业发展规划的通知	国发〔2012〕28号
2013	国务院关于促进光伏产业健康发展的若干意见	国发〔2013〕24号
2013	国务院关于加快发展节能环保产业的意见	国发〔2013〕30号
2013	国务院关于印发"宽带中国"战略及实施方案的通知	国发〔2013〕31号
2014	国务院办公厅关于加快新能源汽车推广应用的指导意见	国办发〔2014〕35号
2014	国务院办公厅转发发展改革委关于建立保障天然气稳定供应长效机制若干意见的通知	国办发〔2014〕16号
2015	国务院关于促进云计算创新发展培育信息产业新业态的意见	国发〔2015〕5号
2015	国务院关于中德（沈阳）高端装备制造产业园建设方案的批复	国函〔2015〕218号

资料来源：中华人民共和国中央人民政府官网（www.gov.cn）。

5.2 融资效率的内部影响因素

5.2.1 融资成本

融资成本是企业对资金的使用代价和费用，也可以将其理解为资本的预期收益率，它是企业在选择资金来源时的重要依据。企业的融资过程可以被看作一个资金使用权转让的过程，这一过程是市场化的交易行为，必然会产生交易费用，企业获得了资金的使用权，就需要付出使用费用。不同的融资方式下，融资成本的构成不同。内源融资看似没有成本，但其自身隐含了再投资的机会成本和税收成本。在股权融资方式下，企业所支付的最基本的资金成本是定期向股东支付的股息和红利，但这只是股权融资成本的一部分。影响股权融资的另一项重要资金成本是代理成本，如改制、审计、评估等费用，这些都是股权融资方式所发生的真实成本。在债务融资方式下，企业所付出的资金成本主要是银行信贷发行债券的融资成本，具体包括利息支付和财务困境的潜在损失（如聘请律师费用、评估清算费用等等）。战略性新兴产业企业需要考虑到多样化融资方式选择下的融资成本不同这一问题，而且融资成本可能不仅仅是显性的，也可能是隐性的（例如，不论是选择何种融资方式都需要考虑到融资等待的时间成本）。综上所述，企业在不同融资方式下的融资成本越高，代表资金的使用代价越大，则融资效率越低。

5.2.2 融资结构

企业的融资结构是指债务融资和股权融资的比例关系。以银行信贷为主的间接融资和以发行股票为主的直接融资是企业融资的主要方式，二者各有优势、各具特色，对企业来说，这两种融资方式并不是企业非此即彼的选择，而是互利互助的补充。企业的最优融资结构并不是一个固定的比例关系，因为随着外部市场经济运行和环境以及企业内部经营的变化，融资结构是在动态调整的，最优的融资结构应该是通过不断的调整使企业的平均融资成本降到最低。一般而言，对战略性新兴产业企业来说，过高的债务融资或者股权融资都会增加运营风险，在这种情况下，即使是处于成熟期的大型企业，融资效率也是不高的。

企业的融资结构并不会直接影响企业的融资行为，而是间接地通过影响公司治理结构实现的，也就是说，融资结构与公司治理密切相关，而公司治理结构又决定着企业的融资效率。股权融资和债权融资均对企业形成控制权，两者有着不同的控制形式，在公司治理中发挥着不同的作用。战略性新兴产业企业多为民营企业（如图 5-2 所示），比较容易出现家族式管理或者一股独大的现象，如果股权结构不合理，则必定会影响到企业的融资效率和成长性。

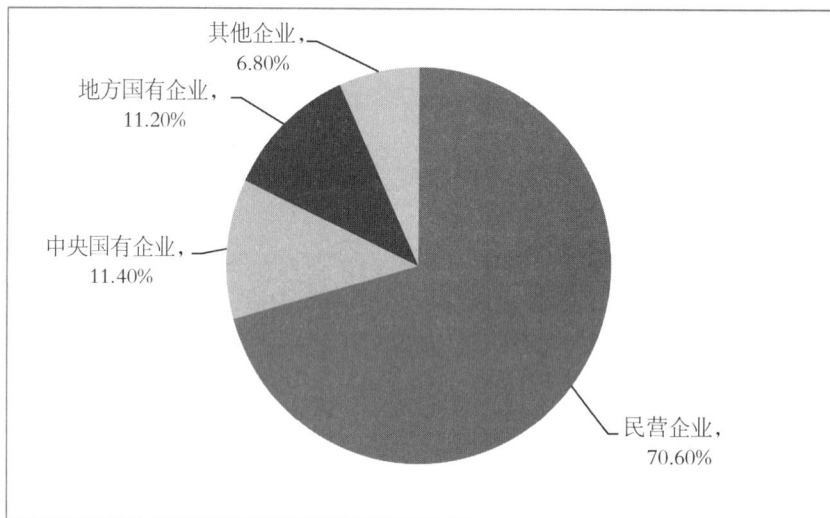

图 5-2　2015 年战略性新兴产业上市公司属性

数据来源：国家信息中心《2015 年战略性新兴产业 A 股上市公司发展报告》。

5.2.3　资金使用率

资本市场不仅可以帮助企业筹集资金，而且能够促进金融资源的优化配置，促使资金流入到效率高的企业中去。企业通过投入实际生产的过程将金融资本转化为产业资本而实现产出，这体现了企业的资金运营能力，也是决定融资效率的终极环节。如果企业的投资收益低于融资成本，那么即使融资成本再低，融资效率也是不高的。例如，企业通过股权融资获得大量资本后，如果对资金没有进行很好的规划管理，而是通过存放于银行的方式使资金沉淀下来，则降低了资金的使用效率。能够体现企业资金使用率的指标之一就是资金周转率，它反映了企业在经营过程中全部资产从投入到产出的流转速度。资金周转率越高，则表明企业的销售能力越强，资金的使用率越高。因此，企业的资金使用率与融资效率是正相关的。衡量战略性新兴产业企业的资金使用率的指标除了资金周转率之外，还有科技成果转化率。高技术性是战略性新兴产业企业的特性之一，因此对产品的生产不仅仅是在数量上有要求，更应该在其技术性上有要求。如果企业在投入大量研发费用的同时，所生产的产品没有创新，而只是在重复、模仿已有的技术，无法在关键、核心技术上有所突破，那么资金在投入产出过程中的使用就是低效率的。

5.3 战略性新兴产业融资效率影响因素的 Tobit 分析

5.3.1 Tobit 模型的选择依据

本书的研究选择深证新兴板块上市公司为样本来代表所有战略性新兴产业企业，显然，上市公司是全部企业的一个选择性样本，但是上市公司的效率并不一定都大于或者小于非上市公司。上市公司是全部企业的一个子集，但是上市公司的融资效率数据可能并不是全部企业融资效率数据的一个子集。如果从样本取值范围的角度出发，作为因变量的融资效率指标的取值范围是大于 0 的，也就是说，存在估计模型的因变量受限问题。从计量经济学角度来看，这种样本数据是截断性的。处理"截断"数据的回归问题，经典计量经济学模型将不再适用，而是应遵循极大似然法的原理，通过相应的选择性样本数据计量经济模型来进行回归估计。

Tobit 模型又被称为规范的审查回归模型，它是因变量受限模型的一种，最早是由诺贝尔经济学奖获得者 James Tobin 于 1958 年提出的。

该模型的构成包括约束条件的选择方程模型和满足约束条件下的某连续变量方程模型两部分，具体为[①]：

$$y_i^* = x_i' \beta + \sigma u_i \qquad i = 1, 2, \cdots, N \tag{5-1}$$

其中：σ 是比例系数，y^* 是潜在变量。被观察的数据 y 与潜在变量 y^* 存在如下关系：

$$y_i = \begin{cases} 0, & 若 y_i^* \leq 0 \\ y_i^* & 若 y_i^* > 0 \end{cases} \tag{5-2}$$

也就是说，如果 y_i^* 的所有负值被定义为 0，则可以认为这些数据在 0 处进行了左截取，此模型被称为规范的审查回归模型，即 Tobit 模型。在模型设定的基础上，可采用极大似然法来估计式（5-1），相应的对数似然函数为：

$$\ln L = \sum_{i \in (y_i = 0)} \ln F\left[{-x_i' \beta}/{\sigma} \right] + \sum_{i \in (y_i > 0)} \ln f\left[{(y_i - x_i' \beta)}/{\sigma} \right] \tag{5-3}$$

求解式（5-3）的最大值即可求出参数 β 和 σ 的估计值，其中 f 和 F 为 u 的概率密度函数。

5.3.2　模型变量的选择与说明

本节在前文分析的基础上，考虑到数据的可得性、模型的合理性并结合战略性新兴产业上市公司的特征，从内部影响因素的角度，分析这些因素对战略性新兴产业融资效率的影响程度。具体包括：

资产负债率（DAR），即期末负债总额除以资产总额的百分比。它反映在总资产中有多大比例是通过借债来筹集的。它不仅可以体现企业在清算时保护债权人利益的程度，也可以作为企业资本结构的衡量指标之一。

产权比率（PR），即负债总额与所有者权益总额的比率。它是财务分析中评估资金结构合理性的一种指标，也是衡量企业财务结构稳健性的重要指标。产权比率越低，表明企业自有资本占总资产的比重就越大，长期偿债能力就越强。

① 高铁梅.计量经济分析方法与建模——Eviews 应用及实例［M］.2 版.北京：清华大学出版社，2009.

总资产周转率（TRTA），即企业一定时期的主营业务收入与资产总额的比率。它说明企业的总资产在一定时期内（通常为一年）周转的次数。该指标可以反映企业在筹集资金后对资金的运用能力。

无形资产利润率（PMIA），即企业在一定时期内实现的利润总额与无形资产的比率。该指标能反映企业无形资产投资的获利能力，具有较强的综合性。本书通过该指标来反映战略性新兴产业上市公司的科技创新盈利能力。

筹资活动现金流出量（COFA），该指标是企业筹资活动现金流量的一部分，是指企业归还筹资活动的现金流出量，主要包括偿还债务所支付的现金，分配股利、利润和偿还利息所支付的现金，支付的其他与筹资活动有关的现金（如捐赠现金支出，若该项目现金流出量价值较大的，应单独列项目反映）。本书通过该指标来反映战略性新兴产业上市公司当年的融资成本。

5.3.3 融资效率影响因素的基本描述性统计

本书在选取的 199 家深证新兴产业上市公司的基础上，对其2011—2015 年的资产负债率、产权比率、总资产周转率、无形资产利润率和筹资活动现金流出量这五项财务指标进行收集整理，进而作为融资效率影响因素的分析基础，数据来源于国泰安 CSMAR 系列研究数据库，分析结果来自于 Eviews 6.0，5 项指标的历年均值和变异系数情况如图 5-3、图 5-4、图 5-5、图 5-6、图 5-7、图 5-8、图 5-9、图5-10、图 5-11 和图 5-12 所示。

从图 5-3 中可以看出，在 2011—2015 年期间，深证新兴产业上市公司的平均资产负债率逐年增加但增加幅度并不大，其中生物产业的资产负债率最低，新一代信息技术产业次之，二者均低于深证新兴产业DAR 的均值。相比之下，其他五大产业的资产负债率均值高于深证新兴产业总体的资产负债率均值，其中最高的为新能源汽车产业。从波动情况来看，图 5-4 中变异系数呈逐年下降的趋势。其中，新一代信息技术产业和生物产业资产负债率的历年变异系数要高于深证新兴产业总体水平，这说明这些产业内部不同上市公司之间的资产负债率差异较

大。通过对样本上市公司的资产负债率进行比较的结果可以看出,战略
性新兴产业上市公司之间的资本结构差异较大,而且不同产业之间的资
产负债率也有所不同,产业内部资产负债率相差最大的是新一代信息技
术产业,相差最小的是新能源汽车产业。

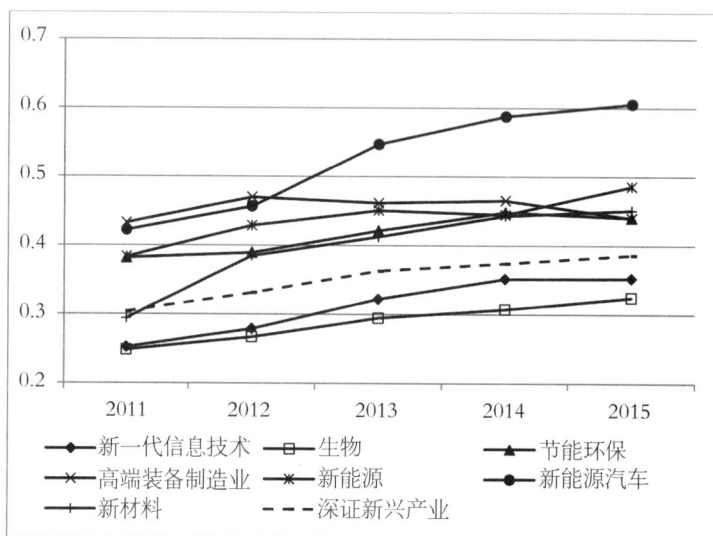

图 5-3   2011—2015 年深证新兴产业资产负债率（DAR）均值

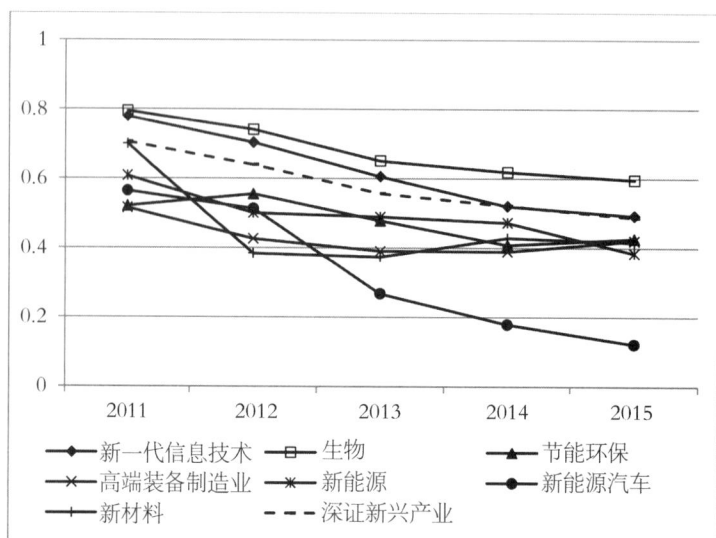

图 5-4   2011—2015 年深证新兴产业资产负债率（DAR）变异系数

资产负债率是评价上市公司负债水平的综合指标，同时也是反映公司利用负债资金进行经营能力的指标。一般认为，上市公司的资产负债率适宜范围是 0.4～0.6，但这一指标在不同国家、不同行业之间也有区别。一般经营风险比较高的行业，为降低财务风险一般选择比较低的资产负债率，这也是众多高科技企业资产负债率较低的原因，因此，从图 5-3 中可以看出，我国战略性新兴产业上市公司的整体资产负债率处于比较安全的水平。如果结合 2015 年的样本数据来看，仍有 30 家战略性新兴产业上市公司的资产负债率高于 0.6，占比为 15.08%，其中新一代信息技术上市公司数量最多（12 家），这表明这些公司潜在的财务压力较大，需要加速回笼资金或增加再融资支持。

从图 5-5 中可以看出，2011—2015 年深证新兴产业的平均产权比率在 0.4~1.6 之间，其中新一代信息技术产业和生物产业的产权比率低于深证新兴产业的平均水平，其他五大产业高于平均水平，最高的产业为新能源汽车产业。从波动性来看，图 5-6 中深证新兴产业的产权比率在 2011—2015 年期间维持在 1~1.4 区间内，其中新一代信息技术产业的产权比率变异系数最低，生物产业最高。通过产权比率的比较可以看出，战略性新兴产业上市公司之间的资金结构合理性差异较大，而且不同产业之间的产权比率也有所不同。

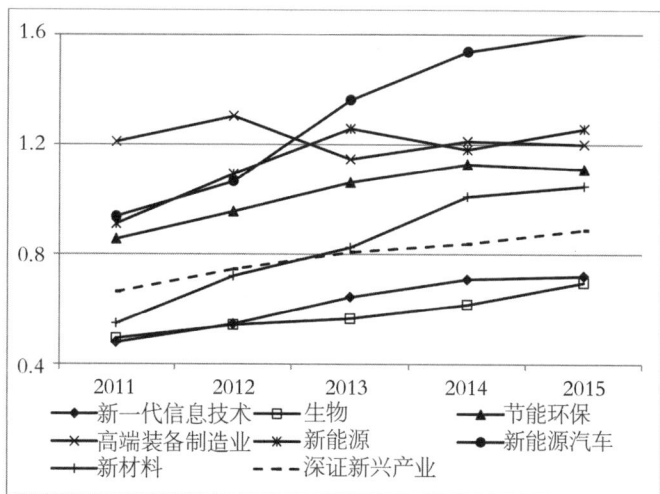

图 5-5　2011—2015 年深证新兴产业产权比率（PR）均值

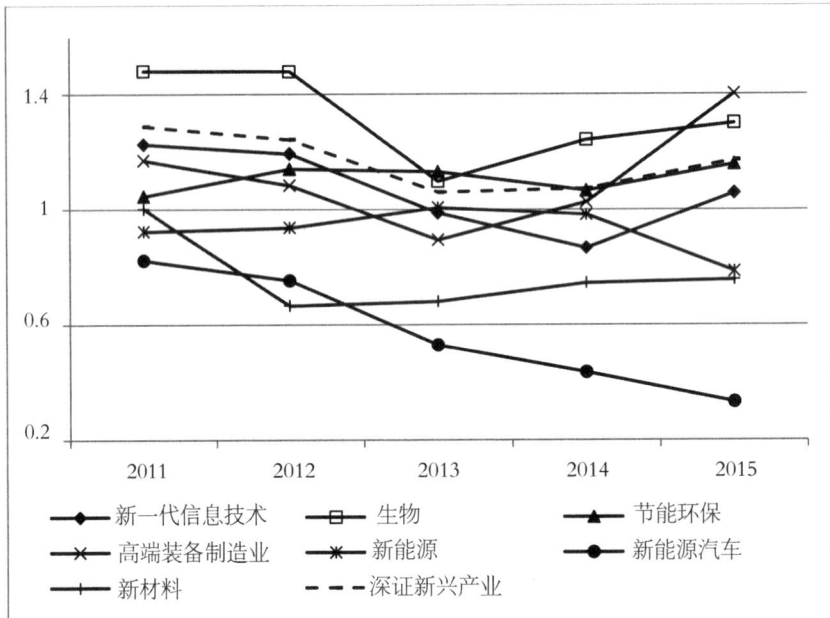

图 5-6　2011—2015 年深证新兴产业产权比率（PR）变异系数

产权比率不仅反映了由债权人提供的资本与所有者提供的资本的相对关系，而且反映了企业自有资金偿还全部债务的能力，因此它又是衡量企业负债经营是否安全有效的重要指标。一般来说，这一指标越低，表明企业长期偿债能力就越强，债权人权益保障程度就越高，承担的风险就越小。该指标的行业经验值为 1.2，即产权比率在 1.2 以下的公司被认为是有长期偿债能力的，但是还应结合不同企业的实际情况具体分析。从图 5-5 中的数据可以看出，深证新兴产业上市公司的平均产权比率低于 1.2 的经验水平，但是分产业来看，高端装备制造、新能源、新能源汽车三大产业的产权比率均值是高于 1.2 的。从单个上市公司的统计数据来看，2015 年产权比率高于 1.2 的战略性新兴产业上市公司共有 44 家，占比为 22.11%，其中新一代信息技术企业数量最多（14家）。总之，通过对产权比率进行比较可以看出，一部分深证新兴产业上市公司的长期偿债能力较弱，解决该问题的办法之一是让更多的资金源源不断地流入到产业内部。

从图 5-7 中可以看出，2011—2015 年深证新兴产业上市公司的平均总资产周转率在 0.5 左右，整体呈下降趋势。其中总资产周转率的行业平均值最高的为新材料产业，最低的为节能环保产业。从 2015 年单个上市公司的总资产周转率来看，最大值出现在新一代信息技术产业（11.4150），最小值出现在节能环保产业（0.0895）。从图 5-8 中可以看出，产业的总资产周转率变异系数呈上升趋势，新一代信息技术产业上升最快，这说明该产业内部不同企业之间的总资产周转率差异最大。通过对样本上市公司的总资产周转率进行比较的结果可以看出，战略性新兴产业上市公司筹集资金后的运营能力差异较大，而且不同产业之间的总资产周转率也有所不同。

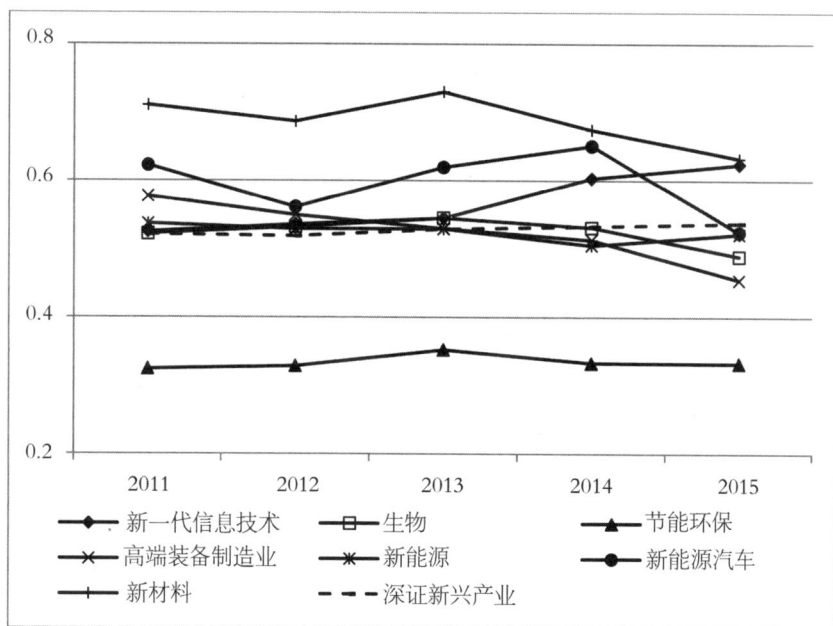

图 5-7 2011—2015 年深证新兴产业总资产周转率（TRTA）均值

总资产周转率反映了上市公司全部资产的使用效率，该指标越低，周转天数越多，说明公司利用其资产进行经营的效率越差，这不仅会影响公司的获利能力，而且直接影响上市公司的股利分配。在不同行业之间，总资产周转率的差异较大，例如，对于基础建设投资大、工期长、回报慢的行业来说，该指标会很小，特别是处于建设初期的项目。从图 5-7 中七大战略性新兴产业的比较来看，不同产业间的平均资产周转率

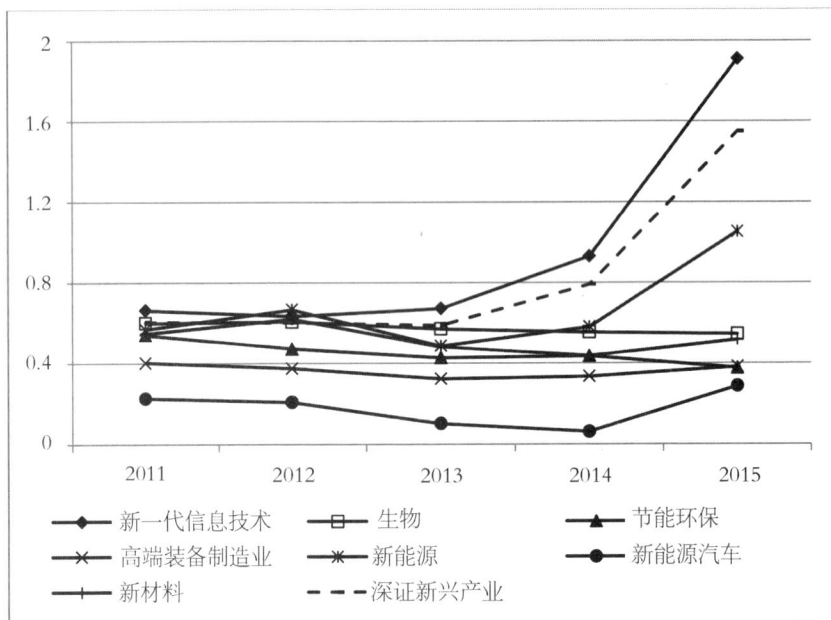

图 5-8 2011—2015 年深证新兴产业总资产周转率（TRTA）变异系数

差别不大，基本分布在 0.5~0.7 之间，但是同一产业中的不同上市公司之间的资产周转率相差较大，尤其是新一代信息技术产业，这表明战略性新兴产业上市公司的资金运营能力差异明显，进而在融资能力方面也存在着较大差距。

从无形资产利润率方面来看（如图 5-9 所示），2011—2015 年深证新兴产业的无形资产利润率的整体平均值在 2012 年大幅下降之后呈逐年下滑趋势，其中较为明显的是节能环保产业、新能源产业和新一代信息技术产业，但这三个产业仍高于深证新兴产业的平均水平。相比之下，新能源汽车、高端装备制造业的无形资产利润率比深证新兴产业整体要低。从波动性来看，图 5-10 中深证新兴上市公司之间的无形资产利润率差异较大，其中，差异最小的是新能源汽车产业，差异最大的是新一代信息技术产业，而新材料产业由于在 2015 年的利润为负值，因此出现了无形资产利润率小于零的情况。总之，深证新兴产业上市公司之间的科技创新与成果转化能力差异较大，而且不同产业之间的无形资产利润率也有所不同。

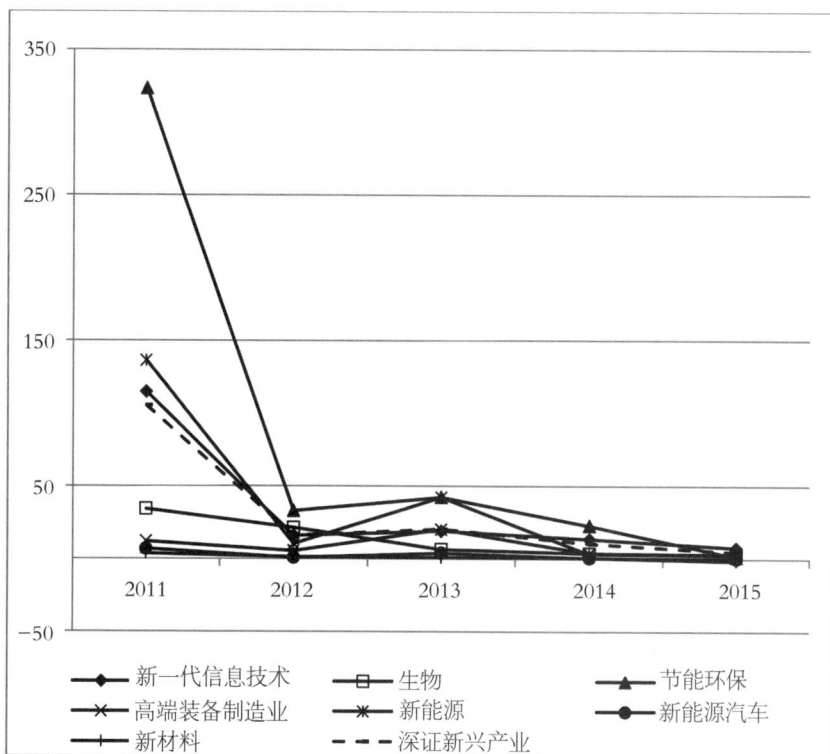

图 5-9   2011—2015 年深证新兴产业无形资产利润率（PMIA）均值

战略性新兴产业上市公司的无形资产多为知识产权或专利权，而无形资产利润率可以反映出企业无形资产的获利能力。从 2015 年的样本数据来看，部分深证新兴产业上市公司的无形资产获利能力并不高，其中有 7 家公司在 2015 年的利润总额为负数，164 家公司的无形资产利润率低于整体产业的平均值。这说明我国战略性新兴产业核心关键技术保障能力还不足、基础配套设施建设仍需完善、市场开拓阻力依然存在，如果这些问题不能得到有效解决，那么整个产业的发展将受到严重制约。

从筹资活动现金流出量指标来看（如图 5-11 所示），2011—2015年深证新兴产业上市公司筹资活动现金流出量的平均值在 0~30 亿元之间，其中较高的产业为新能源汽车产业、新材料产业和高端装备制造业，除新能源汽车产业之外，其他产业的筹资活动现金流出量呈上升趋

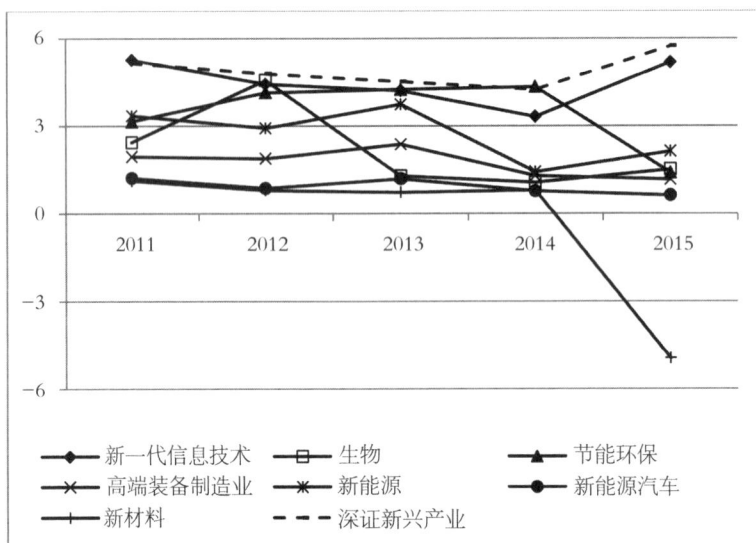

图 5-10　2011—2015 年深证新兴产业无形资产利润率（PMIA）变异系数

势。从行业内部的差异性来看，图 5-12 中新一代信息技术产业内部的筹资活动现金流出量差异最大，新能源产业差异最小。通过对筹资活动现金流出量进行比较的结果可以看出，深证新兴产业上市公司之间的数量差异较大，而且不同产业之间的筹资活动现金流出量也有所不同。

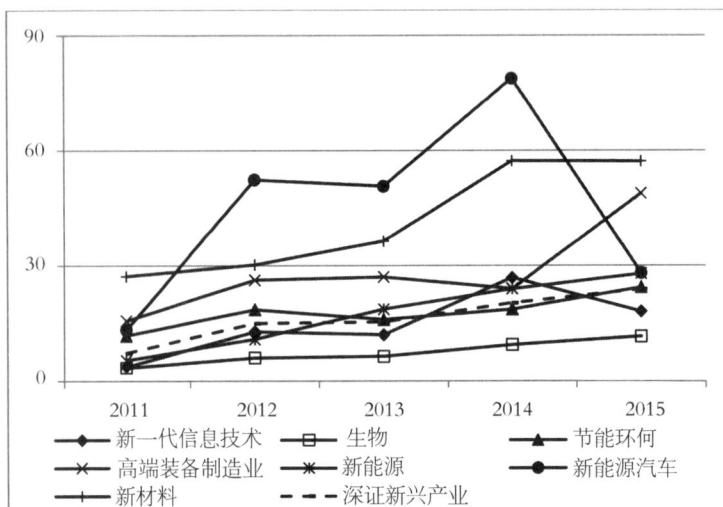

图 5-11　2011—2015 年深证新兴产业筹资活动现金流出量（COFA）

均值（单位：亿元）

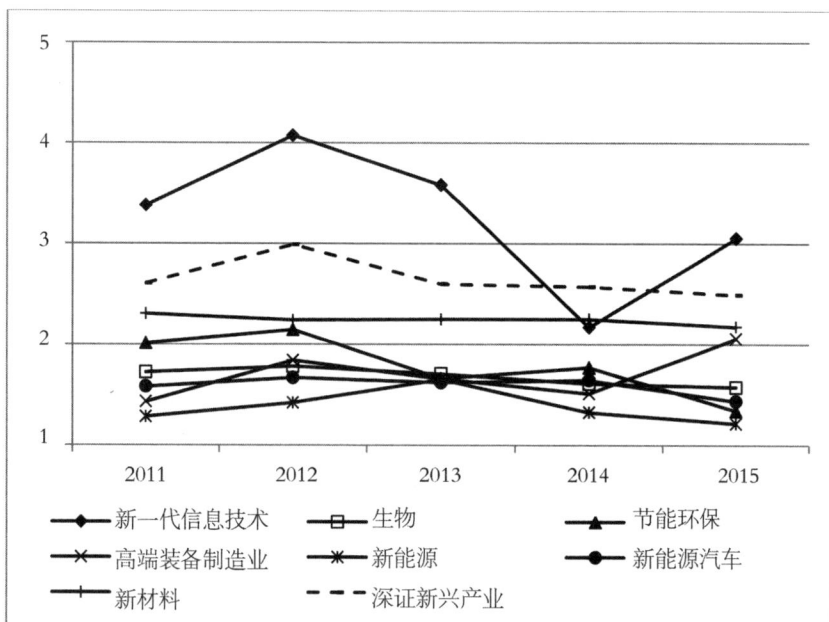

图 5-12 2011—2015 年深证新兴产业筹资活动现金流出量（COFA）变异系数（单位：亿元）

当投资金额超过经营活动产生的现金净流入时，上市公司就必须以筹资的方式加以补足。一般而言，如果上市公司的筹资活动的现金流出量较大，则说明当期大量的现金流出公司，公司的经营规模正在萎缩，但同时还要考虑到上市公司原有的负债规模，具有相对性。表 5-2 中列出了样本上市公司 2015 年筹资活动现金流出量与总负债之比统计数据，由大到小排在前三位的分别是新材料产业、生物产业和新能源产业，相比较来看，表中的数值越大，代表该产业的财务风险越大，潜在的再融资需求越高。

表 5-2　　　　　　　**2015 年筹资活动现金流出量与总负债之比**

产业分类	新一代信息技术	生物	节能环保	高端装备制造业	新能源	新能源汽车	新材料
均值	0.4826	0.5351	0.4307	0.4961	0.5315	0.1188	0.7162

综合以上五个指标可以看出，我国战略性新兴产业上市公司呈现出以下特点：从偿债能力来看，尽管大部分公司的长期偿债能力处于行业合理范围之内，但可持续性较弱，相对比较而言，新能源汽车产业的长期偿债压力较大；从资金的运营能力来看，高端装备制造业最弱，新材料产业最强；从产业的发展能力来看，新材料产业的发展潜力最低，新一代信息技术产业最高。总之，我国战略性新兴产业上市公司在负债经营过程中，对资金的管理与运用效率还有待进一步提高，尤其是七大产业中相对较弱的产业。

5.3.4　Tobit 回归结果及分析

表 5-3 汇总了基于 2011—2015 年我国深证新兴产业上市公司 199 个样本观测值面板数据的 Tobit 回归分析结果[①]。从整个深证新兴产业回归系数的结果来看，提高资产负债率、降低产权比率，提高总资产周转率、无形资产利润率和筹资活动现金流出量会增加融资效率得分，其中除了产权比率这一变量外，其余解释变量对融资效率得分的影响是显著的。分产业来看，各变量的回归系数基本与深证新兴产业方程的结果一致，只是个别变量的显著性有所不同。结合前面的分析来看，深证新兴产业上市公司整体的资产负债率较低、处于安全的范围内，因此适度提高资产负债率有益于提升融资效率。产权比率变量的回归系数为负值，说明各产业的长期偿债压力较大。无形资产利润率这一变量在新一代信息技术产业、节能环保产业和高端装备制造业的回归模型中并不显著，这也反映出我国战略性新兴产业在融资过程中并没有因为自身的科技性、创新性特征而占据优势。综合来看，提高融资效率的首要问题就是增加资金投入并提高资金运营能力。

在本书的融资效率影响因素选择过程中，资产负债率和产权比率被用来衡量上市公司的融资结构对融资效率的影响，总资产周转率和无形资产利润率被用来衡量资金运用率对融资效率的影响，而筹资活动现金流出量被用来衡量融资成本对融资效率的影响。如果结合这些因素的估

---

① 由于样本内新能源、新能源汽车以及新材料产业的上市公司数量偏少，回归结果的可靠性不足，因此这里不予分析。

表 5-3　　**战略性新兴产业融资效率影响因素的 Tobit 回归结果**

产业分类	DAR	PR	TRTA	PMIA	COFA
新一代信息技术	0.7052***	−0.1452**	0.3454***	0.00006	0.0053***
生物	0.0388***	−0.2607***	0.5756	0.0002***	0.0143
节能环保	1.1143	−0.0871	0.7377	0.0001	0.0127***
高端装备制造业	0.9831***	−0.1302***	0.5901***	0.0024	0.0099***
深证新兴产业	0.3434***	−0.0388	0.3106***	0.000078**	0.00649***

　　注：***表示统计结果在 1%的置信水平下显著，**表示统计结果在 5%的置信水平下显著，*表示统计结果在 10%的置信水平下显著，下同。

计结果综合来看，这些影响因素均对战略性新兴产业融资效率有显著影响。如果按照影响强度由高到低排列，则依次为融资结构、资金使用率和融资成本。由此可以得出，战略性新兴产业如果想提高自身融资效率，就应该在提高融资规模的基础上，进一步发挥科技性、创新性的特点以提高资金运用效率，提高科技成果的转化效率。从前文的结果还可以看出，七人战略性新兴产业之间、同一产业不同企业之间的各项指标差异较大，部分产业的融资并不理想。

　　如果分产业来看，我国战略性新兴产业融资效率又呈现出不同特点：

　　新一代信息技术产业呈现出资产负债率较低、资金运用效率与产业发展能力较高的特点，但该产业内部的不同企业之间的融资效率差异最大。结合我国实际来看，其原因是：一方面近年来新一代信息技术产业成为投资者的热捧对象，但投资偏好存在差异，例如，电子商务、移动互联网、消费生活、金融服务以及游戏动漫等行业是投资热点。另一方面，新一代信息技术产业涉及的细分领域多，产品门类广，政府专项基金难以面面俱到，这就会降低资金供给的公平性。

　　生物产业的资产负债率和产权比率较低、长期的融资能力和资金运用能力相对强，但其科技创新能力（无形资产利润率）并不高。从生物产业上市公司所属的领域可以看出，投资者关注较多的是生物医药、医疗器械和设备领域，而在工业生物技术、农业生物技术和环境生物技术领域投资者关注则相对较少。如果资金流向过度集中，处于创业阶段的生物技术企业就会面临较大的资金链断裂风险。因此，生物产业应拓宽有效融资（筹资活动现金流出量）覆盖面，投入到新产品的研发过程并优化资本结构，那么生物产业的竞争力会得到进一步提升。

节能环保产业总资产周转率较低，资金运营能力弱，说明整个产业仍处于投入回收期较长的起步阶段，需要进一步加大资金对产业的供给。结合实际来看，最大问题在于整个产业过度依赖政府投资，缺乏经济利益驱动机制，由此造就了环保投资在总量和相对增长速度上的高速增长，但产业发展缓慢和环境污染控制的效果并不明显，因此，该产业的融资改进方向是进一步向社会资本开放，提高市场融资的地位。

高端装备制造业呈现出资金支持缺乏、资本结构有待改进、无形资产改进值较高的特点，2015 年该产业出现了单个筹资活动现金流出量最高的企业。高端装备制造业是我国国民经济和国防建设的支柱产业，企业规模较大，其产品以大型机械类为主，产业整体上的再融资需求较大。总体来看，高端装备制造业需要加大资金投入、提升科技成果转化率和提高资金运营能力，从而提高产业融资效率。

新能源产业投入冗余现象相对严重，这一点从营业成本、外源融资、内源融资以及无形资产的分布中可以看出，这一结论与我国目前新能源产业产能过剩的实际也相符。在我国新能源产业中，某些产业已经进入了成熟期，如太阳能热水器、风电设备制造、生物燃料等等，部分核心技术和产品很大程度上来源于国外并面向国际市场销售。因此，发展新能源产业必须首先解决投入产出的冗余问题。只有提高生产效率、降低成本，才能提升产业整体的竞争力。当然，新能源产业产能过剩并不代表融资过剩，融资难问题依然制约着产业的发展，只不过今后要解决该问题不能仅仅依靠资本数量的简单叠加，而应不断推动金融创新。

新能源汽车产业在样本内的观测个体相对偏少，呈现出资产负债率和产权比率的均值较高的特点，说明该产业的短期资金运营能力、长期融资能力均较弱。从产业内部的差异性来看，新能源汽车企业之间的差异相对较大。结合国内该产业发展来看，目前主要问题是如何完善基础设施建设和降低成本，这两个问题制约着新能源汽车的推广。因此，新能源汽车产业今后应考虑如何有效结合资本市场不断拓展产业链，寻求更多的合作领域，通过产业升级实现跨越式发展。

新材料产业的融资效率需要进一步得到提高，该产业的各项指标处于中等偏下水平，突出特点之一是 2015 年整体利润总额为负数，从而使该产业的无形资产利润率为负值，这说明该产业的获利能力是最弱的。在七大战略性新兴产业中，新材料产业与其他产业的关联性最强，如信息材料、能源材料、生物材料、汽车材料等等，目前我国新材料产业形成了初步的工业体系，其融资来源主要是内源融资和股权融资，结合前文的分析可以看出，银行间接融资并未被给予太多关注和支持。因此，发展新材料产业不仅需要加大资金供给，更需要把握科技发展趋势和市场需求方向。考虑到新材料企业广泛地分布于各行业这一特点，通过资本市场加速产业融合实现规模效益也是发展的关键。

总之，战略性新兴产业上市公司资金运用效率并没有达到最优，存在资金供给有效性不足、科技与金融结合度不高的现象。这说明企业在资金运作中没有将有限的资金合理配置到高技术主营业务上，自身仍然存在市场未有效拓展、产品未更新换代、核心竞争力不强等问题。如果这些问题在短期内不能得到妥善解决，即使投入再多的资金，企业仍然会很快进入衰退期。因此，解决战略性新兴产业融资问题，不单单要依靠外部资金的持续供给，还要靠产业内部必须不断提升企业自身的技术水平，在加大研发投入的基础上促进科技创新以提高产品的技术含量。优化资本结构和公司治理结构也是提高战略性新兴产业融资效率的关键因素。在提高融资效率这一问题上，可以考虑或借鉴行业融资、集群融资等方式，不断完善不同产业内部的产业链，积极促进规模化发展，打造战略性新兴产业集群融资生态系统。只有在不断整合产业链和提高技术含量上下功夫，才能不断提升战略性新兴产业自身的影响力和竞争力，才能使企业资产持续增值，最终提升整个产业的融资效率。

5.4　本章小结

　　对于一般企业来说，资金市场的成熟度、外部约束力、融资成本、融资结构和资金使用率是影响融资效率的主要因素。从外部因素来看，尽管我国近年来金融市场体系日趋完善、一系列扶持政策不断推出，但是仍存在很大的改进空间。本章利用面板数据的 Tobit 模型分析了战略性新兴产业效率值与资产负债率、产权比率、总资产周转率、无形资产利润率和筹资活动现金流出量五个影响因素之间的关系。通过实证分析得出，大部分产业的再融资需求较大，从内部来看存在着短期债务压力较大、长期融资能力弱、资本结构不合理、资金运用效率低尤其是科技产品产出效率低的现象。不同产业之间的融资效率特点有所不同。

6 区域战略性新兴产业的融资效率评价
——以辽宁省为例

6.1 战略性新兴产业对辽宁省经济的影响

6.1.1 辽宁省发展战略性新兴产业的意义

作为东北老工业基地之一的辽宁省，自 2003 年国家实施振兴东北战略以来，在一系列扶持、推动政策的带动下，经济实力明显提升，2003—2012 年的经济增速达 12.8%，高于同期的全国平均增速 10.7%，为新一轮东北振兴奠定了坚实基础。然而，自 2014 年以来，在世界经济复苏趋缓和国内经济下行的压力下，辽宁省经济增速明显减缓。2015 年全省经济增长速度同比 2014 年继续下滑，GDP 增速仅为 3%，低于全国平均水平近 4 个百分点。目前，辽宁省正处于工业化发展的中后期，制约发展的一个突出因素是结构问题。辽宁省是我国的工业大省，2015 年工业增加值占 GDP 比重 43%，高于全国的平均水平

（33.84%）。工业的重型结构和产能过剩问题是辽宁省在经济新常态下经济下滑的主要原因。因此，如何结合辽宁优势产业、实现经济结构和产业结构等方面的转型升级，是解决一切问题的基础和关键。

战略性新兴产业是以核心技术为基础、以可持续发展为理念、以科技战略为发展方向，具有市场前景广阔、辐射带动力强的效用，是推动经济转型发展的重要力量。因此，辽宁省加快培育战略性新兴产业，决定着未来的产业升级水平和经济振兴程度，其重要意义体现在以下方面：

第一，战略性新兴产业能够带给辽宁省新的经济增长点。在辽宁省经济下行压力下，装备制造业、冶金、石化、农产品等传统支柱产业均陷入困局，而一些新兴产业正成为产业增长的亮点。其中，国内机器人产业的领航企业——沈阳新松机器人自动化股份有限公司在 2015 年的营业收入为 55 亿元，增幅达 30%；成立于 2011 年的辽宁（鞍山）激光科技产业园在短短 5 年时间就创造了东北第一台光纤激光器、第一台激光切割机、第一台激光复合加工中心等几十个第一的辉煌硕果，如今已在鞍山战略性新兴产业发展过程中扮演着重要角色；被誉为中国药都的本溪生物制药产业集群 2015 年销售收入和税收分别增长 35%和 22%，已经成为本溪资源枯竭后经济发展的重要增长极；国内首个千亿软件产业集群——大连高新区软件和信息技术服务产业集群 2015 年实现营业收入 1 534 亿元，同比增长 11.5%。可以预知，战略性新兴产业在辽宁经济和社会未来发展中扮演着重要的角色，在拉动投资、刺激内需、技术进步等方面将起到支撑作用。大力发展与辽宁省资源优势相吻合、附加值高、资源消耗小的战略性新兴产业，将会对辽宁省经济振兴带来新的增长点。

第二，战略性新兴产业能够助推辽宁产业结构的转型和升级。目前，辽宁省各项经济指标增速放缓，表面上是由于国内外投资、需求的拉动不足，实际则为长期以来体制上、结构上的问题并未从根本上得到解决而集中爆发的结果。一直以来，辽宁省的经济模式依靠增加要素投入、扩张规模的粗放式发展，产能过剩问题非常突出。例如，钢铁行业是辽宁省的传统支柱产业，在全国占有举足轻重的地位。2015 年全国钢材产量 112 349.6 万吨，其中辽宁省的产量为 6 321.6 万吨，占比

5.6%。中国钢铁工业协会统计数据显示，2015 年国内钢材需求量为
6.68 亿吨，出口量为 1.1 亿吨，也就是说我国钢铁行业的产能过剩超过
3 亿吨，同时钢材价格自 2012 年起已连续 4 年下滑，很多钢铁企业的
利润大幅下降。从总体上看，辽宁省的经济结构单一、传统产业在经济
结构中占比过大，一旦宏观经济下行、外界经济环境大幅波动，经济极
易陷入"失速"困境。因此，辽宁省产业结构的转型和升级是亟待解决
的根本性问题，而发展战略性新兴产业是解决这一问题、转变经济发展
方式的重大举措。辽宁省加快培育战略性新兴产业不仅有利于优化产业
结构、改变"一钢独大"等不利局面，同时也是提升产业层次、建设现
代化产业体系的根本要求。通过发展高端装备制造业、节能环保等战略
性新兴产业，提升技术水平、不断创新，压缩、淘汰落后产能，推动钢
铁、装备制造业等从低端向中高端转型。

6.1.2 辽宁省战略性新兴产业的发展现状及其特征

2010 年以来，辽宁省政府先后下发了《辽宁省政府关于加快发展
新兴产业的意见》《辽宁省新兴产业发展指导目录》《辽宁省科技创新驱
动发展实施方案》《辽宁省壮大战略性新兴产业实施方案》等一系列战
略性新兴产业发展规划和扶持政策，从实际成效来看，辽宁省战略性新
兴产业在原有的区域优势和资源基础上初具规模，各产业有了不同程度
的发展，从目前的发展现状来看，归纳如表 6-1 所示。

如果从整体上看，并与全国其他地区相比较的话，辽宁省战略性新
兴产业的发展过程中还存在如下问题：

第一，产业整体发展速度趋缓。尽管近年来辽宁省战略性新兴产业
有了长足的发展，但总体上仍存在着产业整体发展速度趋缓、各产业发
展不均衡的现象。尤其是 2014 年以后，产业增速明显下降。根据辽宁
统计月报的数据显示，2013—2015 年，辽宁战略性新兴产业月均主营
业务收入分别为 349.7 亿元、335.0 亿元和 156.5 亿元[1]，呈逐年下降趋
势。其中 2015 年除了辽阳和盘锦两个城市分别增长 21.3% 和 10.84%，

---

① 其中，2015 年的数据为 1—9 月的月均数据。

表 6-1 辽宁省战略性新兴产业发展情况

产业名称	代表企业	总体评价
高端装备制造业	沈阳机床、沈鼓、北方重工、沈阳远大、沈阳机车、沈变、三一重装、新东北电气、沈飞、新松机器人、大连机床、中远造船、大森数控、东北特钢	基于老工业基地优势，技术水平高，门类和配套措施齐全，在机床制造、船运和航运制造等方面表现突出
新能源	新世纪石英玻璃、阳光能源、沈阳华创风能公司、石营子风电场	以产品引进为主，起步阶段
新材料	大连三科、沈阳远大、辽阳石化、杰事杰新材料、奥镁集团、大连华科新材料	发展较好，群集性发展态势
新一代信息技术	大连国家软件产业园、辽宁万家数字技术产业基地、沈阳通信产业基地、大连 LED 光电产业群	地域集中性较强，主要分布于沈阳和大连两地，较为突出的是创意文化产业基地、动漫产业基地和软件产业基地
生物	三生制药、辽宁成大、大连兴齐制药、大连珍奥、大连美罗中药厂	已形成生物技术研究、生物制药生产以及海洋技术等体系，某些技术领域已有突破，如胰岛素的重组以及酶制剂等
节能环保	沈阳静脉产业示范基地、凯宏科技、万鑫粉碳灰公司、大起大重、丹东宝华集团、沈阳隆达环保集团	发展迅速，初具规模
新能源汽车	沈阳华晨汽车集团	尚属空白

其他城市出现负增长的趋势。可以看出，辽宁省战略性新兴企业的整体盈利能力不容乐观。尽管这一结果受累于近年国内外经济下行压力，但

是如果同全国的平均水平相比较的话，还是有一定的自身发展动力不足的原因。目前我国已公布《战略性新兴产业分类目录》，但从国家层面来看，并未公开公布战略性新兴产业产值等相关数据，同时考虑到各省市和全国层面对战略性新兴产业的统计口径有所不同，因此，准确比较辽宁省战略性新兴产业与全国平均水平的差距有点困难。本书通过高技术产业的产值指标来折射出二者的差距。图 6-1 是 2011—2015 年辽宁省和全国的高技术产业增加值增速的统计结果。通过比较可以看出，全国高技术产业增加值增速趋势放缓，由 2011 年的 16.6%降为 2015 年的 12.3%，相比之下，辽宁省高技术产业增加值增速明显下降，从 2013 年以前高于全国平均水平到 2014 年之后的大幅下降，5 年增速降幅最大差距近 25%，并且下降速度明显快于全国的平均水平，这说明辽宁省战略性新兴产业的整体发展速度是落后于全国其他地区的。

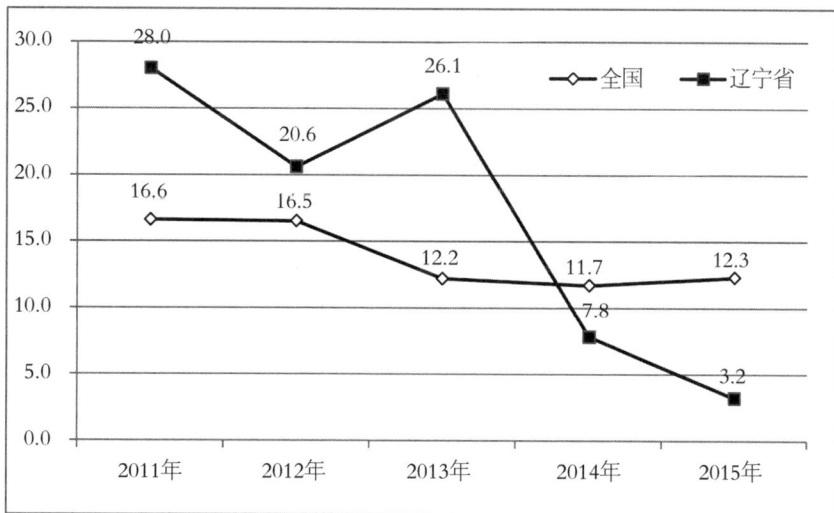

图 6-1　2011—2015 年辽宁省和全国高技术产业增加值增速比较（单位：%）
数据来源：根据历年全国及辽宁统计公报整理。

第二，产业创新能力不足。尽管辽宁省拥有丰富的教育资源和科研资源，但是由于其科研经费投入较少，并且与知识产权相关的资源要素集聚能力并不强，战略性新兴产业的研发创新能力明显不足，这些可以从辽宁省的研究与试验发展（R&D）经费投入力度、发明专利授权等指标的统计结果看出来。

图 6-2、图 6-3 分别列出了辽宁省 2011—2015 年 R&D 经费投入的增长率和投入强度统计结果,并将其与全国的平均水平作以比较。可以看出,无论是 R&D 经费支出增长率还是投入强度,辽宁省的数据均低于全国的平均水平。如果研发投入费用欠缺的话,其直接表现就是整个地区的科技水平和创新性的不足。尽管科技经费的投入并不是决定科技成果数量的唯一因素,但是如果科技成果的研发过程得不到充足的经费作为保障的话,那么科技成果的数量一定也是欠缺的,这一点可以从发明专利授权数量上得到答案。根据国家知识产权局在 2016 年年初公布的《战略性新兴产业发明专利统计分析总报告(2015 年)》显示(见表 6-2),2014 年辽宁战略性新兴产业发明专利授权总量为 1 462件,比 2013 年战略性新兴产业发明专利授权量减少了 139 件,占国内比重仅为 2.39%,国内排名位居第十二位,处于国内中等水平。2014 年辽宁战略性新兴产业发明专利授权量年增长率为-8.68%,比 2013 年的年增长率降低了 13.32%,可见辽宁战略性新兴产业发明专利授权量及在国内的排名有下降趋势。

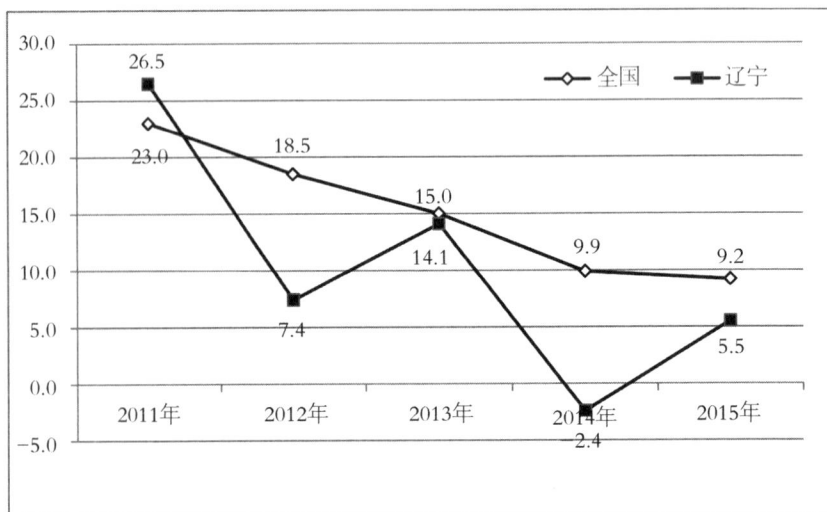

图 6-2 2011—2015 年辽宁省研究与试验发展(R&D)经费投入增长率比较(单位:%)

数据来源:根据国家统计局历年《全国科技经费投入统计公报》整理。

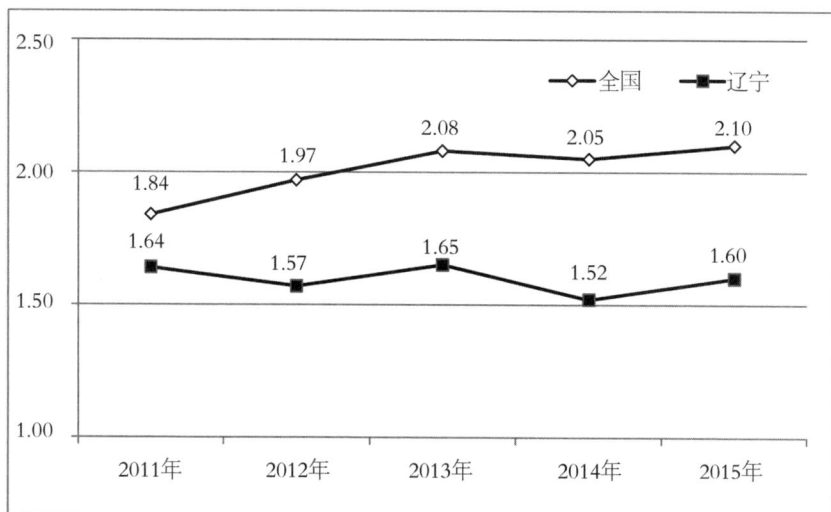

图 6-3　2011—2015 年辽宁省研究与试验发展（R&D）经费投入强度①比较（单位：%）

数据来源：根据国家统计局历年《全国科技经费投入统计公报》整理。

表 6-2　**2014 年辽宁战略性新兴产业发明专利授权情况及变化趋势**

数据类型	2014 年数据值	2013— 2014 年变化趋势
授权量（件）	1 462	−139
国内排名	12	−1
占国内比重	2.39%	−0.29%
年增长率	−8.68%	−13.32%

数据来源：国家知识产权局《战略性新兴产业发明专利统计分析总报告（2015 年）》。

　　如果分产业来看的话，2014 年辽宁省战略性新兴产业的发明专利授权数量也呈现出增长乏力的现象。从表 6-3 中可以看出，除高端装备制造产业外，2014 年辽宁战略性新兴产业处于负增长趋势。其中，辽宁高端装备制造产业的年增长率（15.00%）超过了国内高端装备制造产业的年增长率（2.77%）的 5 倍。辽宁新能源汽车产业的发明专利授权量降低幅度最大，年增长率接近−50%。

----
　　① R&D 经费投入强度即 R&D 经费投入与 GDP 之比。

表 6-3   2014 年辽宁与国内战略性新兴产业各产业发明

专利授权量年增长率   单位：%

地区	节能环保	新一代信息技术	生物	高端装备制造	新能源	新材料	新能源汽车
辽宁	−15.07	−8.51	−14.58	15.00	−3.45	−2.80	−47.37
全国	1.77	−1.15	2.56	2.77	−0.27	5.34	16.74

数据来源：国家知识产权局《战略性新兴产业发明专利统计分析总报告（2015 年）》。

通过发明专利授权数量的比较可以认为，尽管辽宁省的战略性新兴产业基地的数量越来越多，一些产业在生产技术上有所提升，但是自主研发能力、技术含量并不高，至少从整体上看在全国范围内并不具备优势。发明专利授权数量较低则意味着企业的核心技术缺乏，这样就很难实现将核心技术转化为最终成果的目标。

第三，产业结构的比较优势明显。辽宁省七大战略性新兴产业之间由于前期的发展基础不同，目前各产业的发展并不是齐头并进，差距是十分明显的。这一点可以通过产业间专利授权数量和主营业务收入这两个指标的数据看出。从专利授权数量来看，尽管辽宁省战略性新兴产业在国内排名并不靠前，但是该指标在各产业的分布情况不一。表 6-4 中列出了 2014 年辽宁战略性新兴产业各产业发明授权统计。从数量上看，辽宁省的节能环保产业和生物产业发明专利授权量较多，分别为 524 件和 451 件；从国内排名上看，高端装备制造产业和新材料产业的发明专利授权量国内排名前十；从国内占比来看，比重超过 3%的是高端装备制造产业、节能环保产业和新材料产业。综合表 6-4 中的数据可以得出，在辽宁战略性新兴产业各产业中，高端装备制造产业、节能环保产业、新能源产业和新材料产业具有较明显的专利优势。

表 6-4　　2014 年辽宁战略性新兴产业各产业发明专利授权情况

产业名称	授权量（件）	国内排名	占国内比重（%）
高端装备制造	161	7	4.29
节能环保	524	11	3.25
新材料	312	9	3.19
新能源	112	12	2.52
生物	451	13	2.05
新能源汽车	10	17	1.36
新一代信息技术	129	15	0.95

数据来源：国家知识产权局《战略性新兴产业发明专利统计分析总报告（2015 年）》。

从主营业务收入来看，表 6-5 中列出了 2013—2014 年辽宁省各产业该指标的统计数据。可以看出，高端装备制造、新材料、新一代信息技术三个产业依靠原有的产业优势，已经形成了一定的产业规模，其产值之和超过全省战略性新兴产业的 80%；生物产业、节能环保产业、新能源产业尽管发展速度较快，但产业整体规模仍较小；新能源汽车产业尚属空白。

表 6-5　　2013—2014 年辽宁省战略性新兴产业主营业务收入　　单位：亿元

产业	2013 年	2014 年
高端装备制造	2 056.7	1 970.6
新材料	898.9	794.6
新一代信息技术	542.0	520.8
生物	336.5	357.9
节能环保	264.9	257.1
新能源	97.6	119.2
合计	4 196.6	4 020.2

数据来源：根据辽宁统计月报整理计算而得。

通过以上比较可以综合得出，辽宁省战略性新兴产业规模相对不大，发展速度趋缓，对辽宁省产业结构调整促进作用有限。各产业之间资源基础、发展速度差异明显，因此，在实际中辽宁省战略性新兴产业发展定位应避免各产业齐头并进的局面，而应侧重选择优势产业重点支持，以强带弱以小带大，这样才能最终实现产业整体的跨越发展。

6.2 辽宁省战略性新兴产业的金融基础分析

6.2.1 金融业对区域经济增长的支撑力不足

从理论上来说，区域经济增长与区域金融发展二者之间有相互推动和制约作用。区域的经济运行状况决定区域金融运行及其效率，而区域金融发展能够客观上推动经济货币化、金融化进程，为金融产业乃至整个社会的技术创新提供更强的资金支持。本节结合辽宁省相关统计数据，对这一结论进行验证。由于我国一直以来间接融资处于主导地位，本节选取人均 GDP 增长率衡量经济增长，用人民币存款余额增长率、人民币贷款余额增长率反映金融发展，样本的时间范围是 1996—2015年，样本数据是根据历年《中国统计年鉴》《辽宁统计年鉴》整理而得，并通过 EViews6.0 软件对这两个指标的相关性和因果性进行统计检验，结果如图 6-4、图 6-5、表 6-6 所示。

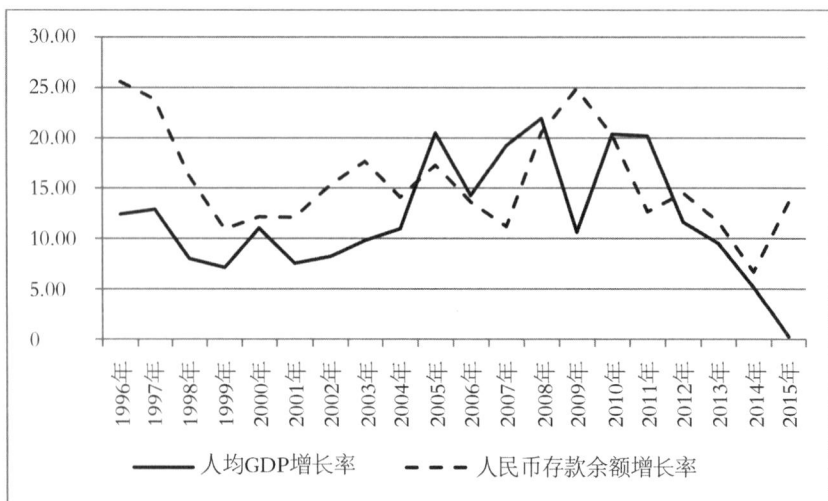

图 6-4　1996—2015 年辽宁省人均 GDP 增长率与人民币存款余额增长率（单位：%）

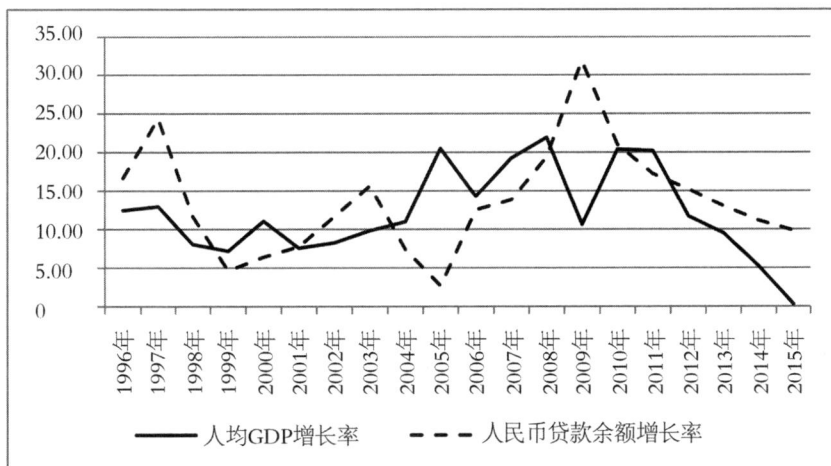

图 6-5　1996—2015 年辽宁省人均 GDP 增长率与人民币贷款余额增长率（单位：%）

表 6-6　　　　　辽宁省经济增长与金融发展的一致性检验结果

相关系数	人民币存款余额增长率	人民币贷款余额增长率
人均 GDP 增长率	0.4243	−0.0822
Granger 因果关系检验		
原假设	F 统计量	P 值
人民币存款余额增长率不是人均 GDP 增长率的 Grange 原因	0.31094	0.75384
人均 GDP 增长率不是人民币存款余额增长率的 Grange 原因	0.06803	0.93563
人民币贷款余额增长率不是人均 GDP 增长率的 Grange 原因	0.73230	0.55082
人均 GDP 增长率不是人民币贷款余额增长率的 Grange 原因	1.66599	0.32612

　　通过以上结果可以综合看出，在辽宁省无论是 GDP 增长率与人民币存款余额增长率、还是 GDP 增长率与人民币贷款余额增长率，长期的相关性均较弱，尤其是后两者的相关性在辽宁省是负数（−0.0822）；在 Grange 因果关系检验中，两组指标均无法拒绝原假设，尤其是 GDP 增长率与人民币存款余额增长率的因果关系不成立可能性超过 70%。可以判断，辽宁省经济增长和金融发展步调是不一致的，金融发展并没有

成为经济增长的影响因素，这也说明经济发展的金融支撑力度明显不足。在现代经济增长中，金融在资源配置、风险管理、信息提供等方面发挥着核心作用，金融发展构成了现代市场经济发展的最主要方面。金融作为经济发展的重要推动力，经济发展的区域性很大程度上要借助于金融的区域化运行得以实现。但是，在以上分析中可以看出，辽宁省金融业并没有充分发挥资源配置功能，成为经济增长的有力推手，其主要是由于辽宁省金融改革滞后引起的。由于辽宁省金融体系仍以国有商业银行为主体，金融业仍处在较封闭的垄断状态，金融开放性和竞争性差，金融创新能力弱，在这样的信贷供给背景下，尽管近年来辽宁省产业结构有所调整，但经济环境没有多大改善，经济与信贷尚未形成良性循环，整体上优质客户难寻。对银行业来说，一方面原有产业结构制约贷款质量，对煤炭、军工、纺织等传统产业的结构性调整，使银行的存量贷款运行艰难；另一方面新兴产业尚未形成稳定的贷款需求。虽然近年来大力扶持与发展新兴行业，如生态农业、新型工业、高新技术产业等，但尚未形成持续、稳定的特色优势群体，贷款风险的不可预见性较大。可想而知，辽宁省战略性新兴产业在这样的金融运行背景下是很难满足自身信贷融资需求的。

6.2.2　间接融资比例过大

战略性新兴产业的高风险、高技术特征决定其融资需求必须通过外部融资渠道得以解决，尤其是直接融资渠道的畅通。而我国金融业畸形发展的一个显著标志是直接融资与间接融资的比例失调，直接融资发展滞后。由于我国直接融资渠道不畅，企业的外部融资渠道长期依赖于银行尤其是国有银行体系，结果导致融资风险过度集中，同时一些新兴的中小企业融资需求无法得到满足。虽然过度依赖银行信贷融资是中国融资结构的一般性问题，但这一问题在辽宁省表现得更为突出。

2010 年 12 月，中央经济工作会议首次提出"社会融资规模"的概念，该指标是指一定时期内（每月、每季或每年）实体经济（即企业和个人）从金融体系获得的资金总额①。因此，社会融资规模的大小反映了金融业支持实体经济发展的程度。2011 年的政府工作报告中指出"提高直接融资比重，发挥好股票、债券、产业基金等融资工具的作用，更好地满足多样化投融资需求"②。这说明，直接融资在我国经济发展中扮演着重要角色，加大直接融资比重是金融业服务于实体经济的发展之路。由此，中国人民银行自 2010 年起公布了社会融资规模增量和存量的统计数据。根据其公布的数据来看，2015 年辽宁省的社会融资规模增量为 6 194 亿元，其中企业债券和非境内企业债券融资两项指标之和为 1 001 亿元。相比之下，全国的社会融资规模增量为 15.41 万亿元，企业债券净融资与非金融企业境内股票融资之和为 3.7 万亿元，可以计算出，辽宁省与全国的直接融资比例分别为 16.16%和 24.01%。

表 6-7 中列出了 2011—2015 年社会融资规模构成中，贷款类融资所占的比重，该结果反映了间接融资的比例。可以看出，辽宁省和全国的间接融资比例很大，5 年平均值超过了 80%，相比之下，辽宁省的该指标高于全国的平均水平，也就是说目前银行贷款仍然是企业融资的主要方式。如果企业融资来源过度集中于商业银行，那么在逆向选择的作用下，一些新兴的中小企业会优先被排除在外，最终结果是这部分企业无资金可贷。总之，这种融资结构不仅不利于辽宁省金融业的稳定和发展，更不利于战略性新兴产业的融资和成长。

表 6-7　2011—2015 年贷款类融资与社会融资规模之比（%）

地区	2011年	2012年	2013年	2014年	2015年
辽宁	82.9	84.4	88.9	82.1	83.9
全国	85.9	84.1	88.2	82.6	76.0

数据来源：中国人民银行网站（www.pbc.gov.cn）。

① 其主要由三个部分构成。一是金融机构通过资金运用对实体经济提供的全部资金支持，主要包括人民币各项贷款、外币各项贷款、信托贷款、委托贷款、金融机构持有的企业债券及非金融企业股票、保险公司的赔偿和投资性房地产等。二是实体经济利用规范的金融工具，在正规金融市场通过金融机构信用或服务所获得的直接融资，主要包括银行承兑汇票、非金融企业境内股票筹资及企业债的净发行等。三是其他融资，主要包括小额贷款公司贷款、贷款公司贷款等。
② 2011 年 3 月 5 日《政府工作报告》。

6.2.3 资本市场发展不协调

（1）股票市场发展缓慢

除了社会融资规模这一指标之外，股票市场的发展情况也可以反映出辽宁省直接融资渠道的不畅。本节通过上市公司数量和筹集资金能力这两个方面折射出辽宁省股票市场发展速度缓慢。在我国股票市场发展初期，受计划经济管理体制的影响，辽宁省有很多企业上市，例如，2002 年年末辽宁省境内上市公司数量仅次于上海和广东省，位列全国第 3 位。但随着规范化和证券市场的建立，辽宁省上市公司增幅缓慢。从表 6-8 中可以看出，2015 年辽宁省境内上市公司共有 76 家，与 2006 年相比仅增加 25 家，10 年间增长率为 49%，相比全国 87% 的增长率差距很大。2006 年以来，全国境内上市公司的平均增长率最低为 -0.2%，其中 2011 年超过了 20%，而 10 年间辽宁省境内上市公司数量增长率，最高的也仅为 10.91%，并且绝大部分年份的境内上市公司数量增长率都低于同期的全国水平。从辽宁省境内上市公司数量在全国所占比例来看，呈现出逐年下降的趋势，占比由 2006 年的 3.58% 下降为 2015 年的 2.76%。由此可以看出，辽宁省境内上市公司的数量增加缓慢，发展动力不足。

表 6-8　　2006—2015 年辽宁省境内上市公司数量及全国占比

年份	辽宁		全国		辽宁省占全国比例（%）
	数量	增长率（%）	数量	增长率（%）	
2006	51	—	1 397	—	3.58
2007	52	2.00	1 434	2.65	3.56
2008	55	1.96	1 463	2.02	3.55
2009	55	5.77	1 625	11.07	3.38
2010	61	0.00	1 718	5.72	3.20
2011	65	10.91	2 063	20.08	2.96
2012	70	6.56	2 342	13.52	2.78
2013	68	7.69	2 494	6.49	2.81
2014	72	-2.86	2 489	-0.20	2.73
2015	76	5.88	2 613	4.98	2.76

数据来源：根据历年《中国金融年鉴》整理。

辽宁省股票市场发展缓慢的另一个表现就是上市公司筹集资金的能力较低。从股票市价总值来看，如表 6-9 所示，截至 2015 年年末辽宁省境内上市公司股票总市值为 9 015.23 亿元，相比 2006 年年末的 2 156.67 亿元，增加了约 3.2 倍；从全国来看，2015 年年末比 2006 年年末境内上市公司总市值增加了约 3.8 倍。在 2006—2015 年期间，辽宁省境内上市公司股票市价总值平均来看在全国所占的比例为 2% 左右，在 2006—2012 年期间所占比例逐年下降，说明其增长水平落后于全国的平均值。尽管在 2013 年以后，无论是增长率指标，还是占比指标，辽宁省均有所提升，但增幅并不明显。

表 6-9 2006—2015 年辽宁省境内上市公司股票总市值及全国占比

年份	辽宁		全国		辽宁省占全国比例（%）
	金额（亿元）	增长率（%）	金额（亿元）	增长率（%）	
2006	2 156.67	—	89 441.35	—	2.41
2007	6 430.12	198.15	327 291.31	265.93	1.96
2008	2 178	−66.13	121 541.05	−62.86	1.79
2009	4 595.6	111.00	244 103.91	100.84	1.88
2010	4 501.9	−2.04	265 422.59	8.73	1.70
2011	3 300	−26.70	214 758.09	−19.09	1.54
2012	3 174	−3.82	230 357.62	7.26	1.38
2013	3 391.6	6.86	239 077.19	3.79	1.42
2014	5 812.53	71.38	372 546.96	55.83	1.56
2015	9 015.23	55.10	417 926.57	12.18	2.16

数据来源：根据历年《中国金融年鉴》整理。

从表 6-10 中的筹资能力上看，2015 年全国境内，包括首发上市、再融资和发行优先股在内，A 股市场共实现融资额 1.05 万亿元。辽宁省筹资总额 244 亿元，在全国所占比例为 2.32%。2006—2015 年期间，辽宁省上市公司 A 股筹资总额占全国的比例逐年下降，到 2011 年明显回升后又缓慢下降。从以上分析可以看出，辽宁省上市公司筹集资金的能力较弱，从而限制了上市企业的发展速度。

表 6-10   2006—2015 年辽宁省境内上市公司筹资金额及全国占比

年份	辽宁		全国		辽宁省占全国比例 (%)
	金额 (亿元)	增长率 (%)	金额 (亿元)	增长率 (%)	
2006	232.5	—	2 374.5	—	9.79
2007	307	32.04	7 814.74	229.11	3.93
2008	68.84	−77.58	3 312.39	−57.61	2.08
2009	30.2	−56.13	4 834.34	45.95	0.62
2010	272.57	802.55	9 799.8	102.71	2.78
2011	440.5	61.61	7 154.43	−26.99	6.16
2012	148.4	−66.31	4 542.4	−36.51	3.27
2013	67	−54.85	4 283.69	−5.70	1.56
2014	97	44.78	7 468.45	74.35	1.30
2015	244	151.55	10 510.25	40.73	2.32

数据来源：根据历年《中国金融年鉴》整理。

总体来看，辽宁省境内上市公司相比全国呈现出数量相对偏少、融资金额不高、再融资能力较差的特点。这也说明，辽宁省企业利用股票市场融资的能力明显不足。

（2）债券市场扩容明显

对于企业来说，除了通过银行贷款、发行股票进行融资之外，还有一个重要获得资金支持的途径，那就是发行债券，因此企业债券市场也是金融市场的重要成员，其市场成熟度对一个地区的经济发展有着重要影响。辽宁省相关部门出台了一系列政策，鼓励一些经营业绩好的大型企业通过发行企业债券的方式进行融资。例如，辽宁省政府于 2011 年下发文件，允许辽宁企业债券融资享受全省已经设立的各类贷款专项支持，从而鼓励和支持辽宁企业通过发行企业债券进行融资。从2006—2015 年这 10 年的数据来看，相比股票融资的发展缓慢，辽宁省企业债券规模逐年递增。从表 6-11 中的数据可以看出，2006 年辽宁省企业债券发行规模只有 53 亿元，相比同期全国的 3 938.3 亿元，占比只有 1.35%；2015 年辽宁省企业债券发行规模达到了 1 763 亿元，相比2006 年发行规模扩大到 33 倍，在全国的占比也上升到了 2.54%。可想而知，企业债券市场的发展为进一步改善辽宁省的融资结构做出了贡献。通过企业债券的融资解决了一批得不到银行贷款企业的流动资金困难问题和重点项目的投资急需，有力地加快了辽宁省产业结构升级、技术改造的步伐。

表6-11　　2006—2015年辽宁省企业债券发行量及全国占比

年份	辽宁		全国		辽宁省占全国比例（%）
	金额（亿元）	增长率（%）	金额（亿元）	增长率（%）	
2006	53	——	3 938.3	——	1.35
2007	65	22.64	5 465.78	38.79	1.19
2008	184.92	184.49	9 433.45	72.59	1.96
2009	409.83	121.63	16 675.91	76.77	2.46
2010	499.45	21.87	16 811.75	0.81	2.97
2011	571.80	14.49	23 577.41	40.24	2.43
2012	1 097.50	91.94	37 338.28	58.36	2.94
2013	1 053	−4.05	36 720.91	−1.65	2.87
2014	1 691	60.59	51 172.91	39.36	3.30
2015	1 763	4.26	69 492.81	35.80	2.54

数据来源：根据历年《中国金融年鉴》整理。

（3）资本市场风险事件频现

尽管辽宁企业通过股票市场和债券市场融资的步伐并不一致，但是其共同之处就是资本市场风险不断显现：从上市公司伪造财务数据到发债企业乱集资。这也体现了辽宁省金融市场不够完善，缺乏规范性、市场化管理的特点。从股票市场来看，标志性事件之一就是创业板上市公司辽宁丹东欣泰电气股份有限公司（以下简称欣泰电气）被证监会强制退市。2016年7月8日，证监会对辽宁省环保产业上市公司欣泰电气的欺诈发行正式做出处罚，启动强制退市程序，欣泰电气也成为我国因欺诈发行退市的第一家上市公司。该公司从2011年到2014年，持续4年，6期财务报告，每期虚构收回应收账款从7 000多万元到近2亿元不等。尽管手法隐蔽、造假成系统且不惜成本，创业板上市公司欣泰电气最终还是付出了沉重代价。从债券市场来看，2016年3月辽宁省国有企业东北特殊钢集团有限责任公司（以下简称东北特钢）债券兑付违约事件备受关注。东北特钢是中国最大的高档工模具钢生产基地，国内市场占有率50%以上，产品多用于铁路、航空航天、国防军工等领域，是辽宁省重要的高端装备制造企业之一。自2016年3月"15东特钢SCP001"发生违约，此后多只债券连环违约，总计规模约50亿元，牵涉国家开发银行、渤海银行等多家承销商。经分析原因是由于东北特钢前期项目投资规模过大背上沉重债务包袱，加之行业景气度下行，外部融资环境收紧，其面临较大资金周转压力。这些事件不仅反映出辽宁省大多数发债企业类型以产能过剩和周期性行业（如钢铁、煤炭、有色金属等）为主，在全省产业结构调整的大背景下，由于经营状况不好，债务负担沉重，亏损严重，偿债能力不断恶化的趋势，同时也体现出辽宁省金融机构风险防控意识薄弱，有效防范和规避风险的手段匮乏等问题。另外，这些风险事件必然会给辽宁省资本市场带来负面影响。辽宁省战略性新兴企业在这样的融资环境下直接融资渠道会更加不畅，投资人在避险的情绪下，会对一些新兴的、高风险项目避而远之或持观望态度，战略性新兴企业的短期融资需求会无法通过资本市场得到满足。

6.2.4 创业投资支持乏力

战略性新兴企业多为初创型企业，相比传统的银行信贷、股票融资和债券融资，更容易受到创业风险投资的青睐。对于辽宁省战略性新兴产业领域的初创型企业而言，融资困难虽然来自方方面面，但其中一个突出问题就是作为科技企业催化剂的各类创业投资资金从未将辽宁省视为重点关注区域。表6-12中列出了2015年国内天使投资、VC投资和PE投资的相关统计数据。可以看出，2015年全国天使投资数量共2 075起，其中辽宁省仅有3起；从平均融资规模来看，辽宁省的天使投资平均每起金额为0.01亿元，低于全国的平均水平（0.05亿元）。从VC投资数量来看，2015年全国有3 443起，其中辽宁省19起，占比为0.56%，尽管辽宁省VC投资的平均融资规模高于全国的平均水平，但是从融资总金额的占比来看，仅为全国的0.09%。从PE投资来看，2015年辽宁省共有39起，融资总额为44.45亿元，但是平均融资金额为 1.14 亿元，仍低于全国的平均水平（1.36 亿元）。分析原因，很多创业投资的供给者认为，相比其他区域，辽宁省 GDP 的增速减慢说明经济活力在降低，值得投资的创新创业资源相对要少。

表 6-12　　2015 年辽宁省创业投资数量、金额及占比统计

类别	天使投资		VC 投资		PE 投资	
地区	辽宁	全国	辽宁	全国	辽宁	全国
数量及占比（起，%）	3（0.14）	2 075	19（0.56）	3 443	39（1.37）	2 845
金额及占比（亿元，%）	0.02（0.02）	101.88	11.54（0.09）	1 293.33	44.45（1.15）	3 860.43
平均融资金额（亿元）	0.01	0.05	0.61	0.38	1.14	1.36

数据来源：私募通统计数据库。

近年来，针对战略性新兴产业的政府引导基金迅速发展，并对国内很多创新创业项目提供了大力支持。由此辽宁省各级政府也尝试出资设立政府产业投资引导基金，期望通过财政出资谋求经济效益最大化，以基金来撬动民营资本，扩大财政资金的杠杆效应，为辽宁省经济稳增长保驾护航。但是私募通统计数据库发布的《2015 年政府引导基金专题研究报告》显示，在国内成立的政府引导基金地域分布统计中，辽宁省政府引导基金的数量为 18 支，披露的基金总规模仅有 116.5 亿元（如表 6-13 所示）。无论从基金数量还是规模占比而言，均处于末端。如果按单支基金平均规模来计算的话，辽宁省为 6.47 亿元，仅为全国政府引导基金平均规模的 25%（25.46 亿元）。政府引导基金的来源保障是财政收入，而在辽宁经济下行压力渐增的情况下，政府财政收入在下滑，使得能够投入到政府引导产业基金的金额有限。辽宁省财政收入大幅缩水是不争的事实，2015 年辽宁省发布的国民经济与社会发展统计公布显示，辽宁省全年公共财政预算收入 2 125.6 亿元，同比 2014 年下降 33.4%。因此，即使针对创新创业者的帮扶政策不断出台，例如通过创业贷款扶持、创业园区软硬件保障、税收优惠等一系列细化措施激发大众创业、万众创新的活力，但对于创业者而言，这些优惠政策却往往

让他们觉得有心无力。

表 6-13　2015 年辽宁省政府引导基金数量、金额及占比统计

地区	辽宁	全国
数量及占比（支，%）	18（2.31）	779
金额及占比（亿元，%）	116.5（0.59）	19 834.48
平均融资金额（亿元）	6.47	25.46

数据来源：私募通统计数据库。

综合以上分析可得，战略性新兴产业的发展需要大量的资金投入，而目前辽宁省的投融资基础很难满足战略性新兴产业的发展需求，由此以中小企业为主体的战略性新兴产业普遍存在融资难、融资贵的问题。根据辽宁省统计月报数据显示，2015 年 1—12 月，辽宁省战略性新兴产业自筹资金共 689.16 亿元，占全部投资来源的 94.2%，国内贷款为 69.49 亿元，占全部融资来源的 8.27%，利用外资 3.18 亿元，占全部投资来源的 0.6%。然而这对辽宁新兴产业投资整体来说是杯水车薪，这体现出中央政府及地方政府对新兴产业发展的支持严重不足。目前，辽宁省投融资机制的不健全已成为制约战略性新兴产业发展的关键瓶颈。

6.3　辽宁省战略性新兴产业融资效率的实证分析

6.3.1　样本的选取与指标说明

为了进一步比较辽宁省战略性新兴产业与其他产业的融资效率，本节以辽宁省上市公司为研究对象，对辽宁省战略性新兴产业上市公司的融资效率进行考察。截至 2015 年年末，辽宁省共有上市公司 68 家，其中战略性新兴产业上市公司 28 家（不包括 ST 上市类公司），其产业分布和板块分布数量及占比如图 6-6、图 6-7 所示。本节以此 28 家上市公司作为辽宁省战略性新兴企业的代表来研究融资相关问题，相关指标数据是由 28 家上市公司的 2011—2015 年年报整理并计算而得，原始数据全部来自于国泰安 CSMAR 系列研究数据库。

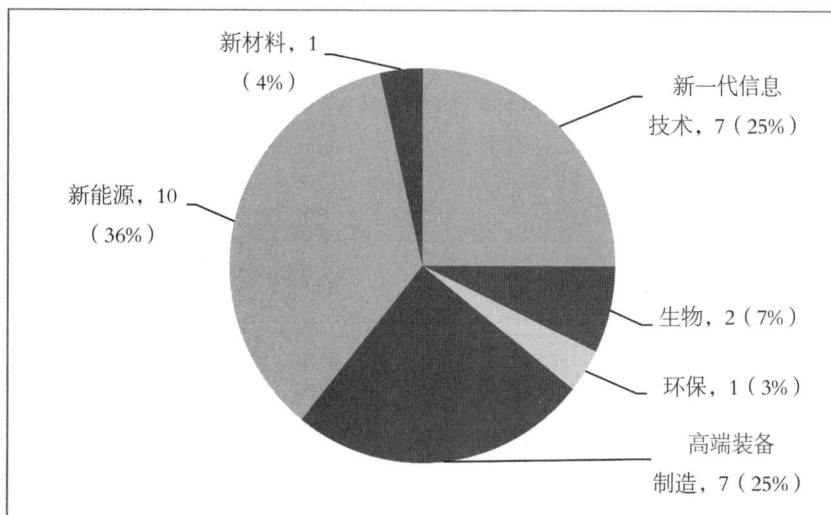

图 6-6　2015 年年末辽宁省战略性新兴产业上市公司产业分布数量及占比统计

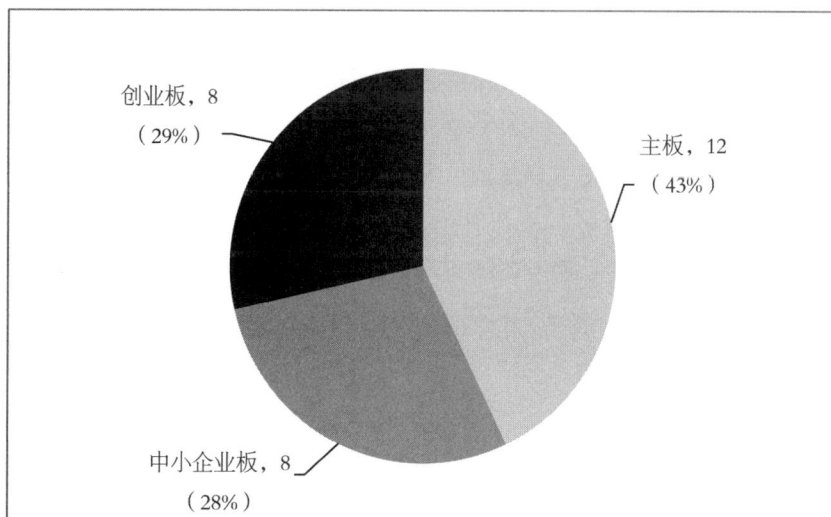

图 6-7　2015 年年末辽宁省战略性新兴产业上市公司板块分布数量及占比统计

6.3.2　辽宁省战略性新兴上市公司融资效率评价

（1）投入、产出指标相关性分析

根据本书第 4 章对战略性新兴产业融资效率的影响因素的选择，仍选择投入要素为营业成本、外源融资和内源融资三个指标，产出要素为营业收入和无形资产两个指标。通过 EViews6.0 软件对样本上市企业的投入、产出指标进行相关分析，结果如表 6-14 所示。可以看出，投入要素与产出要素的正相关性较强，可以利用 DEA 分析进行效率评价。

表 6-14 　　　　　　　**投入与产出指标的相关性分析**

	营业成本	外源融资	内源融资
营业收入	0.997113	0.775675	0.653966
无形资产	0.656186	0.633312	0.415934

（2）融资效率总体评价

作为东北老工业基地之一的辽宁省，重工业在全国的经济发展中占据着非常重要的地位，随着资源的日益短缺，供需矛盾日益突出。从产业结构的密集形态来看，辽宁省以资本密集型产业为主，知识密集型产业严重不足。因此如何加快对非战略性新兴产业改造提升，大力发展战略性新兴产业和现代服务业是经济复苏的关键。从融资效率来看，辽宁战略性新兴产业的发展并不尽如人意。图 6-8 比较了辽宁省上市公司中战略性新兴产业与非战略性新兴产业的融资效率均值，可以看出 2014 年之前二者的融资效率基本一致，维持在 0.6~0.8 区间内，而 2015 年非战略性新兴产业融资效率均值达到了 0.9 以上，接近相对有效的临界值。相比之下，战略性新兴产业的融资效率值下跌至 0.6 以下。从图 6-9 的融资效率变异系数比较来看，辽宁省上市公司的融资效率稳定性较高，但是这一结论的前提是近年来融资效率均在较低水平上维持，并没有多大改观。

从表 6-15、表 6-16 的统计数据来看，在辽宁省的上市公司中，非战略性新兴产业的融资效率要好于战略性新兴产业。从均值来看，2014 年以前的融资效率基本一致，但 2015 年二者的发展态势出现明显分歧。从最大、最小值的比较来看，2014 年以前战略性新兴产业的融资效率要相对好，其最大值均高于非战略性新兴产业，但是 2015 年二

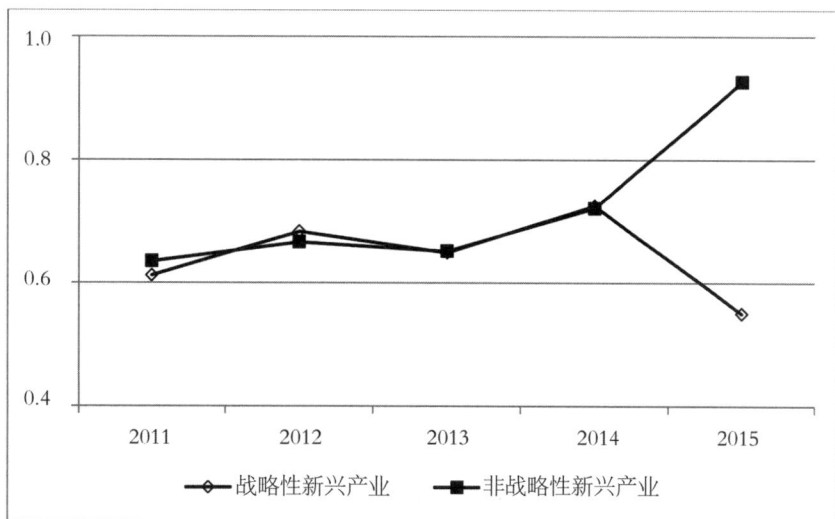

图 6-8　2011—2015 年辽宁省战略性新兴产业与非战略性新兴产业

融资效率均值的比较

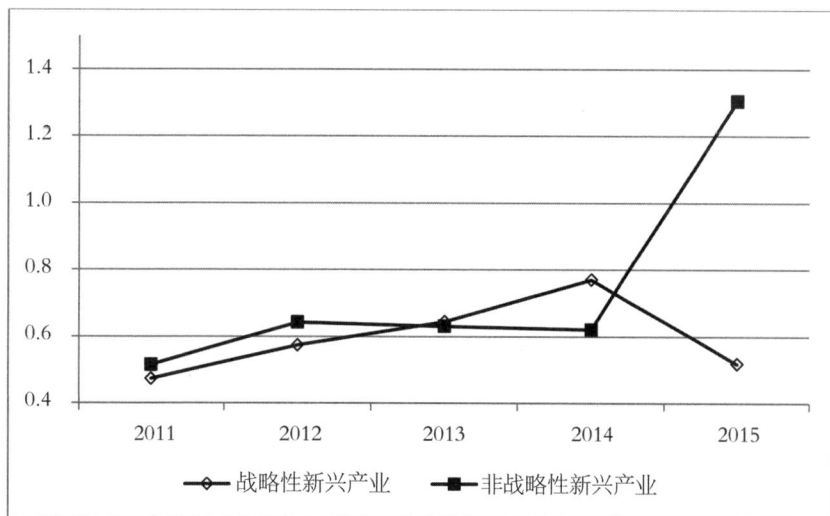

图 6-9　2011—2015 年辽宁省战略性新兴产业与非战略性新兴产业

融资效率变异系数的比较

者的优势位置发生变化①。从相对有效的企业数量来看，2015 年战略性

---

① 在非战略性新兴产业上市公司中，2015 年融资效率最大值为 7.8075，对应的上市公司为广汇汽车，其原因是其 2015 年通过向特定对象非公开发行新股净募集资金 58.9 亿元。但是结合其之前的融资效率值来看，融资能力和资金运用能力处于低位水平。

新兴产业上市公司有 2 家，相比之前年份呈下降趋势，从比例上看，占比为 7.14%，这一比例在非战略性新兴产业中为 25%。可以看出，在辽宁省战略性新兴产业的融资效率要低于其他产业。

表 6-15　　　　辽宁省战略性新兴产业融资效率值统计分析

年份	均值	最大值	最小值	效率值分区间统计			
				0.5 以下	0.5~0.9	0.9~1	1 以上
2011	0.6122	1.0000	0.1013	9	8	2	5
2012	0.6833	2.0803	0.1973	9	12	3	2
2013	0.6489	2.2472	0.0000	11	11	2	2
2014	0.7245	3.1639	0.1846	10	11	3	3
2015	0.5665	1.1823	0.1511	13	10	3	2

表 6-16　　　　辽宁省非战略性新兴产业融资效率值统计分析

年份	均值	最大值	最小值	效率值分区间统计			
				0.5 以下	0.5~0.9	0.9~1	1 以上
2011	0.6352	1.0000	0.0022	13	9	1	10
2012	0.6662	1.7088	0.0000	16	8	2	9
2013	0.6513	1.5811	0.0005	17	8	2	8
2014	0.7209	1.9569	0.1146	16	9	3	9
2015	0.9259	7.8075	0.0791	13	16	1	10

　　总体来看，辽宁省战略性新兴产业上市公司的整体融资效率并不高，并且低于辽宁省非战略性新兴产业上市公司，这意味着如果这些企业能够得到更多的资金投入，并将这些资金与科技创新有效结合，那么可能会带来更大比例的产出，从而提高企业的经营业绩。融资瓶颈一直制约着国内战略性新兴产业的发展，而这一问题在辽宁省尤为突出。融资效率有待优化，尤其是资金对科技创新的支持力度要进一步提高，这些问题已经成为辽宁省战略性新兴产业发展的制约因素。

　　（3）融资效率影响因素的 Tobit 回归分析

　　本节对辽宁省战略性新兴产业上市公司融资效率影响因素的研究仍与第 4 章的相关指标一致，即资产负债率（DAR）、产权比率（PR）、总资产周转率（TRTA）、无形资产利润率（PMIA）和筹资活动现金流出量（COFA）五个指标，其基本描述性统计结果如表 6-17 至表 6-21

所示。

资产负债率是评价上市公司负债水平的重要指标，一般认为其合理范围在 0.4~0.6 之间，通常与高技术有关、经营风险较高的产业资产负债率会相对较低一些。从表 6-17 中的数据比较来看，三个样本的资产负债率均值都在合理区间内，其中辽宁省战略性新兴产业上市公司的资产负债率均值为 0.4484，高于深证新兴产业上市公司，低于辽宁省非战略性新兴产业上市公司；从标准差指标来看，辽宁省战略性新兴产业上市公司之间的资产负债率差异最大；结合实际数据来看，资产负债率超过 0.6 的上市公司占比在三个板块分别为 28.6%，32.5% 和 15.1%。综合来看，辽宁省战略性新兴产业上市公司的资产负债率平均处于安全水平，但比较而言要高于深证新兴产业的上市公司，仍有一部分上市公司财务压力较大，需要进一步寻求更多的资金支持以降低融资风险。

表 6-17　　　　**资产负债率（DAR）的基本描述性统计**

产业分类	均值	最大值	最小值	标准差	JB统计量
辽宁省战略性新兴产业上市公司	0.4484	0.8986	0.0235	0.2224	0.8752
辽宁省非战略性新兴产业上市公司	0.4967	0.9299	0.1061	0.2149	1.0346
深证新兴产业上市公司	0.3884	0.8986	0.0340	0.1880	7.1917**

注：***表示统计结果在 1% 的置信水平下显著，**表示统计结果在 5% 的置信水平下显著，*表示统计结果在 10% 的置信水平下显著。

产权比率是反映上市公司全部自有资金偿还债务的能力、衡量负债经营安全性的重要指标。这一指标越低，说明上市公司的长期偿债能力越强，其经验值是 1.2 以下。从表 6-18 中的数据可以看出，辽宁省战略性新兴产业上市公司的产权比率平均值为 1.4262，不仅高于深证新兴产业上市公司，同时也超过了 1.2。从实际样本数据来看，产权比率超过 1.2 的上市公司，在三个样本中所占比例分别为 32.1%、40% 和 22.1%。整体而言，辽宁省上市公司的产权比率偏高，其中战略性新兴产业上市公司要比其他上市公司好一些，但长期偿债能力偏弱，需要更多的资金支持产业发展，以提高偿债能力。

表 6-18   **产权比率（PR）的基本描述性统计**

产业分类	均值	最大值	最小值	标准差	JB 统计量
辽宁省战略性新兴产业上市公司	1.4262	8.8658	0.0240	1.9185	86.2486***
辽宁省非战略性新兴产业上市公司	1.6868	13.2606	0.1186	2.3093	437.6729***
深证新兴产业上市公司	0.8967	8.8657	0.0352	1.0459	4337.686***

注：***表示统计结果在 1%的置信水平下显著，**表示统计结果在 5%的置信水平下显著，*表示统计结果在 10%的置信水平下显著。

总资产周转率是衡量上市公司对全部资产使用效率的指标，该指标越高，说明资金的周转天数越短，使用效率越高。战略性新兴产业的建设周期要长于一般企业，因此总资产周转率要相对较低，表 6-19 中的数据也符合这一推断。可以看出，辽宁省战略性新兴产业上市公司和深证新兴产业上市公司的总资产周转率均值都低于辽宁省非战略性新兴产业上市公司，前两者比较来看，辽宁省战略性新兴产业上市公司的总资产周转率均值更低一些，并且样本中最大值也仅为 1.0331。一方面是由于辽宁省战略性新兴产业上市公司样本中高端装备制造业的企业较多；另一方面也说明其对资金的运营能力要弱一些，并且在融资能力方面也有待提高。

表 6-19   **总资产周转率（TRTA）的基本描述性统计**

产业分类	均值	最大值	最小值	标准差	JB 统计量
辽宁省战略性新兴产业上市公司	0.3854	1.0331	0.1173	0.2036	8.6411**
辽宁省非战略性新兴产业上市公司	0.6177	2.3578	0.0055	0.4959	27.7568***
深证新兴产业上市公司	0.5397	11.415	0.0895	0.8379	172469.7***

注：***表示统计结果在 1%的置信水平下显著，**表示统计结果在 5%的置信水平下显著，*表示统计结果在 10%的置信水平下显著。

战略性新兴产业上市公司无形资产多为知识产权、专利等,无形资产利润率体现了上市公司无形资产的获利能力。从表 6-20 中的数据可以看出,战略性新兴产业上市公司的平均无形资产利润率要高于非战略性新兴产业上市公司,但辽宁省战略性新兴产业上市公司的该指标均值为 1.8579,低于深证新兴产业上市公司的该指标均值。从差异性比较来看,深证新兴产业上市公司的无形资产利润率无论是最大最小值之差,还是标准差,都要高于辽宁省战略性新兴产业上市公司的相应指标数据。综合来看,辽宁省战略性新兴产业上市公司的无形资产获利优势并没有比辽宁省其他上市公司明显,而且与深证新兴产业上市公司的平均水平有一定差距。

表 6-20   无形资产利润率（PMIA）的基本描述性统计

产业分类	均值	最大值	最小值	标准差	JB 统计量
辽宁省战略性新兴产业上市公司	1.8579	23.4067	−0.8056	4.6371	337.2478***
辽宁省非战略性新兴产业上市公司	1.4402	33.2377	−12.2059	6.2731	462.6583***
深证新兴产业上市公司	4.8300	379.7751	−18.4680	27.4855	257164.0***

注:***表示统计结果在 1%的置信水平下显著,**表示统计结果在 5%的置信水平下显著,*表示统计结果在 10%的置信水平下显著。

筹资活动现金流出量是上市公司在一定期间内偿还到期债务和支付股利所发生的现金支出。规模越大代表公司余下债务或股权的风险越小,但太大的现金流出可能预示着公司的经营规模在萎缩,当然要结合总负债规模来共同分析。表 6-21 中列出了三个样本在 2015 年的筹资活动现金流出量的统计结果,从均值指标来看,辽宁省战略性新兴产业上市公司的筹资活动现金流出量为 651 074.92 万元,大于辽宁省非战略性新兴产业上市公司的 309 937.82 万元和深证新兴产业上市公司的 239 130.29 万元。从表 6-22 中的筹资现金流出量与总负债之比的结果来看,辽宁省战略性新兴产业上市公司与深证新兴产业上市公司的均值分别为 0.4900 和 0.4950,差距并不大,这说明前者的总负债规模也相对较高。

表 6-21　筹资活动现金流出量（COFA）的基本描述性统计　　　单位：万元

产业分类	均值	最大值	最小值	标准差	JB统计量
辽宁省战略性新兴产业上市公司	651 074.92	12 446 756.95	400.77	2 356 668.45	624.3973***
辽宁省非战略性新兴产业上市公司	309 937.82	3 028 400	490.1635	634 158.34	260.9071***
深证新兴产业上市公司	239 130.29	4 843 853.60	0.00	595 167.36	9817.380***

注：***表示统计结果在 1%的置信水平下显著，**表示统计结果在 5%的置信水平下显著，*表示统计结果在 10%的置信水平下显著。

表 6-22　　　　　　　筹资活动现金流出量与总负债之比

产业分类	辽宁省战略性新兴产业上市公司	辽宁省非战略性新兴产业上市公司	深证新兴产业上市公司
均值	0.4900	0.5167	0.4950

表 6-23 中列出了战略性新兴产业融资效率影响因素 Tobit 回归分析的结果。从回归系数的大小来看，降低资产负债率、产权比率，提高总资产周转率、无形资产利润率和筹资活动现金流出量都有益于辽宁省战略性新兴产业上市公司的融资效率优化。从统计的显著性来看，只有筹资活动现金流出量这一变量能够通过显著性水平为 0.05 的检验，尽管该指标数值不大，但说明提高筹资活动现金流出数量，会提高债权人或股权人的投资心理预期，从而增加产业的再融资可能性，其变量显著也代表这是眼下辽宁省战略性新兴产业融资方面应首要解决的一个问题。无形资产利润率这一变量在后两个样本中的显著性检验均被在 0.01 的显著性水平下所接受，而在辽宁省战略性新兴产业样本中，该变量的显著性被拒绝，这说明创新性、高技术性特征并没有在辽宁省战略性新兴产业发展中被充分挖掘出来，科技成果转化率有待提高。

表 6-23　　战略性新兴产业融资效率影响因素的 Tobit 回归结果

类别	DAR	PR	TRTA	PMIA	COFA
辽宁省战略性新兴产业上市公司	−0.099246	−0.012094	0.160546	0.00444	0.00000011**
辽宁省非战略性新兴产业上市公司	−0.242676	−0.006293	0.149362***	−0.000653	0.00000001***
深证新兴产业上市公司	−0.034630	−0.023147	0.218187***	0.000162	0.00000017***

注：***表示统计结果在 1%的置信水平下显著，**表示统计结果在 5%的置信水平下显著，*表示统计结果在 10%的置信水平下显著。

综合本节实证分析相关结论可以看出，融资瓶颈一直制约着国内战略性新兴产业的发展，而这一问题在辽宁省尤为突出。债务压力较大、资金运用率较低、融资结构有待调整、融资效率有待优化，尤其是资金对科技创新的支持力度要进一步提高，这些问题已经成为辽宁省战略性新兴产业发展的制约因素、亟待解决。

6.4　辽宁省战略性新兴产业融资效率的提升策略

6.4.1　通过政府引导加大对产业的资金支持力度

在辽宁省战略性新兴产业发展过程中，首要解决的问题之一就是要加大产业的资金支持力度，以缓解其债务压力。其基本原则是以财政资金为基础，以市场化运作为机制，以金融机构为核心，积极引导更多的社会资金流入产业中。例如，通过政府来搭建平台，在积极运用国家层面的各类科技型中小企业发展基金的基础上，组建地方新兴产业创业投资引导基金、战略性新兴产业发展专项资金和产业投资基金等，通过财政资金来增加社会资本的凝集力，来支持战略性新兴产业加快发展。在资金投向上，应依托辽宁省原有的资源基础，优先进入对经济发展具有重大意义的战略性新兴产业领域，并对该领域在辽宁省注册的创业期中小企业进行投资；同时，也可以对成功介入企业的风险投资给予一定奖励和支持。另外，在增加对战略性新兴产业资金供给的过程中，政府所起到的作用是协调引导，因此对于辽宁省来说，政府的简政放权必须加快步伐，处理好政府、企业、市场、社会之间的关系，及时改变原有下放经济指标和任务等不符合市场经济规律的模式。例如，通过对支持战略性新兴产业的金融机构适当实行税收优惠、加大对风险投资机构给予税收补贴等方式，充分放大政府财政资金和行政管理的杠杆效应。总之，解决战略性新兴产业融资瓶颈，绝不是政府的独角戏，而应充分吸引社会资本充实到辽宁省战略性新兴产业的融资储备中，通过合理的整合和配置用于辽宁省辖区内拥有自主知识产权的初创期、成长期科技企业和战略性新兴企业、重点产业转型升级和创业创新项目，助推产业发展。

6.4.2 发挥间接融资的能效作用，创新金融产品和服务

在辽宁省的融资结构中，间接融资的主导地位不会在短期内有所改变，因此，应充分围绕现有金融资源，引导银行业金融机构紧密结合战略性新兴产业科技创新的特点，加快发展支持战略性新兴产业领域的金融产品和服务。目前，商业银行信贷产品种类、期限同质化问题严重，尤其是对于战略性新兴产业而言，传统的抵质押信贷模式制约了产业的融资效率。因此，辽宁省银行业金融机构应不断创新金融产品和服务，以优化业务流程、创新信贷品种、探索知识产权等多种形式的抵押品融资方式，加大对战略性新兴产业的支持力度。从实际来看，一些辽宁省内金融机构已经在科技金融服务方面做出了有益尝试。例如，2014年，锦州银行依托特有的"三小信贷服务"体系，建立绿色通道，提高对科技型小微企业信贷审批效率；中国民生银行推出了"投联贷""撮合投""场外交易市场"三种中小企业金融产品，为已经或拟在新三板和场外交易市场挂牌的企业提供授信业务；多家机构在科技产业园区成立科技专营机构，其中大连银行成为大连市"中小企业创业贷款风险补偿合作银行"，为科技创新企业融资开辟新的途径。但是综合来看，专门针对战略性新兴产业、尤其是辽宁省优势新兴产业的融资产品和服务

还非常匮乏，银行业金融机构对此方面的进一步扶持还有待强化。

6.4.3 充分参与资本市场，拓宽产业直接融资渠道

资本市场是辽宁经济振兴的助推器，是辽宁战略性新兴产业未来实现快速发展的一个必然选择。目前辽宁区域资本市场的发展还存在很多问题，战略性新兴企业对资本市场的参与度仍不够充分，不断拓宽融资渠道，通过直接融资解决需求，才是未来长久之计。在实际中，要不断增强辽宁省战略性新兴企业对多层次资本市场的认识，鼓励省内企业通过多层次、多渠道、多产品的选择方式进行融资，扩大直接融资规模。把握我国资本市场发展的政策机遇，鼓励未上市企业通过创业板、新三板、区域股权交易中心等多渠道实现企业的股权上市融资。上市融资的最大好处是不仅能固定企业的融资渠道、得到更多的融资机会、获得创业资本或持续发展资本、募集资金以解决发展资金短缺等问题，同时还可以降低债务比例、优化财务结构并在行业内扩展或跨行业发展，提升知名度和品牌形象。当然，要鼓励券商、律师事务所、会计师事务所等资本市场相关机构与有上市意向的战略性新兴企业进行对接。对于已经上市的企业来说，相关部门要做好对上市公司再融资的培训和引导，通过增发、可转债、公司债、短期融资券和中期票据等股权、债权融资工具扩大直接融资规模。同时推进重点领域上市公司并购重组工作，支持上市公司通过并购、资产置换、整体上市等方式加大资产重组力度，实现做优做强，充分发挥上市企业在产业发展中的带头引领作用。

6.4.4 完善风险分散与补偿机制，分散产业融资风险

战略性新兴产业的融资风险是长期并客观存在的，而其融资需求又很急迫，因此，金融机构需要做的，并不是对其避而远之，而应加强信贷风险管理，建立以市场化价值评估为基础，以专业第三方信用评估和担保体系为前提的风险防范体系及分散机制。首先，对于商业银行来说，应加强贷后管理，建立被投企业持续跟踪机制，防止信贷资金被挪用，密切关注借款企业的生产状况、财务状况和市场营销状况，确保信贷资金安全。同时要加强结合战略性新兴企业运营规律，建立科技金融

风险监测框架，密切关注和监测潜在行业风险，合理配置科技企业信贷规模比重。在担保体系建设方面，应逐步建立以政府出资为主的融资担保机构，引导民营融资担保机构规范发展，培育一批有较强实力和影响力的融资担保机构，基本形成数量适中、结构合理、竞争有序、稳健运行的机构体系。战略性新兴企业的发明专利、商标权、版权等无形资产是战略性新兴产业企业的重要财富。针对战略性新兴产业的特点，加强无形资产担保和评估体系建设，统一质押登记制度，建立面向中小科技企业，涵盖创投机构、金融机构、科技担保机构的投融资担保服务平台。探索多种担保方式，加强与专业担保机构合作，建立担保机构评级制度，制定规范、严格的担保机构评级系统。在风险补偿方面，要充分发挥保险公司的作用。鼓励保险公司积极开发信贷类损失保险产品，不断提高工业保险服务水平，降低银行对战略性新兴产业信贷的损失风险。例如，尝试将某些重大技术装备、新材料、关键零部件等纳入保险保费补偿机制中，结合新能源汽车风险特征设计专属的保险产品。

6.5 本章小结

发展和培育战略性新兴产业能够为辽宁省带来新的经济增长点、助推产业结构的转型和升级、保护资源和环境。目前，辽宁省战略性新兴产业呈现出整体发展速度趋缓、各产业发展不均衡、创新能力不足的现象，其中高端装备制造、节能环保和新材料产业具有相对的比较优势。从战略性新兴产业的金融基础来看，辽宁省金融业对区域经济增长的支撑力不足，在金融市场体系上呈现出间接融资比例过大、股票市场发展缓慢、企业债券市场扩容明显但风险上升的特性，同时创业投资对创新企业的支持也明显乏力。在对辽宁省 28 家战略性新兴产业上市公司融资效率的实证分析中可以看出，战略性新兴产业融资瓶颈在辽宁省尤为突出，债务压力大、资金运用效率低、融资结构有待调整等问题已经成为制约辽宁省战略性新兴产业发展的因素。因此，应通过政府引导更多的资金流入到产业内部、不断创新金融产品和服务发挥间接融资的能效作用、拓宽产业直接融资渠道并鼓励企业积极参与、完善风险分散和补偿机制这些方面来不断优化辽宁省战略性新兴产业的融资环境，提升产业融资效率。

7 战略性新兴产业的融资风险分析

7.1 融资风险的内涵

任何企业的发展都离不开资金支持，如果融资活动开展得当，可以为企业的发展添加动力，相反，不当的融资行为则会影响到企业的信誉和稳健经营。在市场经济条件下，多样化的融资工具、融资渠道使企业融资的影响因素也很多，这些因素就可能会给企业的融资带来风险。在金融活动中，风险既是不确定的，也是客观存在的。金融资源在推动经济发展的同时，伴随着不确定的风险因素。经典的金融不稳定性理论源于美国经济学家海曼·明斯基，他通过研究不确定性、风险及金融市场如何影响经济，开创了金融脆弱性理论的先河①。在他看来，尽管金融机构（如商业银行）的存在能够降低借贷双方的信息不对称，但是实施效果却受到两个条件限制：一是所有存款人对金融机构充满信心，至少

---

① 海曼·明斯基的"金融不稳定假说"（Financial Instability Hypothesis）的形成始于 1963 年明斯基在任布朗大学经济学教授时发表的一篇著名论文《"它"会再次发生吗?》（MINSKY P. "Can "It" Happen Again?"〔J〕.Banking and Monetary Studies，1963.）

不会发生挤兑。二是金融机构在筛选和监督借款人的行为上是高效率、低成本且获利的。然而，从现实来看，这两个条件是很难同时成立的，由此金融脆弱性就产生了。这种脆弱性在经济周期、内在偶然等因素的影响下，极易激发金融危机。总之，融资风险是资金运营过程中客观存在的风险，融资风险的可控性是融资决策执行的前提。

融资风险是企业在筹集资金的过程中，由于不利因素的影响而增加的企业融资的不确定性。企业融资的主要方式包括债权融资和股权融资，融资风险最直接的表现是企业丧失了偿债能力，或者在举债过程中使股东的利益遭受损失。企业融资的风险程度受到负债方式、期限和资金规模等因素的影响。首先，企业的融资规模需要在客观上确定一个合理的数量，这取决于企业的业务规模。如果融资规模过量，就会加大企业的财务成本。如果融资规模不足，又会影响企业的正常经营。由此，公司的融资规模是一个债务融资成本或债务发行限制的非单调函数（Shibata 和 Nishihara，2015）。在实际中，适量融资是任何企业都想做到的，但是由于影响因素复杂，结果往往会与"适量"目标相偏差。例如一个难解决的问题就是股东和债权人利益冲突（Sundaresan、Wang和Yang，2015）。其次，融资时机的选择体现了资金的时间价值。无论资金到位过早还是过晚，都会给企业的财务成本或者资金运作带来影响。有研究指出，投资时机选择会影响融资限制，如果预期未来资金短缺则等待的价值就会被降低，因此融资约束会增加现阶段的投资规模（Boyle 和 Guthrie，2003）。但是由于融资时机又受到融资渠道、融资方式等条件的限制，总会有一部分企业难以使所需资金在最佳时机到位。最后，融资结构不合理也会给企业带来融资风险。融资结构既包括负债和所有者权益的各自比重，又包括了长短期负债的相对比重。最佳的融资结构应表现出综合资金成本最低、弹性最大、资金的获益与风险均衡等特点。例如，债务融资成本会影响企业的税收盾，从而使企业决策者推迟投资行为（Belhaj 和 Djembissi，2009）。无论是哪种结构不合理，都会带来融资风险，但是，最优融资结构的形成不仅受到企业内部决策的影响，还受到市场利率、企业投资利润率等因素的影响。例如，当债务资金利率低于企业投资利润率时，增加债券融资的比重是有利的，但是超过一定的界限的话，债务资金的成本会提高，可能会使企业的融资结构由良性转变为恶性。在市场经济条件下，这些因素并不是企业能够决定的，因此在管理由于融资结构恶化而带来的风险时，难度就会加大。

7.2 战略性新兴产业融资风险的影响因素

随着国内外经济、金融形势日益复杂，战略性新兴产业投融资规模和范围的不断扩大，融资风险有不断增加的趋势。战略性新兴产业的融资风险可以理解为战略性新兴企业在筹集资金及资金运用过程中由于不确定因素而降低融资或再融资的可能性，其既具备一般企业融资风险的特征，又存在特殊性。一方面，战略性新兴产业投资周期长、市场不确定性大，资金的投入存在收益风险；另一方面，大多数战略性新兴企业处于成长初期，现代公司治理结构体系尚未形成，风险管理意识不够，容易忽视融资风险。此外，完成融资后，如何提高自身在产品、服务、管理、市场运作等方面的竞争力成为战略性新兴企业面临的重要问题。

7.2.1 产业政策与经营环境

生产经营的不稳定性是处于成长初期的战略性新兴企业的最大特点，这种不稳定性极易受到外部政策的影响，尤其是产业政策的变化会影响到战略性新兴产业的融资行为。如果战略性新兴产业能够对这些经济政策的变化做出敏感的应对，那么影响会相对小一些；但是由产业特点决定的其往往很难及时地调整，因此对于大部分战略性新兴产业来说，这种政策变化的影响是有效力的。如果融资过程不畅，那么企业未来的发展也会受到影响。如果产业政策对产业发展进行限制，那么产业的融资——无论是直接融资还是间接融资都会受到影响，融资的不畅就会导致企业的经营难以为继。例如，在光伏产业产能过剩的形势下，国家会提出相关政策限制产能过剩的新能源产业的发展，由此金融机构会降低对该产业的信贷投放量，而这种决策往往是针对整个产业而普遍存在，那么在新能源产业中，即使存在有潜力的企业，其融资风险也会增大。又如，在经济衰退时期，货币供给紧缩，市场的供应资金就会不足，而这有限的资金在避险的心理下会减少流入到战略性新兴产业，在这一政策背景下，战略性新兴产业如果想融入资金，那么其融资成本必然提高。

政府干预性强是战略性新兴产业的发展特色之一，因此相对于其他产业来说，战略性新兴产业的融资更易受到政策的影响。如果政府对所培育的战略性新兴产业目标明确、稳定程度较高，那么相应的融资风险就会较小。但是这样的发展特性也有不足之处，由于政府的政策干预性较强，战略性新兴产业在形成与发展的过程中没有经历自然市场的严酷竞争，因而产业素质与市场自发方式相比可能会比较低。与此同时，政策的干预也会带来不利之处，如部分政策存在盲目性，不考虑战略性新兴产业的生命周期和特征，形成中央和地方重复建设，不仅浪费资源，也容易造成过度竞争。无论是过度干预的政策，还是不稳定的政策，都会给战略性新兴产业带来长期性的融资风险。

目前，我国政府已经对战略性新兴产业制定了国家层面的系统性扶持政策体系，包括从技术开发到产品创新再到市场开拓等各个方面。同时，各级地方政府也相继出台了战略性新兴产业的扶持政策，与产业发展相关的项目建设已经在全国范围内铺开。但是，政策的有效性仍值得关注，一些制约因素有待解决。例如，产业发展呈现出东部地区某些产业的集聚程度高于中西部地区，并且东北省份内多个地级城市出现产业同构的现象。各政策部门间缺乏有效沟通协同机制。战略性新兴产业涉及多个管理部门，且各地纷纷制定出台促进产业发展的相关政策，在一定程度上为产业发展提供了一个更加完善的政策环境，但国家及地方各政策部门条块分割，缺乏系统的宏观布局和有效的协调、决策机制，造成政策分散、调整迟缓等局面，部分行业重复建设、产能过剩问题接连出现，投资浪费现象极为严重。另外，各产业政策间的衔接性也有待提高。现有产业政策在很大程度上存在政策间未能很好衔接的问题，从而导致政策效益未能得到充分发挥。如为促进新能源汽车产业发展，北京、上海、广东、江苏等13个省（市）从产业规划、税收减免、资金补贴、推广应用等角度制定出台了一系列政策，但由于政策间缺乏有效衔接，充电桩建设滞后成为新能源汽车普及应用的重要瓶颈。总之，无论是区域空间上、产业种类上的过度集中，还是缺乏协调的政策体系，都会加速战略性新兴产业融资风险的累积。

处于成长初期的战略性新兴企业对外界经济环境的依存性较大，因而其除了对国家产业政策和金融政策有着较强的敏感性外，国家经济制度的安排、宏微观经济环境的变化、行业竞争态势的加剧，也将增加企业的经营风险，最终影响战略性新兴企业的经营和发展。那些经营不佳、销售渠道不畅、竞争实力不够或难以实行多元化经营来分散风险的战略性新兴企业往往首先受到市场的冲击。而经营风险的增大又使这些企业的经营稳定性遭到破坏，进而更难满足市场融资的条件，融资更加困难。

目前无论是从国际宏观经济环境还是贸易政策环境来看，我国战略性新兴产业都面临着诸多困难及不确定性的风险因素。从国际宏观经济环境看，发达经济体的低速增长已经成为新常态。在此背景下，发达经济体的市场有效需求不足，会使我国战略性新兴产业相关产品的出口市场受到影响，特别是通信设备、计算机及其他电子设备制造业等出口依存度较高领域受到负面影响会加大。从国际贸易政策环境看，一些国家更乐于施行以邻为壑的贸易政策，开放的贸易体系正趋向割裂，由此而产生的关税上调、出口限制及不公正的监管调整等在内的保护主义措施大幅增多。在此背景下，我国战略性新兴产业相关产品的出口还将继续面对愈发激烈的贸易争端，并不可避免地受到一定程度的冲击，由此而带来的融资风险也会不断加大。

7.2.2 内部管理

大部分战略性新兴企业是处于成长初期的新兴企业，在实际中往往注重的是专利发明、技术上的创新，这也是它们所擅长的部分。但是，任何一家企业如果想发展壮大，无论身处何种行业，都必须遵照现代企业的管理制度。如果存在重技术、轻管理的想法，那么这样的企业只会昙花一现。现代企业管理制度包括先进的管理理念、有效的绩效考评机制、前瞻性的市场拓展能力和高效的内控机制，这些都是任何一家战略性新兴企业所必须注重的。如果企业的管理存在缺陷，就会使企业的发展后劲严重不足，其最直接的后果就是被激烈的竞争所淘汰。商业性金融机构对战略性新兴企业融资谨慎的原因之一是其高淘汰率。以互联网企业为例，据摩根士丹利 2012 年发布的估算数据来看，激烈的竞争使中国互联网企业每年死亡率达 20% ~ 30%，企业平均寿命为 3 ~ 5 年，平均每年自然死亡率有 20% ~ 30%。因此，战略性新兴企业由于其管理水平不足而导致无论是进行直接融资，还是间接融资，都会面临诸多融资障碍，融资风险往往很大。

7.2.3 信用水平

信用不足是新兴企业的普遍特征，即便是战略性新兴产业也是如此。有些企业会计信息不真实、财务舞弊、资本空壳、核算混乱，有些企业抽逃资金、拖欠账款、恶意偷税，这在一定程度上都影响了战略性新兴企业的形象。成熟的大型企业信息披露程度较高，即使不是上市公司，外部投资者也可能通过较低的成本获得企业信息。而战略性新兴企业的信息基本上是内部化的、不透明的，金融机构和其他投资者很难通过一般渠道获得，因此，它们就需要付出更多的人力、物力成本来收集信息并加以分析，对战略性新兴企业来说就会增加融资困难。由于有效抵押物不足，金融机构会降低对战略性新兴企业的放贷意愿，即贷款通常都会采用"实贷实还"的模式，即借贷企业贷款到期后必须先归还银行贷款本息，然后才能向银行申请新贷，这也加重了企业的财务负担。LED、光伏、海工装备等部分战略性新兴产业又普遍存在着生产企业、供货商、客户三者之间的"连环债"问题，一旦出现销售市场不稳定、利润空间下降、产品质量有瑕疵等情形，资金链就易断裂并易引致行业上下游企业陷入更大困境。这种不稳定的信用状态必定会增加战略性新兴企业融资的不确定性。

7.2.4 主导技术与市场需求

尽管名称上是战略性新兴产业，但是从我国实际来看，很多归属战略性新兴产业的企业并未掌握所在行业的前沿技术，企业生产充其量也只能称作加工转销售的过程。即使一部分企业创新动力较足，但只是处于技术路线的摸索阶段，并没有成熟的主导技术。因此，未来能否占据关键技术的制高点仍是不确定的。研发投入后，技术的成功与否以及技术是否完善都是不确定的，进而影响到后续产品的开发、销售和利润。如果主导技术开发不顺利，那么前期投入的回报将会受到影响，在技术研发过程中的巨大投入也会加大财务风险，从而使企业的融资行为无法顺利履约。

创新性是战略性新兴产业的主要特性之一。由于战略性新兴产业中的产品在不断推陈出新，变化频率较高，而新产品是否能够被市场顺利接受是不确定的，所以即使新产品有广泛的市场需求，产品被接受的时间仍可能存在滞后性。产品的最终成功是被用户所接受，而接受是需要一段时间的体验和消化的，这其中包括接受成本、习惯改变、价格优势等等。总之，新产品的市场需求范围、时间和扩散速度都存在着不确定性，这些不确定因素会影响企业融资后的收益，如果它们趋向于不利，则会给企业带来融资风险。

7.3　基于 VaR 和 GARCH 模型的战略性新兴产业融资风险的度量

战略性新兴产业的融资风险，可以看作在产业领域内部所有企业融资风险的综合。对于单个企业而言，融资风险被理解为融资过程中由于某些因素而引起的到期不能偿债或者资不抵债的可能性。这种可能性越大，则企业的融资风险越大。如果把所有战略性新兴产业看作一个整体，那么，战略性新兴产业的整体融资风险就是所有战略性新兴企业组合的融资风险。在一定时期内，战略性新兴产业资产组合最大损失VaR 越大，就说明产业整体的融资风险越大。根据这一思路，可以通过 VaR 的基本原理来计算出战略性新兴产业资产组合在一定时间内、给定概率水平下的最大损失，以此来判断融资风险的大小。

VaR 方法是度量金融风险的主流方法之一，J.P.Morgan 公司于1994 年提出风险价值（Value at Risk）的风险度量模型，开创了现代风险度量管理的新时代。传统的风险度量方法多集中于单一风险因素的考察，而实际中任何一个风险案例都是错综复杂的综合体，这就增加了风险管理者在众多风险指标中识别有效风险度量的难度。风险价值 VaR 的含义是在正常的市场条件和给定的置信水平下，任何一种金融资产或资产组合在既定时期内的最大可能损失，即：

$$Prob\{\Delta P > VaR\} = 1 - \alpha \tag{7-1}$$

式（7-1）中，ΔP 为证券组合在持有期 Δt 内的损失；VaR 为置信水平 α 下处于风险中的价值。这种计算方法的最大优势在于可以衡量被观察对象的整体金融风险，大大地简化了风险因子的计算量，目前已被各大金融机构所广泛应用。本书将其推广应用于度量战略性新兴产业融资风险。

假设初始期企业资产组合的市场价值是 P_0，在指定观察期 T 内，市场价值的波动序列为 P_t，其中 $t = 1, 2, 3, \cdots, n$，由此可以计算出每一个 t 期间内的企业市场价值回报率为 R_t，及 R_t 的均值 μ，标准差 σ，且假设服从正态分布，即 $R_t \sim N(\mu, \sigma^2)$，则在下一个观察期 T 内，企业资产组合的初始市场价值为 P_0'，则 $P_0' = P_0(1 + R_t)$，均值为 $P_0(1 + \mu)$，标准差为 $P_0\sigma$。在给定显著性水平 α 下，资产组合价值在 $1 - \alpha$ 的概率水平下最低值为 $P_m' = P_0(1 + R_m)$，则企业资产组合市场价值的最大损失为：

$$VaR = E(P_0') - P_m' = P_0(1 + \mu) - P_0(1 + R_m) = P_0(\mu - R_m) \tag{7-2}$$

在同等条件下，利用企业资产组合市场价值所计算出的 VaR 越大，说明违约的可能性越高，融资风险也越大。对于整个战略性新兴产业来说，可以看作多个战略性新兴企业的组合，因此根据整个产业的资产价值变化序列，就可以按照式（7-2）计算出给定时期内产业资产市场价值的 VaR，以此来衡量融资风险的大小。

在得到战略性新兴产业市场价值 VaR 的基础上，通过对一定期间内的价值回报序列 R_t 波动性的考察，可以很好地捕捉融资风险的变化规律。大量的实证研究表明，金融时间序列往往具有条件异方差性、波动聚类性和概率分布的尖峰厚尾性，而 GARCH 类模型可以很好地捕捉这些特征。早在 20 世纪 60 年代，Mandlebrot（1963）第一个发现了金融数据波动具有聚集性的特征，所谓的聚集性就是幅度较大的波动会跟随较大的波动。随后 Engle（1982）最早提出 ARCH 模型，由于 ARCH 模型在捕捉金融时间序列上存在特别的优势，因此被各个金融市场广泛采用。Bollweslev（1986）在 Engle 的基础上，将影响条件方差的因素扩展出条件方差前期值和均方误差两个方面，也就是 GARCH 模型。在 GARCH 模型中，要考虑两个不同的设定：一个是条件均值，另一个是条件方差。以标准的 GARCH（1，1）模型为例，其模型形式为[①]：

$$Y_t = X_t^{'} \gamma + u_t \qquad\qquad t = 1, 2, \cdots, T \qquad\qquad (7-3)$$

$$\sigma_t^2 = \omega + \alpha u_{t-1}^2 + \beta \sigma_{t-1}^2 \qquad\qquad (7-4)$$

式（7-3）中，$X_t = (x_{1t}, x_{2t}, \cdots, x_{kt})^{'}$ 是解释变量向量，$\gamma_t = (\gamma_{1t}, \gamma_{2t}, \cdots, \gamma_{kt})^{'}$ 是系数向量。式（7-3）给出的均值方程是一个带有扰动项的外生变量函数。由于 σ_t^2 是以前面信息为基础的一期向前预测方差，所以被称为条件方差。式（7-4）是条件方差方程，包括常数项 ω，ARCH 项 u_{t-1}^2，以及 GARCH 项 σ_{t-1}^2。其中 ARCH 项是均值方程（7-3）的残差平方的滞后项，用来度量前期得到的波动性信息，GARCH 项是前一期的预测方差，μ 为 ARCH 项的阶数，β 为 GARCH 项的阶数。

本书采用 GARCH 模型来度量融资风险，通过对价值回报序列 R_t 的波动特征的分析将融资风险量化，以此捕捉我国战略性新兴产业融资风险的变化规律。

7.4 战略性新兴产业融资风险的实证分析

7.4.1 样本选取与数据处理

本书对融资风险的考察立足于战略性新兴产业整体的测度。考虑到数据的可获得性，首选研究对象为上市公司，而能够反映不同类别上市公司整体情况的可选指标之一就是股票指数。2012 年初，深证证券交

---

① 高铁梅.计量经济分析方法与建模——EViews 应用及实例［M］.北京：清华大学出版社，2009.

易所推出了以战略性新兴产业上市公司为样本的深证新兴产业
（399641）、中小新兴产业（399642）和创业新兴产业（399643）这三个
指数，样本涵盖了深证主板、中小企业板和创业板中代表性强的 200
家战略性新兴产业上市公司，因此，本书将对这三个指数的相关指标
进行研究，以此作为融资风险测度的基础。为了使所选样本的融资风
险具有可比性，本书选择深证成指（399002）、中小板指（399005）和
创业板指（399006）来与战略性新兴产业这三个指数分别进行对比。
本书样本数据时间范围是 2012 年 2 月至 2015 年 12 月的日交易数据，
数据来源于国泰安 CSMAR 系列研究数据库，实证检验结果来自于
EViews6.0。

在市场价值度量指标的选择上，国泰安 CSMAR 系列研究数据库
公布了不同指数在相应时间点的总市值，由于本书研究的六个指数市值
基数不同，为了增加可比性，因此采用对数收益率的计算方法来求出不
同指数在样本期内的每日总市值回报率 R_t，并以该指标为基础，进行
后续融资风险的度量和分析。

7.4.2 基于 VaR 方法的战略性新兴产业融资风险的度量

在进行 VaR 求解之前，需要预先判断所研究序列的统计特征，从
而选择适当的求解方法。表 7-1 中列出了六个指数市场总市值回报率
的基本描述性统计结果。通过表中数据可以得出如下结论：

首先，与战略性新兴产业有关的三个指数市场总市值回报率均值分
别为 0.000937（深证新兴）、0.000987（中小新兴）和 0.001623（创业
新兴），依次均大于与之对比的其他三个指数 0.000403（深证成指）、
0.000732（中小板指）和 0.001497（创业板指），这表明近年来战略性
新兴产业上市公司的总市值增长率高于其所在板块其他上市公司，体现
出较高的成长性。

其次，从表 7-1 中的最大、最小值对比来看，绝对值较大者说明
同一板块内的上市公司总市值回报率差异较大。从结果来看，深证新兴
板块内上市公司的该指标差异要大于深证成指，即前者的最大值（最小

值）大于（小于）后者。如果再结合标准差来看的话，战略性新兴产业相关的三个指数所对应的市场总市值回报率标准差均大于相应的深证成指、中小板指和创业板。综上可初步判断，战略性新兴产业总市值回报率的差异性、波动性越大，说明融资风险越大。

最后，通过表中偏度、峰度和 J-B 统计检验的结果可以看出，六个指数市场总市值回报率序列均不服从正态分布，具有非正态性和厚尾现象。因此，在后续的 VaR 方法求解时，不可使用方差-协方差方法，本书选择不受数据分布限制的历史模拟法来进行求解。

表 7-1 　　　　　　**市场总市值回报率的基本描述性统计**

	深证成指	深证新兴	中小板指	中小新兴	创业板指	创业新兴
均值	0.000403	0.000937	0.000732	0.000987	0.001497	0.001623
最大值	0.062542	0.070961	0.066078	0.072001	0.069145	0.068789
最小值	−0.085867	−0.090507	−0.087856	−0.087773	−0.093319	−0.090122
标准差	0.017934	0.019049	0.018327	0.019750	0.022065	0.022310
偏度	−0.653844	−0.701204	−0.702856	−0.675325	−0.528933	−0.510796
峰度	6.235741	5.983384	5.916518	5.353528	4.619796	4.361499
J-B 统计量	484.1577***	431.9763***	416.6636***	292.6931***	148.7770***	115.1689***
样本容量	954	954	954	954	954	954

注：***表示统计结果在 1%的置信水平下显著，**表示统计结果在 5%的置信水平下显著，*表示统计结果在 10%的置信水平下显著。

在计算 VaR 的方法中，历史模拟法是一种简单的基于经验分布的方法。以历史资料可以不偏地反映未来为前提假设，核心在于根据市场因子的历史样本变化模拟资产组合的未来损益分布，并用分位数给出一定置信区间下的 VaR 估计。其计算过程为计算后的历史收益率序列数据从低到高水平依次排列，位于 $(1-\alpha)\cdot N$ 处的临界收益值 R^* 就是 VaR 的估计值，其中 N 是样本容量，α 是给定的显著性水平。

表 7-2 中列出了历史模拟法计算总市值回报率的 VaR 值。可以看出，2012—2015 年期间战略性新兴产业三个指数总市值回报率的最大

损失明显大于与其相比较的其他三个指数。从深证新兴与深证成指的比较来看，除了 2013 年 1%显著性水平下的 VaR 值之外，其余年份各组数据对比的结果均是深证新兴的最大损失要大一些，相差最大的年份为 2012 年，其结果为深证新兴与深证成指的总市值回报率最大日损失在 99%的概率水平下分别不超过−4.28%和−3.20%，二者相差 1.08%；从中小新兴和中小板指的对比结果来看，所有比对结果均是中小新兴的总市值回报率最大日损失要偏大一些，其中也是在 2012 年二者之差达到最大，具体为中小新兴与中小板指的总市值回报率最大日损失在 99%的概率水平下分别不超过−4.64%和−3.87%，差幅为 0.77%；从创业新兴和创业板指的比较来看，二者在各年份、不同显著性水平下的 VaR 值差异并不明显，但它们的 VaR 值却明显高于其他各指数所对应的 VaR 值。

表 7-2　　　　　　　　　　总市值回报率的 VaR 值

年份	风险价值	深证成指	深证新兴	中小板指	中小新兴	创业板指	创业新兴
2012—2015	VaR（95%）	−2.76%	−2.96%	−2.74%	−3.18%	−3.73%	−3.88%
	VaR（99%）	−6.43%	−6.50%	−6.57%	−6.58%	−6.85%	−6.66%
2012	VaR（95%）	−2.18%	−2.49%	−2.27%	−2.52%	−2.57%	−2.95%
	VaR（99%）	−3.20%	−4.28%	−3.87%	−4.64%	−5.23%	−5.33%
2013	VaR（95%）	−2.38%	−2.51%	−2.56%	−2.77%	−3.38%	−3.42%
	VaR（99%）	−5.39%	−5.14%	−5.02%	−5.57%	−5.66%	−5.53%
2014	VaR（95%）	−1.91%	−2.44%	−2.25%	−2.41%	−2.83%	−2.97%
	VaR（99%）	−3.34%	−3.96%	−4.06%	−4.46%	−4.52%	−4.82%
2015	VaR（95%）	−6.03%	−6.23%	−6.08%	−6.21%	−6.12%	−6.23%
	VaR（99%）	−8.21%	−8.68%	−8.26%	−8.49%	−8.68%	−8.45%

通过以上比较可以看出，无论从战略性新兴产业上市公司还是从上市公司整体来看，创业板市场总市值回报率的 VaR 值要普遍大于中小

企业板和主板，这说明在相同的市场环境下，创业板的极端风险损失量是最大的。从不同年份来看，战略性新兴产业的总市值回报率的 VaR 值随着我国经济、金融环境的变化而变化，经济环境趋好则 VaR 值变小，反之则变大。在同一年份中，战略性新兴产业上市公司总市值回报率的 VaR 值要更大一些，这可以理解为在相同的宏观经济环境下，战略性新兴产业上市公司更容易受环境影响，尤其是在经济条件不利的情况下（如 2012 年），与其他板块的 VaR 值差距会明显变大，这也印证了战略性新兴产业的融资行为极易受到外部环境的影响。总之，VaR 值越大，代表产业在正常条件下的最坏损失越大，这也说明相应的融资风险越大。比较来看，战略性新兴产业的融资风险要大于传统产业。

7.4.3 基于 GARCH 模型的战略性新兴产业融资风险的度量

通常情况下，在对研究对象进行 GARCH 建模分析之前，需要对被分析序列的平稳性进行检验，只有满足序列平稳的数据才能够进一步进行自回归分析。平稳性最常用的检验方法是用于单位根检验的 ADF（augmented dickey-fuller）方法。本书通过 ADF 方法将研究对象的总市值回报率序列进行平稳性检验，结果如表 7-3 所示。从 ADF 检验结果来看，六个观测序列均是平稳的，不存在单位根。

表 7-3 总市值回报率序列的平稳性检验

	ADF统计量	1%临界值	5%临界值	10%临界值	结　论
深证成指	-27.7430^{***}	-3.4369	-2.8643	-2.5683	序列平稳
深证新兴	-22.4350^{***}	-3.4369	-2.8643	-2.5683	序列平稳
中小板指	-22.6137^{***}	-3.4369	-2.8643	-2.5683	序列平稳
中小新兴	-27.3114^{***}	-3.4369	-2.8643	-2.5683	序列平稳
创业板指	-22.5625^{***}	-3.4369	-2.8643	-2.5683	序列平稳
创业新兴	-22.5880^{***}	-3.4369	-2.8643	-2.5683	序列平稳

注：***表示统计结果在1%的置信水平下显著，**表示统计结果在5%的置信水平下显著，*表示统计结果在10%的置信水平下显著。

对六个观测对象总市值回报率序列进行拟合之前，需要选择构建

ARMA-GARCH 模型的适当阶数，本书的选择依据是在"捕捉"自相关性的基础上，选取对数似然尽可能大而 AIC 尽可能小的滞后阶数。经验证，本书的研究样本不存在 MA 过程，只存在不同滞后阶数的 AR 过程，模型的估计与检验结果如表 7-4 所示。

表 7-4 　　　　　　　　　　**研究样本的 GARCH 拟合结果**

	深证成指	深证新兴	中小板指	中小新兴	创业板指	创业新兴
滞后阶数	AR（2）GARCH（1, 0）	AR（2）GARCH（1, 1）	AR（2）GARCH（1, 1）	AR（2）GARCH（1, 1）	AR（2）GARCH（1, 1）	AR（2）GARCH（1, 2）
均值方程	γ 值					
	0.0862*** −0.0841***	0.0549* −0.0813**	0.0675* −0.0802**	0.0744** −0.0772**	0.0900*** −0.0902***	0.0915*** −0.0936***
方差方程	α 值					
	0.2623***	0.0570***	0.0511***	0.0504***	0.0452***	0.0056***
	β 值					
	—	0.9297***	0.9372***	0.9385***	0.9460***	1.9138*** −0.9204***
AIC 值	−5.3061	−5.3757	−5.4085	−5.2616	−5.0011	−4.9550
对数似然值	2529.723	2563.877	2579.493	2509.537	2386.564	2365.597
滞后1阶 ARCH检验	AR 统计量及 P 值					
	0.8288 (0.3626)	0.0783 (0.7794)	8.39E−05 (0.9926)	0.0017 (0.9668)	0.1661 (0.6835)	0.3598 (0.5486)

注：***表示统计结果在 1%的置信水平下显著，**表示统计结果在 5%的置信水平下显著，*表示统计结果在 10%的置信水平下显著。

从表 7-4 中可以看出，在六个指数的方差方程中，ARCH 项和 GARCH 项的系数都是统计显著的。从拟合后的 ARCH 检验来看，总市值回报率序列在通过 GARCH 模型拟合后，残差序列不再具有自相关性和异方差性。以深证新兴为例，该指数的总市值回报率自相关滞后阶数为 AR（2），异方差滞后阶数为 GARCH（1, 1）。从均值方程和方差方程来看，各统计量均通过了一定显著性水平的检验。对模型进行条件异方差的 ARCH-LM 检验，P 值为 0.7794 说明残差序列不存在 ARCH 效应。另外，在各指数所对应的方差方程中，ARCH 项和

GARCH 项的系数之和（即 $\alpha+\beta$）满足 GARCH 模型的参数小于 1 的约束条件。但系数之和也非常接近于 1，表明方差方程所受到的冲击是持久的，即在不确定因素的干扰下，方差方程所得结论在未来的预测中起到了非常重要的作用。

根据以上的 GARCH 模型参数估计过程，可以得到总市值回报率的方差序列。图 7-1 至图 7-6 分别刻画了由 σ_t 序列表示的六个指数所对应的总市值回报率风险值，其中 σ_t 序列的绝对值和差异性越大，代表波动性越大，相应的风险也越大。从中可以看出，总市值回报率风险值波动的稳定性较差且风险特征明显，其中以创业板和创业新兴的波动差异性最大。为了能更加明显地比较战略性新兴产业三个指数与对应的其他三个指数风险值的大小，本书将六个指数所对应的 σ_t 序列在取绝对值之后两两相减，即表 7-5 中深证新兴比较代表深证新兴减去深证成指、中小新兴比较代表中小新兴减去中小板指、创业新兴比较代表创业新兴减去创业板指，最后再将所求的三个序列进行描述性统计分析。

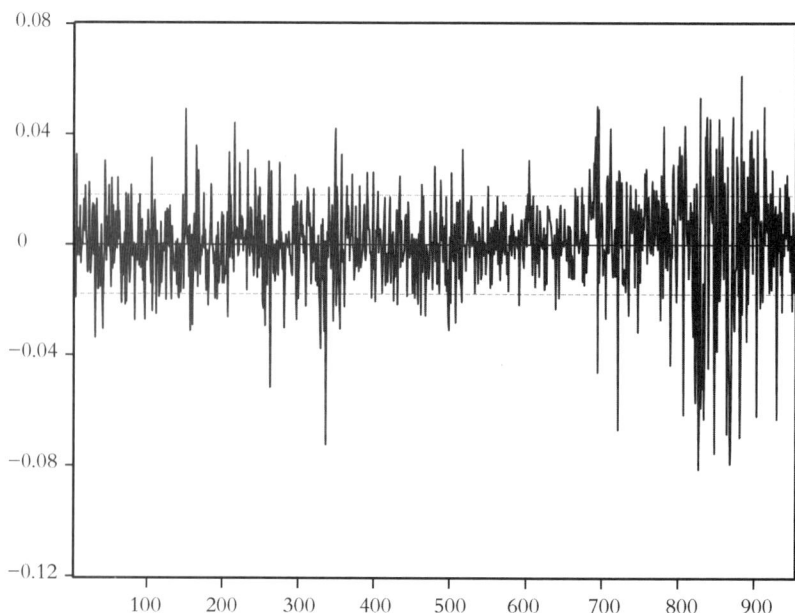

图 7-1 深证成指（399002）总市值回报率的风险值

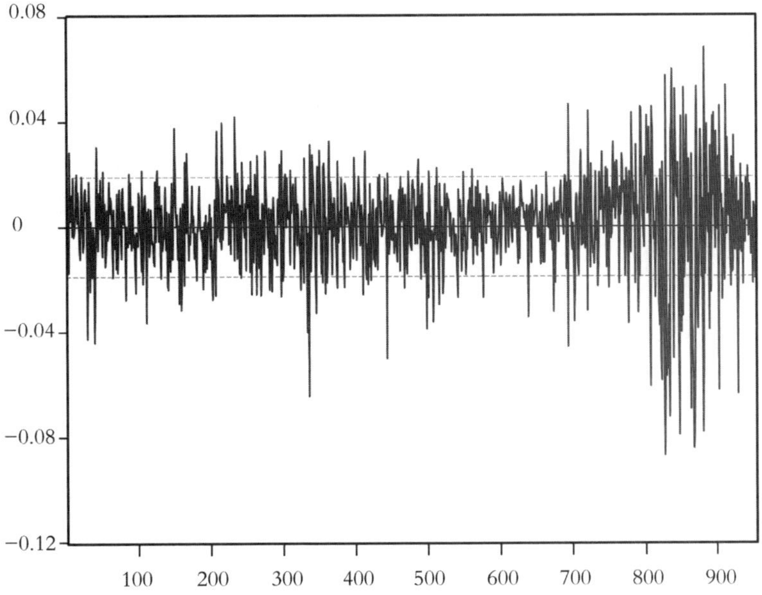

图 7-2　深证新兴（399641）总市值回报率的风险值

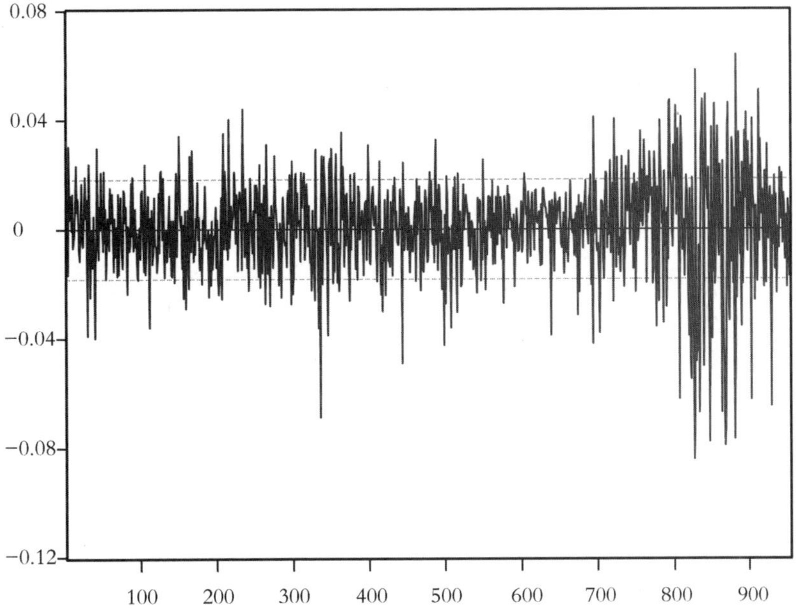

图 7-3　中小板指（399005）总市值回报率的风险值

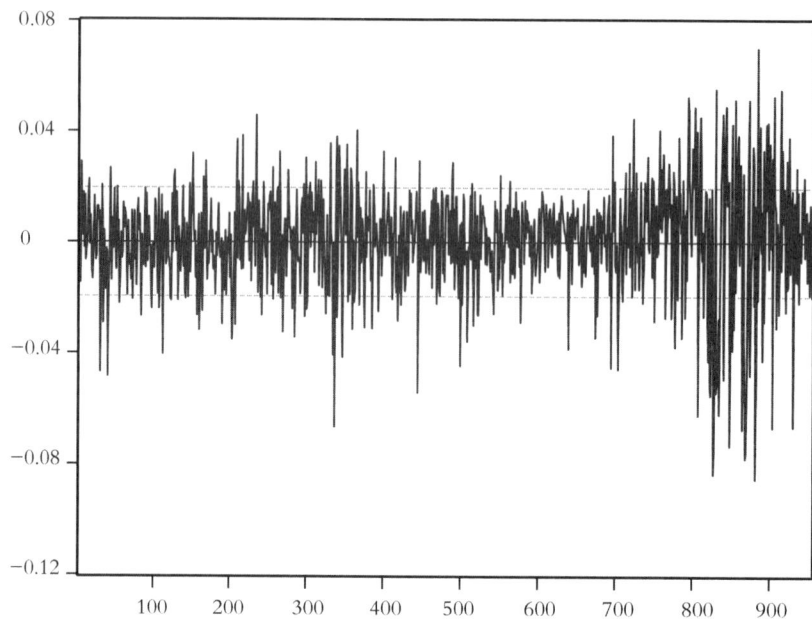

图 7-4　中小新兴（399642）总市值回报率的风险值

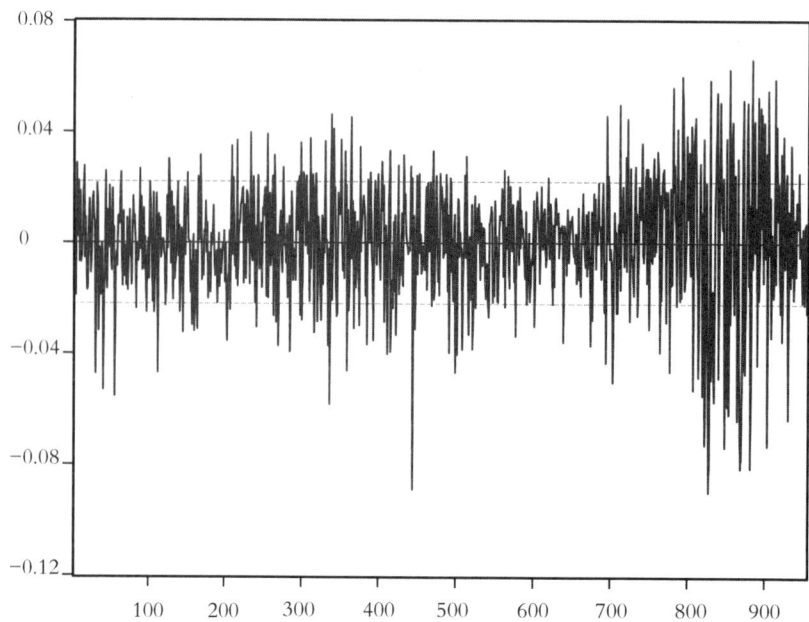

图 7-5　创业板指（399643）总市值回报率的风险值

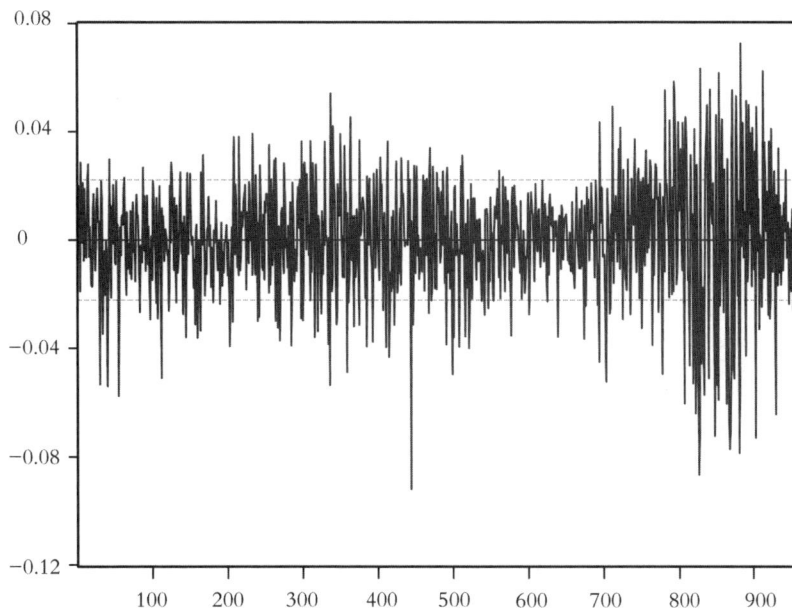

图 7-6 创业新兴（399643）总市值回报率的风险值

从表 7-5 中可以看出，三个比较结果的均值指标均大于零，说明
战略性新兴产业总市值回报率的风险值平均来看均大于其他三个对应的
指数结果。综合标准差、最大值和最小值这些指标，创业新兴产业与创
业板的风险值差异最小，深证新兴产业与深证成指的风险值差异最大。

表 7-5　　　　　　　　**不同样本总市值回报率风险值的对比**

	深证新兴比较	中小新兴比较	创业新兴比较
均值	0.001168	0.001197	0.000309
中位数	0.001030	0.000873	0.000351
最大值	0.033706	0.021510	0.006878
最小值	−0.034960	−0.011066	−0.006465
标准差	0.007634	0.003711	0.001900
序列求和	1.111663	1.139911	0.293990

通过以上分析可以得出，战略性新兴产业的融资风险是客观存在
的，并且这种不确定对融资的影响是长期存在。相比而言，战略性新兴
产业上市公司的融资风险受外部环境干扰而不断变化，比较来看要大于
上市公司整体，但与创业板上市公司的融资风险水平相当。如果结合

2015 年战略性新兴产业上市公司的股价来看，融资风险问题不容忽视。根据国家信息中心公布的《2015 年战略性新兴产业 A 股上市公司发展报告》中的数据来看，2015 年战略性新兴产业上市公司股价出现大幅波动。在 2015 年第二季度，战略性新兴产业上市公司的股价涨幅为 79.6%，高于同期上市公司总体涨幅的 43.1%；到第三季度末，战略性新兴产业上市公司的股价涨幅较年初回落到 27.3%。从日均换手率来看，战略性新兴产业上市公司为 5.44%，高于同期上市公司总体的 5.1%。可以看出，大量的战略性新兴产业上市公司成为资金炒作对象。这种股价大幅波动的局面，不利于战略性新兴产业上市公司的长远发展，给股权结构的稳定带来不利影响，更会给产业融资带来风险隐患。

7.5 本章小结

融资风险是企业在筹集资金过程中，由于不利因素的影响而增加的融资的不确定性。我国战略性新兴产业的融资风险来源于国家经济、产业政策、经营环境、信用水平、主导技术、市场需求的不稳定，以及内部管理的不完善。本章通过 VaR 和 GARCH 模型，对 2012—2015 年期间深证新兴指数、中小新兴指数、创业新兴指数的总市值日回报率进行了实证分析，得出的结果为：战略性新兴产业上市公司的融资风险随着经济环境的变化而变化，比较来看要大于同期的上市公司整体，但与创业板上市公司整体的融资风险相当。同时，由于融资风险的客观性，对战略性新兴产业的稳健经营带来的不利影响会长期存在，同时也会给产业的融资带来隐患。

8 研究结论与政策建议

8.1 研究结论

    战略性新兴产业是推动我国经济转型发展的重要力量，从目前实际来看，我国战略性新兴产业发展之路，仍存在资金来源渠道不畅、资金运用效率低等问题。本书以我国宏观经济形势和金融深化改革为研究背景，以战略性新兴产业的特性和发展需求为研究导向，在论证资本形成与产业成长的相关性基础上，对我国现阶段战略性新兴产业的融资模式进行分析，并以上市公司为视角对战略性新兴产业的融资效率进行评价，进而对产业的融资风险进行测度和成因分析，针对提高产业融资效率、管理产业融资风险提出几点建议。

    通过本书的研究，主要得出以下结论：

    （1）资本形成能够有效推动产业成长。在战略性新兴产业的发展过程中，资本形成有利于产业成长的全周期阶段。战略性新兴产业的成长是内部与外部综合作用的结果，主要包括市场需求、技术创新、产业政策和产业整合这四个关键要素。我国的战略性新兴产业呈现出产业规模不断扩大、创新水平不断提升和产业整合加速的趋势，但在技术水平、市场需求、政策环境方面都有很大的提升空间，而资本形成对于这些问题的解决是必要手段。

（2）战略性新兴产业的成长需要经历不同阶段，每个阶段的融资需求也不同。我国金融业对战略性新兴产业的支持呈现出以下特征：以国家开发银行为主的政策性贷款和以政府主导的新兴产业创业投资计划资金对战略性新兴产业的投放规模有限，并没有起到很好的政策性融资效应；股权投资基金对战略性新兴产业的投资呈现出规模小、比例低、产业投向分布不均的现象，股票市场的上市发行制度仍对战略性新兴产业缺乏包容性；商业银行对战略性新兴产业的信贷支持并没有明显的投放倾向，信贷投放意愿也主要集中于新一代信息技术、生物医药和高端装备制造产业方面；保险业对战略性新兴产业的支持仍处于起步的初级阶段，风险保障效用有待提升。

（3）战略性新兴产业的融资效率需进一步提升。通过实证分析得出，样本内大部分战略性新兴产业上市公司的融资效率并没有达到最优，非 DEA 有效的企业比例超过了 80%。从产业融资效率比较来看，不同行业、不同地区之间融资效率差异明显。从融资效率的影响因素看，深证新兴战略性产业存在着短期债务压力较大、长期融资能力弱、资本结构不合理、资金运用效率尤其是科技产品产出效率低的现象。同时，七大战略性新兴产业之间、同一产业不同企业之间的融资效率差异较大。

（4）辽宁省战略性新兴产业呈现出整体发展速度趋缓、各产业发展不均衡、创新能力不足的现象，而产业的融资基础存在着间接融资比例过大、股票市场发展缓慢、企业债券市场扩容明显但风险上升的特性，同时创业投资对创新企业的支持也明显乏力。通过实证分析得出，战略性新兴产业融资瓶颈在辽宁省尤为突出，债务压力大、资金运用效率低、融资结构有待调整等问题已经成为制约辽宁省战略性新兴产业发展的因素。因此，建立与完善辽宁省战略性新兴产业融资体系十分必要。

（5）战略性新兴产业的融资风险具有客观性、长期性的特征，其不利影响不容小觑。我国战略性新兴产业融资风险来源于国家经济、产业政策、经营环境、信用水平、主导技术、市场需求的不稳定，以及内部管理的不完善。通过实证分析得出，战略性新兴产业上市公司的整体融资风险要大于同期的上市公司整体，但与创业板上市公司整体的融资风险相当。融资风险不仅会对战略性新兴产业的稳健经营带来不利影响，同时也会给产业的融资带来隐患。因此应通过不断健全产业政策体系、建立现代企业管理制度、构建多元化融资体系和优化产业布局来防范融资风险。

8.2 政策建议

8.2.1 战略性新兴产业融资效率的提升建议

（1）优化政策性融资体系

政府在战略性新兴产业的发展中扮演着重要的角色，目前产业处于成长初期阶段，仍需要政府来"扶上马、送一程"，而政策性融资就是解决如何"送一程"的有效途径。通过政策性融资的导向作用，吸引更多的社会资本投入到产业中去，不仅能够使资金的持续性得到保障，还能够使产业的发展趋向市场化。因此，不断优化我国政策性融资体系是建立和完善战略性新兴产业融资体系的关键。从我国现有的政策性融资体系来看，可以尝试从以下三个方面进行改进：

第一，建立战略性新兴产业政策性银行。

政策性银行是政府吸引商业性资金来调控宏观经济、实现经济社会协调发展的有力工具。我国目前已建立的政策性银行——国家开发银行、中国进出口银行和中国农业发展银行，虽然近年来不同程度地加大了对战略性新兴产业的扶持力度，但由于自身的分工不同、职责不同、所承担的任务不同，都不会将战略性新兴产业作为其重点扶持的对象，它们在该领域所扶持的多为国家级重点项目或者初具规模的大型企业，而战略性新兴产业中数量众多的中小企业很难通过政策性银行获得资金支持。从国外经验来看，建立专门服务于产业的政策性银行已有先例，如 1954 年成立的韩国产业银行是由政府批准设立的国家政策性银行，自 1990 年开始发挥企业金融作用并培养高科技产业，而日本的国民金融公库、美国的进出口银行、德国的复兴信贷银行均是为科技型中小企业提供信贷融资的政策性金融机构。因此，可以借鉴国外的发展经验，设立以产融结合为出发点的战略性新兴产业政策性银行，从而打通社会资金流通渠道，扩大政策性资金对战略性新兴产业的覆盖面和规模。

第二，不断规范政府引导基金的运作模式。

推动政府引导基金体系建设，有利于发挥政府资源在战略性新兴产业发展中的"四两拨千斤"的作用。我国巨大的社会资本之所以扎堆传统产业，受制于自身对新兴产业领域偏弱的投资能力和市场研判水平，传统产业资本持有者往往是不敢贸然进入新兴产业的。而政府引导基金就是增强战略性新兴产业吸引社会资本的向心力。通过政府出资吸引有关地方政府、金融、投资机构和社会资本，以股权或债权等方式投资于创业风险投资机构或新设创业风险投资基金，以支持创业企业发展，尤其是投向高新技术行业和新兴产业。目前，我国政府入股的引导基金进入了快速的发展时期，尤其是 2015 年国家层面设立的总规模为 400 亿元的新兴产业创业投资引导基金备受关注，引起社会各方面资金参与超过 1 800 亿元。可以认为，政府引导基金是今后一段时间内战略性新兴产业政策性融资的重要来源。如何用好政府引导基金才是关键，尤其是减少一哄而上、效能不高的现象发生①。从基金的管理条例来看，涉及基金投后监督、考核机制的相关条款较少且较为笼统。因此，运作模式显得尤为必要。通过不断完善绩效考核和退出机制，将引导基金的社会效应和投资效益同时兼顾。只有不断完善和规范政府引导基金的运用模式，才能使其不断走向良性发展轨道，从而更好地服务于战略性新兴产业。

第三，建立政策性融资担保体系。

政策性担保机构在中小企业信用担保体系建设中有着特殊的作用，

---

① 2015 年，各地方政府纷纷积极主导设立政府引导基金。私募通统计显示，截至 2015 年 12 月底，国内共成立 780 支政府引导基金，基金规模达 21 834.47 亿元，平均单支管理规模为 27.99 亿元。而国家审计署于 2015 年 6 月 28 日发布的《国务院关于 2014 年度中央预算执行和其他财政收支的审计工作报告》显示，截至 2014 年年底，政府性基金预算收入总量 5 039.59 亿元，当年支出 4 319.49 亿元，结转下年 720.1 亿元。另外，14 个省 2009 年以来筹集的创业投资基金中有 397.56 亿元（占 84%）结存未用，其中 4 个省从未支用。

建立政策性融资担保体系会促进商业银行与融资担保机构的合作力度，从根本上改善战略性新兴产业的政策性融资环境。虽然我国目前已经建立了政策性担保公司，但是仍存在政策认识不足、定位不清等问题。因此，应在进一步深化金融改革基础上，加快构建政策性融资担保体系。各级政府要不断完善国有资本金对政策性担保公司的持续补充机制，可以考虑支持符合条件的政策性融资担保机构在多层次资本市场上市（挂牌），建立资本市场股权融资长效机制，不断提升担保能力。同时，应加大对政策性担保公司风险补偿比例，要加强信用信息体系建设、完善法人治理结构、加强人才队伍建设、建立完善考核评价机制、优化行业发展环境、加强风险防控、明确责任分工，促进政策性融资担保体系持续健康发展。

（2）提升间接融资的科技创新功能和风险补偿机制

间接融资体系的主导地位在我国会长期存在，其对战略性新兴产业的影响不容忽视。由此，充分利用好间接融资资源，将战略性新兴产业在间接融资体系中的不利因素降到最低，是十分必要的。从目前来看，加强产业链金融业务、融资租赁业务的设计，鼓励保险业参与产业发展是必要手段。在实际中可以通过以下四个方面不断改进：

第一，加强产业链金融的产品设计与服务。

战略性新兴企业的高风险特征与商业银行的风险偏好是天然矛盾的，绝不是简单地加大政策、资金扶持力度就可以解决，因此需要另辟蹊径。通过产业链金融来解决战略性新兴产业的融资问题是一个不错的选择。产业链金融并不是新鲜事物，之所以没有成为商业银行金融服务的主导经营理念，是因为商业银行在传统业务发展模式方面仍然有利可图，由此导致主动改变经营思路的动力不足，与产业链金融相关的产品的市场占有率也并不高。如今来看，通过产业链金融来解决战略性新兴产业的间接融资需求、拓展商业银行业务领域现实可行。产业集群是产业链融资的基础条件。众所周知，产业集群的形成，是企业因为行业属性或者产业属性天然地形成聚集形态，而在产业集群中，必然会有龙头企业、领航企业和从属企业的区别，呈金字塔形态分布，这种企业分布状态可以有效解决中小企业融资难问题。在产业链金融中，以核心企业来设计供应链融资产品,以其为基础和上下游的贸易关系总结供应链的需求特征,将客户需求创新、产品定制和产品设计进行融合,形成以供应链产品为工具了解客户的需求链,并以需求链为基础形成金融产业链,使金融机构在了解供应链需求的基础上根据整个供应链上、下游的情况,从上、中、下游客户需求的角度出发为其设计综合金融服务方案,从而实现与整个产业链上金融需求的对接①。

第二,推进融资租赁市场的规范发展。

通过融资租赁机构广泛吸收国内和国外的金融资源,跟踪研究国内外的前沿技术和先进设备,并配置到我国具有发展前景的战略性新兴产业中去,降低产业融资成本,避免金融资源的低效或无效配置。另外,由于融资租赁有着租赁物物权的保障,对资产的管理具备专业水平,能够有效地控制承租人信用风险,因此,对战略性新兴产业的发展是极其有利的。我国融资租赁市场经过最近几年的快速发展,在企业数量和资产规模上都得到了巨大提升。然而整体来看仍存在着企业数量增多但良莠不齐、产品同质化、缺乏专业人才等问题②,因此不断规范发展我国融资租赁市场,才能更好地服务于战略性新兴产业的融资需求。同时,战略性新兴产业的蓬勃之势也为融资租赁市场的发展带来契机,新能源汽车、医疗器械、机器人等领域值得融资租赁企业开拓和探索。在合适的切入点上,双方加强合作才能实现共赢。

第三,战略性新兴产业的融资风险是长期并客观存在的,而其融资需求又必须着手解决,因此,金融机构需要做的,并不是对其避而远之,而是加强信贷风险管理,建立以市场化价值评估为基础,以专业第

---

① 例如,新能源汽车产业就可以通过产业链金融扩宽融资途径。新能源汽车产业链上游是以原材料、零部件为主的生产商,它们是主要的融资企业,向核心企业提供生产订单合同。而新能源汽车产业链下游则以各大汽车品牌运营商为主,下游产业运营服务商为核心企业提供真实相关的商务合同,结算清单及相关票据等。核心企业则扮演着以汽车产业链上的车辆为核心、为上下游企业所有相关的生产与现金结转的中枢、为上下游企业进行融资借款进行相关融资结算担保的角色。充分利用产业链金融业务可以解决新能源汽车产业电池供应商和下游充电桩融资不足的局面。

② 截至 2015 年年底,全国在册运营的各类融资租赁公司(不含单一项目融资租赁公司)金融租赁、内资租赁、外资租赁三类融资租赁企业总数约为 4 508 家,比 2014 年年底的 2 202 家增加了 2 306 家,总增幅达 104.7%。全国主要 40 家金融租赁公司,资产总额 16 314.25 亿元,负债总额 14 388.39 亿元,所有者权益 1 925.86 亿元,实现净利润 177.51 亿元。相比之下,大部分新申请牌照的融资租赁公司尚未开展业务,行业风险隐患增加。诸多融资租赁公司面临怎么运营、怎么做业务、团队在哪里、钱从哪里来、怎么盘活现有租赁资产等现实难题。熟悉业务流程、风控、税收、财会、交易结构设计、实务操作的人才匮乏也严重制约融资租赁行业的健康发展。

三方信用评估和担保体系为前提的风险防范体系及分散机制。例如，商业银行可以进一步加强与产业相关的部门合作，通过资源与信息的共享来弥补对产业认识的不足和信息的不对称性。同时逐渐建立科技风险的防范体系，密切关注行业动态，并合理配置授信的规模。在担保体系建设方面，应逐步建立以政府出资为主的融资担保机构，引导民营融资担保机构规范发展，培育一批有较强实力和影响力的融资担保机构。战略性新兴企业发明专利、商标权、版权等无形资产是战略性新兴企业的重要财富。针对战略性新兴产业的特点，加强无形资产担保和评估体系建设，针对中小科技企业，改变原有的单一担保模式尝试建立产业集群的整体担保模式，将一家企业的担保风险分散来由数家中小企业承担。

第四，战略性新兴产业是未来科技创新和产业发展的方向，保险业参与战略性新兴产业的建设，有利于二者的共赢共生。因此，保险业应抓住这一发展机遇，尽快出台保险资金支持和创新产品服务的规划纲要，在提升保险业整体竞争力的同时大力支持战略性新兴产业的发展。在保险资金运用方面，应以多样化的投资形式支持战略性新兴产业的发展。保险公司要充分发挥机构投资者的作用，在当前宏观政策、产业政策和监管政策允许的情况下，选择多样化的投资方式，如基金、股权、债券等，探索保险资金服务战略性新兴产业的新路径和新模式，为产业发展提供长期资金支持。例如，对于实力雄厚的大型保险公司可以采取与商业银行、政府合作的方式，将保险资金投资于一批风险相对较低、收益性有保障的战略性新兴产业项目。对于中小型保险公司来说，可以参与到大型保险公司牵头、以战略性新兴产业为投资对象的产业投资基金中。另外，保监会应进一步推出保险资金运用的相关政策和实施细则，从政策上引导保险资金投资战略性新兴产业，这一点也是至关重要的。在保险服务方面，不断提升服务意识，为战略性新兴产业量身定制保险产品。保险机构应充分发挥长期资金的优势，结合科技型、中小型企业的发展规律，有针对性地为战略性新兴产业提供专业的保险产品和服务。例如，科技型企业应加大对科技人员的保险服务力度，推出专业性的保险产品，分散科技人员在研发、生产过程中所面临的各类风险；战略性新兴产业的中小微企业通过整合保险资源的方式扩大保障范围，从展业、承保、理赔到风险管理等多方位探索新的产品和服务，拓宽信用保险、贷款保证保险等产品的覆盖范围，为战略性新兴产业的企业提供更多的增信服务，提升企业获得外部融资的能力。在风险补偿方面，要充分发挥保险公司的作用。鼓励保险公司积极开发信贷类损失保险产品，不断提高工业保险服务水平，降低银行对战略性新兴产业信贷的损失风险。例如，尝试将某些重大技术装备、新材料、关键零部件等纳入保险保费补偿机制中，结合新能源汽车风险特征设计专属的保险产品。

（3）推进多层次资本市场建设，提高产业直接融资比重

资本市场是战略性新兴产业成长的发动机，是战略性新兴企业融资渠道和方式的长期选择。因此，解决如何增强战略性新兴产业特性与直接融资的匹配性、提高产业直接融资比重这一问题的关键，就在于不断地推进多层次资本市场制度的建设。

首先，应不断完善股权投资基金的服务业态和运营机制。在科技创新和产业整合不断提速的背景下，关键技术创新能力已经成为世界各国之间科技竞争的核心，成为决定国际产业分工地位和全球经济格局的关键条件。在我国"大众创业、万众创新"浪潮下，股权投资基金是加快资本与科技产业对接的首选，是战略性新兴产业资本起步的关键，更是日后产业并购重组的资本保障。从目前我国股权投资基金市场的发展来看，仍存在着缺乏市场化运作、本土投资机构经验不足、政策和法律环境不成熟等问题。例如，我国已经出台证券投资基金法对证券投资基金进行规范，但股权投资基金在资金募集方式、投资理念、运作方式、治理结构、激励机制和风险控制等方面与证券投资基金完全不同，产生的社会风险方式也不同，相应的监管理念和手段也应该不同。由此，证券投资基金和股权投资基金应该分开立法、分开监管。而目前相应的管理暂行条例尚未出台，更没有层级比较高的专门立法。除此之外，不断规范国内股权投资基金市场、优化创新服务模式、完善现有创业服务机构的服务业态和运营机制，为股权投资企业营造发展的优良环境也十分必要。

其次，创新股票市场制度，提升上市融资的包容性。在我国的股票

市场中，创业板市场和新三板市场将是战略性新兴企业上市融资的主要阵地。其中，创业板市场适合于已经具有一定规模、处于发展期的新兴企业，而新三板则应是初创期企业的首选。从创业板来看，应不断优化上市条件，淡化以盈利为单一指标的估值理念，设计更加贴近战略性新兴产业的发展规律和现实需求的绩效评估指标，为那些目前尚未盈利但具有较大前景、投资者认可其价值的企业上市提供便利。除此之外，大量海外上市的科技型红筹企业也应该是创业板市场争取的对象，通过相关制度的完善力争以更高的包容度吸引它们的回归，使国内投资者能够分享这些企业高速成长的红利。从新三板市场来看，首先要解决的就是市场流动性问题，这就需要不断完善现有的分层制度，使更多的优质企业被投资者挖掘出来。目前，新三板市场的参与方仍以传统的证券公司为主，这就会导致在牌照的约束下，更多是考虑自身的利益，这将不利于新三板市场活跃度的提升。因此，应放开更多的金融机构，如财务公司，参与到市场中来，同时完善新三板监管体系，使新三板市场在公平透明的交易环境下，吸引更多的金融资本涌入，提高市场对战略性新兴产业的服务能力。

总之，战略性新兴产业成长中的融资问题不单是一个技术性的金融支持问题，而是涉及市场、企业、金融机构、政府多方参与的综合体。

8.2.2 战略性新兴产业融资风险的防范策略

资金供给是战略性新兴产业成长的动力源泉，但是哪里有资金的运作，哪里就有金融风险，这符合风险的客观性特征。因此，在战略性新兴产业融资过程中，融资风险一定会相伴而来，问题的关键在于如何将这种不确定性因素所带来的影响降到最低，充分利用好"金融"这把双刃剑。有效地防范和管理战略性新兴产业融资风险，不仅有利于降低借贷双方的不对称性、减少不必要的损失，更有利于债权人在获得的信息量提升后，增加对战略性新兴企业的资金供给，扩大融资规模。因此，融资风险的管理与防范对每一个战略性新兴企业来说都显得十分必要。

（1）健全产业政策体系，提高政府服务意识

通过健全战略性新兴产业政策体系、提高政府服务意识，可以降低

外部影响因素的不确定性。战略性新兴产业的高风险性特征伴随着显著的外部经济性，政府通过合理的产业政策能够正确引导金融资本的投入方向，使其加大对各类产业技术创新的融资支持，从而实现新兴产业发展中的科技创业和技术商业化，并可以有效抑制脱离实体经济的大量金融创新。另外，与单一的政策相比，一系列协调配套的政策体系可以降低战略性新兴产业的外部不确定性，从而降低融资风险。

具体来看，战略性新兴产业政策体系的制定原则应紧紧围绕深挖国内外市场的需求潜力，通过产业政策引导战略性新兴产业重点产品生产制造与市场需求的有效对接。产业政策体系的制定要结合国内产业发展的具体情况和发达国家的已有规范，不断完善战略性新兴产业的技术标准、检测和认证体系，建立健全推动战略性新兴产业应用的规则、工作机制和客观、公允的质量信息平台，保证产品的质量、可靠性和一致性，提升质量意识、维护产业质量标准、推动技术进步、规范市场秩序，引导产业健康有序发展。例如，在新能源汽车领域，进一步推出鼓励需求的相关政策，引导公交、公务、市政行业加入到新能源汽车应用示范工程中；在新能源领域，推广太阳能光伏一体化建筑设计，鼓励其在其他产业领域中的应用，借鉴国内外先进经验，支持商业模式和业态的创新。

（2）建立现代企业管理制度和绩效体系

战略性新兴企业应尽快建立现代企业管理制度和绩效体系，提升企业内部控制效率，增强风险意识。社会主义市场经济催化了现代企业制度的建立，其主要特征是现代化的技术和现代化的管理。产权明晰、权责明确、政企分开、管理科学的现代企业制度可以使企业的经营管理效率明显提升。对于战略性新兴企业来说，只有加快建立现代企业管理制度和绩效体系，不断增强自身的风险约束能力，成为适应市场要求的法人实体和竞争主体，才能实现持续健康发展。

在战略性新兴企业群体中，民营企业是主力军。我国民营企业绝大部分都是以家族控股或家族控制形态存在的家族企业，当企业规模发展到一定阶段时，转型问题是决定着企业能否进一步发展壮大的关键，而建立现代企业管理制度是其必然选择。战略性新兴企业通过建立股东大会、董事会、监事会和经理层，可以实现企业所有权、经营权和监督权三权分立，能够有效进行战略性新兴产业的资本运营决策，规避资本运营的决策风险，提高投资回报率。所以，现代企业制度建设的手段是资本运营，资本运营的目的是更好地建立现代企业制度，推进新兴产业发展，增强产业竞争实力。

（3）拓展融资渠道，丰富融资资源

通过构建多元化的投融资体系，引导有限的资金流入科技含量高、市场前景好、发展潜力大的项目和企业。政府层面，通过贴息贷款、设立战略性新兴产业投资基金、对风险投资机构给予税收补贴、完善金融机构考核体制等方式，引导多渠道资金支持战略性新兴产业发展。金融机构层面，建立合理的项目评级授信体系，考虑企业和项目的成长性，信贷重点向战略性新兴产业领域倾斜。社会中介层面，加强对无形资产的评估能力，大力发展知识产权质押融资担保模式，完善融资担保体系；设立一定的战略性新兴产业风险补偿基金，对于金融机构在战略性新兴产业融资上的损失，由基金进行一定比例的风险补偿；增强商业银行对战略性新兴企业的融资信心。总之，多元化的融资体系可以优化战略性新兴企业的融资结构、有效分散融资风险，避免风险在单一投资主体的聚集。

对于战略性新兴企业自身来说，应在现有的融资体系基础上，积极寻找更多的融资资源。除了从金融机构取得借贷之外，还可以通过企业并购重组、积极引进和利用外资、参与并申请国家专项扶持基金等方式丰富融资渠道。同时还要不断吸取国内外企业资本运作的成功经验，学会利用好融入的资金、用长远的眼光安排好资金、以稳健经营的理念保证资金安全。

（4）优化战略性新兴产业布局，提升企业核心竞争力

对于战略性新兴产业来说，防范和分散融资风险的关键在于不断提升自身的核心竞争力。核心竞争力的实质就是将一切有利资源积极整合起来，包括市场定位、产品创新、人力资源配置等等。战略性新兴企业只有在结合自身的独特优势基础上，找出那些难以模仿、替代的部分，核心竞争力才能持久延续下去。类似拼数量、拼价格、跟风盲从、急于

求成等错误观念应尽快摒弃，逐步把资金投入到提升产品技术和质量的研发、生产活动中去。战略性新兴企业只有自己掌握核心技术，才能提高产品的附加值，从而使整个产业得到根本性的发展，降低融资风险。具体来看，离不开以下三个方面的努力：

从产业内部来看，应优先发展重点、龙头企业。龙头企业具有特色鲜明、竞争力强、辐射力高的特性。从国际上看，发达国家的重要产业都是由少数国际知名品牌所掌控，它们掌握了行业的核心技术，制定了行业标准，控制了行业的话语权和定价权。因此，战略性新兴产业应该筛选出一批有实力和潜力的龙头企业，由相关部门给予重点扶持，力争创建"知名品牌示范企业"。目前，信息技术行业的联想集团，互联网行业的百度和京东，移动互联网行业的小米公司，生物医药行业的同仁堂，装备制造业的中国中车集团等，这些企业不仅具备了较高的国际影响力，同时也起到了很好的行业示范作用。通过龙头企业延伸产业链条，不断完善配套功能，吸引更多的关联企业，加快重点产业的集群式发展。通过龙头企业和重点企业的牵引，不仅可以带动战略性新兴产业的发展，还可以提升整个产业的信用水平。

从区域空间分布来看，应统筹规划，避免产业同构。目前，我国战略性新兴产业区域分布已初步形成。东部沿海地区和经济发达地区的新兴产业较为集中，中部和西部的新兴产业集中度较低。但同时各地培育新兴产业过程中过分重视速度和规模，产业趋同化十分严重①，产业选择与区位优势结合不紧密，其后果是增加了未来产能过剩的可能性，并危及信贷资产的安全性。因此，不同地区应结合产业发展基础、资源禀赋条件等因素统筹规划战略性新兴产业的空间区域分布，避免盲目布局的低水平重复建设；应从国家宏观引导、区域优势塑造、跨区域合作、抓环节而非领域等方面推动新兴产业合理布局和健康发展。

从企业自身来看，应不断加大研发投入力度，强化企业技术创新能力的建设。战略性新兴企业发展的关键在于自主创新。只有突破关键核心技术，加强创新成果产业化效率，才能不断提升产业核心竞争力。战

---

① 刘新宇. 战略性新兴产业同构风险的防范研究 [J]. 经济纵横，2012（1）.

略性新兴企业在加大研发投入的同时，应积极加强与高校、科研院所的联系和合作。通过由政府牵头的科技计划项目，搭建战略性新兴龙头企业和科研机构、高校共同参与的合作平台。通过这些措施不断提升战略性新兴企业的创新能力，以技术创新带动产品创新，以产品竞争力提升企业盈利能力，以稳健经营提高抗风险能力。

战略性新兴产业只有形成特色化、差异化、高技术化的发展趋势，才能不断提升产品的知名度和市场占有率，才能真正提高企业的市场竞争力和辐射力。企业的自身价值提高，融资的安全性也相对较高，这样才能从市场上获得更多的资金支持。

总之，防范战略性新兴产业融资风险需要多方共同协作，金融市场和企业自身都要下功夫。战略性新兴企业要不断发掘市场潜力、构建商业模式、提升核心竞争力以及清晰定位自身发展，同时要能够准确把握金融市场的动向。金融市场则不断完善各项制度、政策体系，规范市场秩序，创新市场机制。只有金融机构、中介组织、政府部门以及战略性新兴企业共同发力，才能构建起战略性新兴产业发展的良好融资环境，为战略性新兴产业成为支柱性产业提供强有力的金融支持。

附录 A　资本增加型生产函数的推导

式（2-7）的推导：

$$\frac{Y(t)}{\partial K_e(t)} = A(t)\left[f(k(t)) + K_e(t) \quad f'(k(t))(-\frac{K_f(t)}{K_e^2(t)})\right]$$

$$= A(t)\left[f(k(t)) - f'(k(t)) \quad k(t)\right]$$

式（2-8）的推导：

$$\frac{Y(t)}{\partial K_f(t)} = A(t) \quad K_e(t) \quad f'(k(t))\frac{1}{K_e(t)} = A(t)f'(k(t))$$

式（2-9）的推导：

因为 $k(t) = K_f(t) / K_e(t)$ ，故 $\dot{k}(t) = \frac{\dot{K}_f(t)K_e(t) - K_f(t)\dot{K}_e(t)}{K_e^2(t)}$ ，

则 $\frac{\dot{k}(t)}{k(t)} = \frac{\dot{K}_f(t)K_e(t) - K_f(t)\dot{K}_e(t)}{K_e^2(t)} \times \frac{K_e(t)}{K_f(t)} = \frac{\dot{K}_f(t)}{K_f(t)} - \frac{\dot{K}_e(t)}{K_e(t)}$

式（2-10）的推导：

$$\dot{Y}(t) = \frac{Y(t)}{A(t)}\dot{A}(t) + \frac{Y(t)}{\partial K_e(t)}\dot{K}_e(t) + \frac{Y(t)}{\partial K_f(t)}\dot{K}_f(t)$$

$$= K_e(t)f(k(t))\dot{A}(t) + A(t)[f(k(t)) - f'(k(t)) \quad k(t)]\dot{K}_e(t) + A(t)f'(k(t))\dot{K}_f(t)$$

因为 $Y(t) = A(t)K_e(t)f(k(t))$ ，则：

$$\frac{\dot{Y}(t)}{Y(t)} = \frac{\dot{A}(t)}{A(t)} + \left[1 - \frac{f'(k(t))}{f(k(t))} \quad k(t)\right]\frac{\dot{K}_e(t)}{K_e(t)} + k(t)\frac{f'(k(t))}{f(k(t))}\frac{\dot{K}_f(t)}{K_f(t)}$$

$$= \frac{\dot{A}(t)}{A(t)} + \frac{\dot{K}_e(t)}{K_e(t)} + \frac{f'(k(t))}{f(k(t))} \quad k(t)[\frac{\dot{K}_f(t)}{K_f(t)} - \frac{\dot{K}_e(t)}{K_e(t)}]$$

式（2-11）的推导：

$$\dot{k}(t) = k(t)(\frac{\dot{K}_f(t)}{K_f(t)} - \frac{\dot{K}_e(t)}{K_e(t)}) = \frac{K_f(t)}{K_e(t)} \times \frac{sY(t)}{A(t)K_f(t)} - ek(t)$$

$$= sf(k(t)) - ek(t)$$

附录 B 样本公司融资效率值

表 B1　　　　　深证新兴产业样本公司融资效率值

证券代码	证券简称	2011 年	2012 年	2013 年	2014 年	2015 年
000009	中国宝安	0.0381	0.6229	0.6523	0.6854	0.7036
000012	南 玻 A	0.0067	1.1304	1.2727	1.8843	1.3889
000039	中集集团	0.0359	3.2089	4.2001	4.4583	4.8625
000049	德赛电池	1.0000	0.6127	0.6849	0.7204	1.1921
000050	深天马 A	0.4569	0.6495	0.9336	0.9620	0.9338
000063	中兴通讯	1.0000	1.3291	0.9759	1.5162	4.1591
000078	海王生物	0.0122	0.7056	0.7327	0.7758	0.7351
000099	中信海直	0.2598	0.3290	0.3524	0.3765	0.3627
000100	TCL 集团	0.4381	1.8002	1.9157	2.2873	2.9766
000157	中联重科	1.0000	1.1325	1.2360	3.2144	4.4894
000400	许继电气	0.4913	0.7750	0.7660	0.9361	0.7922
000410	沈阳机床	0.7589	1.0579	0.8901	0.9278	1.0637
000423	东阿阿胶	0.5904	0.7412	0.9746	0.8435	0.9966
000425	徐工机械	0.8557	1.8795	2.1011	1.0045	1.4603
000513	丽珠集团	0.3568	0.6505	0.6994	0.7482	0.7782
000528	柳工	0.9379	0.8155	0.8187	0.7762	0.7343
000536	华映科技	0.1178	0.4591	0.6933	0.6936	1.2121

续表

证券代码	证券简称	2011年	2012年	2013年	2014年	2015年
000538	云南白药	0.6388	1.3516	1.4874	1.4233	1.4006
000541	佛山照明	0.8367	0.7197	0.8232	0.8781	0.6806
000566	海南海药	0.0754	0.3981	0.3188	0.4223	0.4715
000598	兴蓉环境	0.0085	1.4342	1.0748	2.3478	2.4743
000623	吉林敖东	0.5038	0.4222	0.4812	0.5682	0.5746
000636	风华高科	0.4564	0.5161	0.4779	0.5035	0.4424
000651	格力电器	0.9968	1.8310	1.4216	2.7006	2.6555
000652	泰达股份	0.0095	1.3275	1.4925	0.7384	2.0368
000661	长春高新	0.0218	1.0000	0.7294	0.5646	0.5743
000685	中山公用	0.0403	0.2561	0.3822	0.4344	0.7698
000690	宝新能源	0.0238	0.0231	0.7907	0.7499	0.7599
000725	京东方A	0.2198	2.2178	1.9860	2.1167	2.6300
000733	振华科技	0.0036	0.9713	0.6034	0.7182	0.6907
000738	中航动控	1.0000	0.7211	0.0020	0.6232	0.6261
000748	长城信息	0.0800	0.4061	0.4147	0.4187	0.4629
000762	西藏矿业	0.1235	0.1692	0.2415	0.2008	0.3247
000768	中航飞机	0.6792	0.7643	0.7760	0.8760	0.8329
000777	中核科技	0.2435	0.2694	0.2962	0.3209	0.3164
000801	四川九洲	1.0000	0.5451	0.9193	0.4739	0.5621
000806	银河生物	0.4479	0.4489	0.4363	0.3677	0.3297
000825	太钢不锈	1.0000	1.3324	1.3443	1.0623	0.9047
000826	启迪桑德	0.3720	1.3370	1.5229	1.8597	1.8640
000839	中信国安	0.0188	0.4094	0.4194	0.0257	0.4869
000901	航天科技	0.1425	0.4042	0.3806	0.5297	0.5333
000930	中粮生化	0.6986	1.1005	0.8743	0.7889	0.6611
000938	紫光股份	0.1846	1.1775	1.3221	1.4173	1.3222
000939	凯迪生态	0.2498	1.0525	1.1804	1.2817	1.2363
000969	安泰科技	0.5509	0.6787	0.7483	0.7337	0.6995
000970	中科三环	0.6717	0.9519	0.9472	0.8668	0.9006
000977	浪潮信息	0.3179	0.5252	0.6972	0.8119	0.8774
000988	华工科技	0.1688	0.4376	0.4387	0.5076	0.5418
000997	新 大 陆	0.2217	0.2961	0.4498	0.4958	0.5636
000998	隆平高科	0.1048	0.5017	0.4777	0.6047	0.6598
000999	华润三九	1.0000	1.6322	1.7363	1.3938	2.2593

证券代码	证券简称	2011年	2012年	2013年	2014年	2015年
002005	德豪润达	0.4092	0.5352	0.4343	0.7724	0.8208
002007	华兰生物	0.3351	0.4133	0.4198	0.5651	0.6506
002008	大族激光	0.4193	0.7014	0.6486	0.7493	0.7626
002009	天奇股份	0.2538	0.4352	0.4374	0.4426	0.5469
002011	盾安环境	0.3821	2.9748	2.6066	4.9655	4.6992
002013	中航机电	0.2105	0.8946	0.8853	0.8852	0.8986
002022	科华生物	0.1723	0.3802	0.4290	0.4873	0.4082
002023	海特高新	0.0415	0.2579	0.2372	0.2435	0.2422
002024	苏宁云商	0.9868	5.9183	6.5842	1.3590	6.9897
002025	航天电器	0.1810	0.2251	0.4310	0.4534	0.4826
002028	思源电气	0.2807	0.6116	0.6537	0.9403	0.6692
002030	达安基因	0.1211	0.2234	0.2925	0.3404	0.2237
002038	双鹭药业	0.2573	0.3818	0.4851	0.5106	0.4748
002041	登海种业	0.1087	0.3820	0.4552	0.4377	0.4442
002049	同方国芯	0.1093	0.2101	0.3914	0.5245	0.6518
002052	同洲电子	0.4323	0.4886	0.4476	0.3669	0.2962
002063	远光软件	0.2530	0.3030	0.3530	0.2813	0.3119
002065	东华软件	0.4258	0.7013	0.7057	0.9094	0.8044
002073	软控股份	0.2843	0.4029	0.4871	0.5658	0.6121
002074	国轩高科	0.1792	0.2169	0.2514	0.2865	0.3169
002089	新海宜	0.1698	0.4231	0.4112	0.1412	0.4511
002093	国脉科技	0.1133	0.2788	0.1563	0.2393	0.2467
002095	生意宝	0.0445	0.0676	0.0824	0.0670	0.0733
002104	恒宝股份	0.3097	0.3352	0.4518	0.5073	0.6272
002121	科陆电子	0.3106	0.3843	0.3909	0.4649	0.4865
002123	荣信股份	0.3769	0.3523	0.3648	0.2568	0.4413
002129	中环股份	0.1434	0.4601	0.5657	0.6875	0.6382
002130	沃尔核材	0.2106	0.2470	0.3978	0.4570	0.4391
002138	顺络电子	0.2299	0.2659	0.3360	0.3716	0.3977
002151	北斗星通	0.1625	0.4599	0.5069	0.5152	0.5540
002152	广电运通	0.4910	0.5342	0.5592	0.6076	0.6592
002153	石基信息	0.0904	0.1100	0.3822	0.6645	0.1958
002161	远望谷	0.1004	0.2108	0.1056	0.3015	0.3401
002178	延华智能	0.1312	0.2053	0.2508	0.2631	0.3236

续表

证券代码	证券简称	2011年	2012年	2013年	2014年	2015年
002179	中航光电	0.4089	0.5112	0.5375	0.6097	0.6777
002195	二三四五	0.1070	0.1832	0.1793	0.2444	0.4752
002197	证通电子	0.2125	0.2158	0.2705	0.3058	0.3422
002202	金风科技	0.7207	0.7061	0.7690	0.8218	0.8998
002223	鱼跃医疗	0.3893	0.4960	0.4939	0.5748	0.7337
002230	科大讯飞	0.1547	0.5638	0.4706	0.7587	0.7687
002241	歌尔声学	0.6134	0.8547	0.9015	1.0168	1.2339
002249	大洋电机	0.5667	0.6970	0.6063	0.6902	0.6592
002252	上海莱士	0.2471	0.2608	0.1992	0.4521	0.5891
002261	拓维信息	0.1093	0.1948	0.2379	0.2479	0.2717
002262	恩华药业	0.2724	0.5403	0.5933	0.6196	0.7343
002268	卫 士 通	0.1158	0.1214	0.1783	0.3577	0.4010
002280	联络互动	0.1157	0.1241	0.1031	0.1347	0.2615
002292	奥飞娱乐	0.3161	0.4974	0.4441	0.5591	0.4215
002294	信立泰	0.5345	0.6334	0.9072	1.3997	1.5687
002308	威创股份	0.3284	0.3967	0.3482	0.2955	0.3092
002309	中利科技	0.4935	0.6768	0.6915	0.7179	0.9359
002312	三泰控股	0.1576	0.2279	0.2838	0.3438	0.3648
002318	久立特材	0.5327	0.6074	0.6070	0.6764	0.6161
002326	永太科技	0.2399	0.3308	0.4556	0.4294	0.4543
002339	积成电子	0.2393	0.3103	0.3388	0.3662	0.3940
002340	格林美	0.1243	0.4522	0.6675	1.2541	1.3147
002353	杰瑞股份	0.3211	0.5678	0.6977	0.7616	0.5408
002358	森源电气	0.2450	0.3188	0.3868	0.3369	0.4415
002368	太极股份	0.5019	0.5580	0.7158	0.8094	0.7685
002373	千方科技	0.0719	0.2327	0.1453	0.6041	0.4185
002390	信邦制药	0.1365	0.1696	0.1868	0.5104	0.6483
002396	星网锐捷	0.2234	0.6574	1.1429	0.6973	0.7241
002399	海普瑞	1.0000	0.6562	0.6123	0.4997	0.9232
002405	四维图新	0.2255	0.2944	0.3200	0.4397	0.4639
002410	广联达	0.2466	0.4111	0.4971	0.5927	0.4325
002414	高德红外	0.1404	0.1384	0.1422	0.2923	0.3445
002415	海康威视	1.0000	1.1025	1.2448	1.1119	1.0883
002424	贵州百灵	0.2737	0.3194	0.4217	0.4570	0.4922

续表

证券代码	证券简称	2011年	2012年	2013年	2014年	2015年
002428	云南锗业	0.1751	0.1911	0.5829	0.6710	0.6614
002433	太安堂	0.1533	0.2075	0.2813	0.5301	0.6073
002437	誉衡药业	0.1259	0.2836	0.5982	0.4917	0.6941
002439	启明星辰	0.0344	0.3153	0.3186	0.3741	0.4201
002456	欧菲光	0.3208	0.6729	0.7817	0.9592	0.9266
002460	赣锋锂业	0.1399	0.2485	0.2567	0.2988	0.4552
002465	海格通信	0.2824	0.4058	0.4661	0.7941	0.7707
002466	天齐锂业	0.1526	0.2099	0.2691	4.4610	4.0034
002467	二六三	0.1184	0.1455	0.0330	0.2436	0.0634
002474	榕基软件	0.1751	0.2250	0.2334	0.4053	0.2039
002527	新时达	0.2833	0.3297	0.3798	0.4542	0.4169
002544	杰赛科技	0.3475	0.3870	0.4251	0.4302	0.4751
002550	千红制药	0.3037	0.3189	0.3828	0.3395	0.2899
002551	尚荣医疗	0.0519	0.1599	0.2485	0.3621	0.4419
002573	清新环境	0.1700	0.1669	0.2664	0.3935	0.5422
002594	比亚迪	1.0000	6.1160	4.3456	8.3618	8.5548
002603	以岭药业	0.5963	0.6900	0.8947	0.9913	0.8441
002638	勤上光电	0.2573	0.2749	0.3407	0.2976	0.2828
002642	荣之联	0.2338	0.2813	0.3852	0.4514	0.3333
002657	中科金财	—	0.1828	0.3192	0.3413	0.3908
002658	雪迪龙	—	0.1685	0.2378	0.2737	0.3763
002665	首航节能	—	0.3591	0.3191	0.3414	1.0127
300001	特锐德	0.2496	0.2452	0.3814	0.4827	0.5535
300002	神州泰岳	0.1729	0.4948	0.5671	0.7414	0.6937
300003	乐普医疗	0.3150	0.3974	0.5311	0.5152	0.6255
300004	南风股份	0.2344	0.2328	0.2204	0.3374	0.3409
300010	立思辰	0.0264	0.2016	0.2309	0.3279	0.3296
300011	鼎汉技术	0.1156	0.1074	0.1683	0.3008	0.3719
300017	网宿科技	0.2330	0.3373	0.4387	0.6157	0.6784
300020	银江股份	0.2970	0.3804	0.4359	0.5087	0.4086
300024	机器人	0.2488	0.3647	0.4104	0.4355	0.4542
300026	红日药业	0.1132	0.4775	0.6315	0.7861	0.7224
300027	华谊兄弟	0.0813	0.3791	0.4906	0.5756	0.6512
300033	同花顺	0.0733	0.0797	0.0719	0.1118	0.4898

续表

证券代码	证券简称	2011年	2012年	2013年	2014年	2015年
300052	中青宝	0.1645	0.2453	0.3908	0.2425	0.1950
300055	万邦达	0.1342	0.2090	0.2615	0.3409	0.5056
300059	东方财富	0.1149	0.2838	0.2287	0.2234	0.9202
300070	碧水源	0.2320	0.5011	0.6536	1.2819	4.1777
300072	三聚环保	0.1676	0.2848	0.3738	0.5856	0.7259
300075	数字政通	0.0537	0.1017	0.1814	0.2239	0.2425
300077	国民技术	0.2199	0.2806	0.1819	0.2568	0.2209
300079	数码视讯	0.1000	0.1323	0.2534	0.4422	0.5234
300085	银之杰	0.0424	0.2400	0.3157	0.1574	0.0926
300088	长信科技	0.2256	0.2984	0.3665	0.4407	0.8249
300090	盛运环保	0.1930	0.2634	0.5758	0.6268	0.7864
300101	振芯科技	0.1077	0.2570	0.2901	0.1925	0.2135
300104	乐视网	0.7017	3.2181	3.9022	1.8971	4.7199
300113	顺网科技	0.0728	0.0996	0.1472	0.2407	0.3440
300122	智飞生物	0.1931	0.4778	0.3485	0.4258	0.4146
300124	汇川技术	0.3900	0.4355	0.5304	0.5726	0.6077
300133	华策影视	0.0968	0.2653	0.3217	0.4753	0.5469
300134	大富科技	0.3309	0.3809	0.5081	0.6274	0.4915
300136	信维通信	0.0721	0.1012	0.1558	0.2806	0.3965
300137	先河环保	0.0672	0.0915	0.1358	0.1787	0.2367
300142	沃森生物	1.0000	0.0195	0.1989	0.2608	0.3213
300147	香雪制药	0.1941	0.2908	0.3864	0.3070	0.4396
300152	科融环境	0.2276	0.2154	0.2298	0.2862	0.3241
300156	神雾环保	0.1279	0.2721	0.2808	0.2398	0.3634
300157	恒泰艾普	0.1584	0.2176	0.3064	0.4138	0.3501
300166	东方国信	0.0649	0.1686	0.3628	0.3373	0.3776
300168	万达信息	0.2300	0.3563	0.3997	0.4306	0.4684
300170	汉得信息	0.2096	0.2996	0.3471	0.4068	0.4124
300182	捷成股份	0.1809	0.3023	0.3104	0.4085	0.5132
300183	东软载波	0.1575	0.1846	0.2067	0.2551	0.3302
300199	翰宇药业	0.0743	0.0973	0.1263	0.1679	0.6889
300205	天喻信息	0.2317	0.2614	0.3710	0.3704	0.4359
300207	欣旺达	0.3403	0.3676	0.4788	0.6049	0.7344
300212	易华录	0.1477	0.1961	0.2950	0.4518	0.4735

续表

证券代码	证券简称	2011年	2012年	2013年	2014年	2015年
300226	上海钢联	0.0817	0.3568	0.5056	1.9665	3.7476
300228	富瑞特装	0.2076	0.3590	0.5111	0.4963	0.3725
300229	拓尔思	0.0832	0.0939	0.1219	0.1339	0.1602
300253	卫宁健康	0.0660	0.1088	0.1400	0.1807	0.2551
300273	和佳股份	0.1716	0.2073	0.2556	0.3059	0.2611
300274	阳光电源	0.2858	0.3126	0.4650	0.5530	0.6774
300288	朗玛信息	0.0496	0.0667	0.0665	0.0531	0.1333
300291	华录百纳	0.0912	0.1570	0.1538	0.2601	0.7238
300315	掌趣科技	—	0.1276	0.1813	0.3087	0.4367
300367	东方网力	—	—	0.1642	0.2245	0.3234
300408	三环集团	—	—	—	0.6799	0.7185
300433	蓝思科技	—	—	—	—	1.2381

表 B2　　辽宁省战略性新兴产业上市公司融资效率值

证券代码	证券简称	2011年	2012年	2013年	2014年	2015年	战略性新兴产业
000059	华锦股份	0.9685	0.9643	0.9731	0.9516	0.9405	是
000410	沈阳机床	0.6752	0.7595	0.8297	0.8897	0.9201	是
000530	大冷股份	0.3956	0.4748	0.4649	0.4496	0.4454	否
000585	东北电气	1.0000	0.1973	0.0000	0.2030	0.1714	是
000597	东北制药	0.9932	0.9025	0.8731	0.8655	0.8425	是
000616	海航投资	0.7749	0.0000	0.5456	0.5435	0.5335	否
000638	万方发展	0.0022	0.0142	0.0005	0.2078	0.1713	否
000679	大连友谊	0.4313	0.5339	0.5736	0.5547	0.4506	否
000692	惠天热电	0.2606	0.3632	0.4669	0.4454	0.4435	否
000698	沈阳化工	0.5352	1.0509	1.0086	0.9725	0.8750	否
000715	中兴商业	0.8402	0.8287	0.8743	0.7365	0.6848	否
000751	锌业股份	1.0000	0.9343	1.2825	1.3775	1.2767	否
000761	本钢板材	1.0000	0.9824	0.9754	0.9812	0.8386	否
000809	铁岭新城	1.0000	0.3278	0.3209	0.1146	0.0791	否
000818	方大化工	1.0000	1.7088	1.3964	1.0205	1.3810	否
000820	金城股份	1.0000	0.2507	0.0610	0.4595	0.5158	否
000881	大连国际	0.0807	0.4109	0.3132	0.3147	0.2686	否
000898	鞍钢股份	1.0000	1.1479	1.1573	1.1999	1.4570	否

续表

证券代码	证券简称	2011年	2012年	2013年	2014年	2015年	战略性新兴产业
002123	荣信股份	0.2642	0.2595	0.2758	0.2112	0.4478	是
002204	大连重工	0.5471	0.7385	0.7435	0.7190	0.6991	是
002220	天宝股份	0.3402	0.3448	0.2954	0.3230	0.3086	否
002231	奥维通信	0.6026	0.6401	0.3817	0.4310	0.3966	是
002354	天神娱乐	0.2159	0.6142	0.5183	0.9481	0.1900	是
002447	壹桥海参	0.5973	0.4167	0.3467	0.5321	0.6082	否
002487	大金重工	1.0000	0.5515	0.3658	0.4851	0.4323	是
002606	大连电瓷	0.2820	0.2767	0.4283	0.5076	0.4583	是
002621	三垒股份	1.0000	1.3798	1.0000	1.1692	1.0000	是
002667	鞍重股份	—	0.4327	0.4854	0.5354	0.5673	否
002689	远大智能	—	0.6778	0.6801	0.6636	0.6472	是
002731	萃华珠宝	—	—	—	0.7560	0.5884	否
300024	机器人	0.6205	0.6694	0.4749	0.4628	0.4131	是
300082	奥克股份	1.0000	0.7033	0.6549	0.5681	0.5950	是
300097	智云股份	0.5082	0.4004	0.4017	0.5923	0.2312	是
300125	易世达	0.3989	0.3352	0.2780	0.4532	0.5505	是
300202	聚龙股份	0.7340	0.6600	0.7993	0.6045	0.7191	是
300210	森远股份	0.5806	0.4356	0.4511	0.4117	0.4185	否
300290	荣科科技	0.4778	0.3815	0.4516	0.4048	0.5308	是
300293	蓝英装备	—	0.3458	0.2304	0.1846	0.1511	是
300405	科隆精化	—	—	—	0.3089	0.2840	是
300473	德尔股份	—	—	—	—	0.3707	否
600125	铁龙物流	0.9577	1.2543	0.9139	1.0685	0.7917	否
600167	联美控股	1.0000	0.0000	0.1742	0.2182	0.2306	否
600190	锦州港	0.3627	0.5767	0.5888	0.4898	0.5524	否
600231	凌钢股份	0.8349	0.7658	0.7957	0.7715	0.7433	否
600233	大杨创世	1.0000	1.0189	1.1511	0.8002	0.8030	否
600241	时代万恒	0.5352	0.4471	0.3282	0.3598	0.4385	否
600297	广汇汽车	0.1542	0.3685	0.3527	0.3616	7.8075	否
600303	曙光股份	0.3883	1.0966	1.0680	1.1209	0.5087	否
600317	营口港	0.7520	1.3807	1.3405	1.2817	1.2779	否
600396	金山股份	0.1013	0.4566	0.5290	0.7120	0.5124	是
600399	抚顺特钢	0.5647	0.9816	0.9389	0.9289	0.9838	是

证券代码	证券简称	2011年	2012年	2013年	2014年	2015年	战略性新兴产业
600593	大连圣亚	0.2785	0.5887	0.7735	0.9187	0.9730	否
600609	金杯汽车	1.0000	0.5975	0.5996	1.5303	0.6406	否
600694	大商股份	0.8337	1.4737	1.5811	1.6704	1.3894	否
600715	文投控股	1.0000	0.7591	0.8197	0.8444	0.2209	是
600718	东软集团	0.4979	0.7912	0.8522	0.8563	0.8354	是
600719	大连热电	0.2511	0.2581	0.2097	0.3058	0.1919	否
600739	辽宁成大	0.2865	0.8393	0.7454	1.0511	0.8748	是
600747	大连控股	0.2900	0.2425	0.1670	0.2090	0.7565	否
600758	红阳能源	1.0000	0.7694	0.3812	0.3403	1.5844	否
600795	国电电力	0.4070	2.0803	2.2472	3.1639	1.1823	是
601880	大连港	0.4833	1.0127	0.8703	0.8361	0.8862	否
601999	出版传媒	0.5462	0.4003	0.3778	0.3824	0.3781	是
603315	福鞍股份	—	—	—	—	0.2549	是
603318	派思股份	—	—	—	—	0.2094	否
603399	新华龙	—	0.8071	0.4793	0.4990	1.2402	否
603609	禾丰牧业	—		—	1.9569	1.9738	否
603866	桃李面包	—	—	—	—	1.7538	否

主要参考文献

[1] 罗默. 高级宏观经济学 [M]. 王根蓓，译. 3版，上海：上海财经大学出版社，2009.

[2] 波特. 国家竞争优势 [M]. 李明轩，邱如美，译. 北京：华夏出版社，2002.

[3] 安同良，周绍东，皮建才. R&D补贴对中国企业自主创新的激励效应 [J]. 经济研究，2009 (11).

[4] 步晓宁,黄如良. 战略性新兴产业的融资困境与担保体系重构 [J]. 改革，2013 (9).

[5] 曹宇，耿成轩. 基于灰关联的节能环保产业上市公司融资效率研究 [J]. 合肥工业大学学报：社会科学版，2016 (1).

[6] 曾康霖. 怎样看待直接融资与间接融资 [J]. 金融研究，1993 (10).

[7] 陈雯. 培育发展战略性新兴产业的金融支持政策研究 [J]. 福建金融，2014 (5).

[8] 丁军. 环境产业金融支持的框架构建分析——基于环境产业"资本形成-投资效率-金融运行"的逻辑 [J]. 南京农业大学学报：社会科学版，2006 (1).

[9] 丁振辉，杨松梅. 商业银行在推进战略性新兴产业发展中的角色与对策研究 [J]. 金融纵横，2015 (2).

[10] 段世德，徐璇. 科技金融支撑战略性新兴产业发展研究 [J]. 科技进步与

对策，2011（14）.

[11] 高东芳，宋清. 促进战略性新兴产业发展的税收优惠政策研究［J］. 西安财经学院学报，2013（7）.

[12] 顾海峰. 技术创新下战略性新兴产业升级的金融支持研究［J］. 产业经济评论，2014（5）.

[13] 顾海峰. 我国战略性新兴产业的业态演进与金融支持［J］. 证券市场导报，2011（4）.

[14] 郭磊. 战略性新兴产业企业风险掌控策略——以光伏企业为例［J］. 企业研究，2012（17）.

[15] 韩亚欣，骆世广，李华民. 资本形成、财税安排和人力资源配置之对于战略性新兴产业发展的贡献率研究——基于广州开发区（2010—2012）数据分析［J］. 金融教育研究，2016（1）.

[16] 何丽娜. 我国科技创新型中小企业融资效率研究——基于创业板上市公司的DEA分析［J］. 金融理论与实践，2016（3）.

[17] 赫希曼. 经济发展战略［M］. 北京：经济科学出版社，1991.

[18] 胡迟. 从最新进展看"十二五"以来战略性新兴产业发展中的金融支持［J］. 上海企业，2014（5）.

[19] 胡海峰，孙飞. 我国战略性新兴产业培育中的金融支持体系研究［J］. 新视野，2010（6）.

[20] 胡吉亚. 基于产业生命周期理论的战略性新兴产业资金需求分析［J］. 金融教育研究，2015（7）.

[21] 黄祺. 技术创新融资风险评价模型与实证研究［J］. 长沙理工大学学报：社会科学版，2016（2）.

[22] 黄蓉，郑佳纯. 我国战略性新兴产业融资及其风险管理研究［J］. 中国商论，2015（11）.

[23] 黄艳，蒋丽红，罗丽娜，等. 基于科技金融支撑的战略性新兴产业发展思路［J］. 企业改革与管理，2015（22）.

[24] 姜轶婕，耿成轩. 基于熵值法的战略性新兴产业上市公司融资风险评估研究［J］. 商业会计，2014（3）.

[25] 姜轶婕. 战略性新兴产业上市公司融资风险评估研究［D］. 南京：南京航空航天大学，2014.

[26] 纪琼晓. 麦克米伦缺欠与中小企业政策性融资［J］. 金融研究，2003（7）.

[27] 金学群. 金融发展理论：一个文献综述［J］. 国外社会科学，2004（1）.

[28] 李富有，尹海凤. 金融支持与我国战略性新兴产业发展实证研究——基于面板格兰杰因果检验和协整分析［J］. 科技进步与对策，2014（15）.

[29] 李俊强，孙笑倩. 战略性新兴产业的政策性金融支持体系构建——基于企业演变模式和产业生命周期的分析 [J]. 金融教学与研究，2014 (3).

[30] 李坤榕. 辽宁省高技术产业融资风险的实证研究 [D]. 大连：东北财经大学，2010.

[31] 李玲娟，张晓东，刘丽红. 科技型中小企业的知识资本形成机理研究 [J]. 湖南大学学报：社会科学版，2012 (5).

[32] 李文新，张丹，周本彩. 战略性新兴产业资本市场融资效率影响因素研究——来自A股市场的经验数据 [J]. 商业会计，2015 (23).

[33] 李鑫. 我国战略性新兴产业融资及其风险管理研究 [D]. 贵阳：贵州财经大学，2013.

[34] 李衍霖，孙海涛. 科技型中小企业集群融资效率研究——以中关村科技园为例 [J]. 财务与金融，2016 (2).

[35] 李颖. 科技与金融结合的路径和对策 [M]. 北京：经济科学出版社，2011.

[36] 廖果平，王卫星. 科技金融支撑战略性新兴产业机制研究 [J]. 科学管理研究，2014 (5).

[37] 凌捷，苏睿. 后金融危机时代高新区战略性新兴产业发展研究 [J]. 改革与战略，2010 (6).

[38] 刘继兵，马环宇. 战略性新兴产业科技金融结合评价研究 [J]. 科技管理研究，2014 (15).

[39] 刘克，王岚. 产业集群中中小企业外部融资效率研究：制度理论的视角 [J]. 当代经济科学，2010 (2).

[40] 刘梅生. 我国银行信贷与产业结构变动关系的实证研究 [J]. 南方金融，2009 (7).

[41] 刘锡良，齐子漫，刘帅. 产融结合视角下的资本形成与经济增长 [J]. 经济与管理研究，2015 (7).

[42] 刘新宇. 战略性新兴产业同构风险的防范研究 [J]. 经济纵横，2012 (1).

[43] 希法亭. 金融资本 [M]. 北京：商务印书馆，1997.

[44] 罗斯托. 经济成长的阶段 [M]. 北京：商务印书馆，1962.

[45] 吕铁，余剑. 金融支持战略性新兴产业发展的实践创新、存在问题及政策建议 [J]. 宏观经济研究，2012 (5).

[46] 马军伟. 我国金融支持战略性新兴产业的效率测度 [J]. 统计与决策，2014 (5).

[47] 马克思，恩格斯. 马克思恩格斯全集第24卷 [M]. 北京：人民出版社，1972.

[48] 马占新. 广义数据包络分析方法 [M]. 北京：科学出版社，2012.

[49]　波特. 竞争与战略 [M]. 陈小悦, 译. 北京: 华夏出版社, 2005.

[50]　潘成云. 产业生命周期规律、异化及其影响——以我国高技术产业为例
　　　 [J]. 扬州大学学报: 人文社会科学版, 2001 (9).

[51]　潘玉香, 强殿英, 魏亚平. 基于数据包络分析的文化创意产业融资模式及
　　　 其效率研究 [J]. 中国软科学, 2014 (3).

[52]　蒲文燕, 张洪辉. 基于融资风险的现金持有与企业技术创新投入的关系研
　　　 究 [J]. 中国管理科学, 2016 (5).

[53]　钱水土, 周永涛. 金融发展、技术进步与产业升级 [J]. 统计研究,
　　　 2011 (1).

[54]　强飙. 国有企业低效率融资及矫正 [J] . 南京金融高等专科学校学报,
　　　 1998 (4).

[55]　盛丹, 王永进. 产业集聚、信贷资源配置效率与企业的融资成本——来自世
　　　 界银行调查数据和中国工业企业数据的证据 [J]. 管理世界, 2013 (6).

[56]　石璋铭, 谢存旭. 银行竞争、融资约束与战略性新兴产业技术创新 [J].
　　　 宏观经济研究, 2015 (8).

[57]　史恩义. 产业成长金融化与中国金融成长模式 [J]. 西北工业大学学报:
　　　 社会科学版, 2011 (1).

[58]　史恩义. 金融成长与产业成长的特性及关系分析 [J]. 技术经济, 2011 (2).

[59]　宋智文, 凌江怀, 吕惠聪. 战略性新兴产业金融风险研究 [J]. 特区经
　　　 济, 2012 (6).

[60]　苏向坤. 地方发展战略性新兴产业的风险及控制 [J]. 长白学刊, 2012 (5).

[61]　孙国民. 战略性新兴产业概念界定: 一个文献综述 [J]. 科学管理研究,
　　　 2014 (2).

[62]　谭中明, 李战奇. 论战略性新兴产业发展的金融支持对策 [J]. 企业经
　　　 济, 2012 (2).

[63]　特日昆, 徐飞. 战略性新兴产业信贷融资问题研究——基于银政企三方进
　　　 化博弈视角 [J]. 管理现代化, 2015 (6).

[64]　佟孟华, 刘迎春. 辽宁省中小企业融资方式与融资效率实证研究 [J]. 东
　　　 北财经大学学报, 2012 (2).

[65]　王定祥, 李伶俐, 冉光和. 金融资本形成与经济增长 [J]. 经济研究,
　　　 2009 (9).

[66]　王健, 张卓. 金融支持对战略性新兴产业发展的影响——基于中国上市公
　　　 司的实证分析 [J]. 财经理论与实践, 2015 (4).

[67]　王健, 张卓. 战略性新兴产业发展效率测度与金融支持 [J]. 中南财经政
　　　 法大学学报, 2014 (1).

[68] 王新红. 我国高新技术企业融资效率研究 [D]. 西安：西北大学，2007.

[69] 魏权龄. 数据包络分析 [M]. 北京：科学出版社，2004.

[70] 伍装. 中国中小企业融资效率的灰色关联分析 [J]. 甘肃社会科学，2005（6）.

[71] 向吉英. 产业成长的动力机制与产业成长模式 [J]. 学术论坛，2005（7）.

[72] 肖冰. 效率分析对我国转轨时期融资方式发展思路的启示 [J]. 财经理论与实践，1999（4）.

[73] 肖兴志，韩超，赵文霞，等. 发展战略、产业升级与战略性新兴产业选择 [J]. 财经问题研究，2010（8）.

[74] 谢沛善. 中日高新技术产业发展的金融支持研究 [D]. 大连：东北财经大学，2010.

[75] 熊正德，林雪. 战略性新兴产业上市公司金融支持效率及其影响因素研究 [J]. 经济管理，2010（11）.

[76] 斯密. 国民财富的性质与原因的研究（上）[M]. 北京：商务印书馆，2004.

[77] 言斌. 银行主导下的日本高科技产业化融资问题研究 [D]. 苏州：苏州大学，2008.

[78] 杨士年，沈坤荣. 战略性新兴产业发展的趋同化风险及对策思考 [J]. 科技与经济，2011（4）.

[79] 杨震宇，史占中. 金融抑制对战略性新兴产业发展的影响研究 [J]. 现代管理科学，2015（5）.

[80] 姚林如. 产业资本形成与劳动力转移研究 [D]. 上海：上海交通大学博士，2007.

[81] 余剑. 新常态下战略性新兴产业发展路径选择及其金融政策响应——基于需求端视角的研究 [J]. 财政研究，2015（6）.

[82] 翟华云，方芳. 区域科技金融发展、R&D投入与企业成长性研究——基于战略性新兴产业上市公司的经验证据 [J]. 科技进步与对策，2014（5）.

[83] 张宏彦，王磊. 中国战略性新兴产业发展与金融支持的动态关联——基于沪深A股上市公司的经验数据 [J]. 财经理论与实践，2015（6）.

[84] 张培刚. 发展经济学 [M]. 北京：北京大学出版社，2009.

[85] 张少春. 中国战略性新兴产业发展与财政政策 [M]. 北京：经济科学出版社，2010.

[86] 赵红. 金融创新支持战略性新兴产业发展的对策 [J]. 经济研究参考，2014（6）.

[87] 赵天一. 战略性新兴产业科技金融支持路径及体系研究 [J]. 科技进步与

对策，2013（8）.

[88] 赵玉林，石璋铭. 战略性新兴产业资本配置效率及影响因素的实证研究 [J]. 宏观经济研究，2014（2）.

[89] 周建，汪伟. 资本形成、投姿效率与经济增长之间的动态相关性——来自中国1978—2004年数据的实证研究 [J]. 财经研究，2006（1）.

[90] 朱冰心. 浙江中小企业融资效率的模糊综合评价和实证分析 [J]. 浙江统计，2005（10）.

[91] LEWIS. Economic development with unlimited supply of labor [J]. The Manchester School of Economics and Social Studies，1954（22）.

[92] AGARWAL，RAJSHREE，GORT，et al. The evolution of markets and entry，exit and survival of firms [J]. Review of Economics and Statistics，1996，78（3）.

[93] ALLEN，FRANKLIN. Stock markets and resource allocation in collin mayer and xavier viveseds capital market and financial intermediaries [M]. Cambridge：Cambridge University Press，1993.

[94] ALLEN F，GALE D. Comparing financial system [M]. Cambrige：The MIT Press，2000.

[95] ARESTIS P.Financial development and economic growth:assessing the evidence [J]. The Economics Journal，107（5）.

[96] ARROW K J. Economic welfare and the allocation of resources for invention [M]. Princeton：Princeton University Press，1962.

[97] BALDWIN，R.E. Agglomeration and endogenous capital [J]. European Economic Review，1999（43）.

[98] BANKER R D. Estimating most productive scale size using data envelopment analysis [J]. European Journal of Operational Research，1984，（17）.

[99] BEAVER W H. Perspectives on recent capital market research [J]. Accounting Review，2002（77）.

[100] BECK，DEMIRGUC-KUNT，LAEVEN，et al. Finance, firm size, and growth. [J]. Journal of Money Credit and Banking，2008，（40）.

[101] BECK，LEVINE. Industry growth and capital allocation: does having a market or bank-based system matter? [J]. Journal of Financial Economics，2002（64）.

[102] BECK，LEVINE，LOAYZA. Finance and the sources of growth [J]. Journal of Financial Economics，2000（58）.

［103］ BELHAJ, DJEMBISSI. Optimal investment under credit constraints [J]. Annals of Economics and Statistics, 2009 (93).

［104］ BENOIT, MANDELBROT. The variation of certain speculative prices [J]. Journal of Business, 1963, 36 (4).

［105］ BOLDRIN, LEVINE. Against Intellectual Monopoly [M]. Cambridge: Cambridge University Press, 1993, 2008.

［106］ BOLLERSLEV. Generalized regressive conditional heteroskedasticity [J]. Journal of Econometrics, 1986, 31 (8).

［107］ BOYLE, GUTHRIE. Investment, uncertainty and liquidity [J]. Journal of Finance, 2003, 58 (5).

［108］ BROWN, MARTINSSON, PETERSEN. Do financing constraints matter for R&D? [J]. European Economic Review, 2012, 56 (8).

［109］ CARLIN. Mayer C.Finance, investment and growth [J]. Journal of Financial Economics, 2003, (69).

［110］ CLARA, JOSE, MARGARITA. Do banking relationships improve credit conditions for spanish smes [J]. Business Economics Working Papers, 2005.

［111］ CUSUMANO, KAHL, SUAREZ. Product, process and service: a new industry lifecycle model [J]. MIT Working Paper, 2006, (228).

［112］ DINLERSOZ, MACMILLAN. The industry life-cycle of the size distribution of firms [J]. Review of Economic Dynamics, 2009, (12).

［113］ DONG-HYEON KIM, SHU-CHIN LIN, TING-CIH CHEN. Financial structure, firm size and industry growth [J]. International Review of Economics and Finance, 2015, (41).

［114］ ENGLE R F. Autoregressive conditional heteroskedasticity with estimates of the variance of united kingdom inflation [J]. Econometrica, 1982, 50 (7).

［115］ FLORICEL, DOUGHERTY. Where do games of innovation come from? Explaining the persistence of dynamic innovation patterns [J]. International Journal of Innovation Management, 2007, 11 (1).

［116］ FREEMAN, PEREZ. Structural crises of adjustment business cycles and investment behaviour. ing.dosictal.cds technical change and economic theory [M]. London: Francis Pinter, 1988.

［117］ GEREFFI. International trade and industrial upgrading in the apparel commodity chain [J]. Journal of International Economic, 1999, (48).

[118] GOLDFARB, KIRSCH, MILLER. Was there too little entry during the dot-com era? [J]. Journal of Financial Economics, 2007, (86).

[119] GORT, KLEPPER. Time paths in the diffusion of product innovations [J]. The Economic Journal, 1982 (92).

[120] HASHIMOTOA, HANEDAB. Measuring the change in R&D efficiency of the japanese pharmaceutical industry [J]. Research Policy, 2008, 10 (37).

[121] HELENA, SVALERY, JONAS, et al. Financial markets, the pattern of industrial specialization and comparative advantage: evidence from OECD countries [J]. European Economic Review, 2005, (49).

[122] HIRSCHMAN. The rise and decline of development economics [M]. Cambridge: Cambridge University Press, 1981.

[123] HOGAN, HUTSON. Capital structure in new technology based firms: evidence from the irish software secto [J]. Global Finance Journal, 2005, 3 (15).

[124] JORION. Financial risk manager handbook [M]. American: Hoboken John Wiley & Sons Press, 2003.

[125] KING, LEVINE. Finance, entrepreneurship, and growth theory and evidence [J]. Journal of Monetary Economics, 1993 (32).

[126] KLAPPER VIRGINIA, SULLA. Small and medium size enterprise financing in eastern europe [J]. Policy Research Working Paper, 2002.

[127] KLEPPER, GRADDY. The evolution of new industries and the determinants of market structure [J]. RAND Journal of Economics, 1990, 21 (1).

[128] LATIMER, ASCH. Credit scoring: a tool for more efficient SME lending [J]. SME Issues, 2000, 1 (2).

[129] LEVINE. Financial development and economic growth: views and agenda [J]. Journal of Economic Literature, 1997.

[130] LOW, ABRAHAMSON. Movements, bandwagons and clones: industry evolution and the entrepreneurial process [J]. Journal of Business Venturing, 1997, (12).

[131] KENDRICK, JAFFEE, CARROLL, et al. In the bud? Disk array producers as a (possibly) emergent organizational form [J]. Administrative Science Quarterly, 2003, (48).

[132] MCGAHAN, ARGYRES, BAUM. Context, technology and strategy:

forging new perspectives on the industry life cycle [J]. Advances in Strategic Management, 2004, (21).

[133] MESTER. A study of bank efficiency taking into account risk-preferences [J]. Journal of Banking and Finance, 1996, (20).

[134] HORVATH, SCHIVARDI, WOYWODE. On Industry life - cycles:delay, entry, and shakeout in beer brewing [J]. International Journal of Industrial Organization, 2001, (19).

[135] BHATACHARYA, BLOCH. The dynamics of industrial concentration in australian manufacturing [J]. International Journal of Industrial Organization, 2000, (18).

[136] MODIGLIANI, MILLER. The cost of capital, corporate finance and the theory of investment [J]. American Economic Review, 1958, 48 (3).

[137] MYERS. The capital structure puzzle [J]. Journal of Finance, 1984, 39 (3).

[138] GEROSKI, MAZZUCATO. Modelling the dynamics of industry populations [J]. International Journal of Industrial Organization, 2001, (19).

[139] PARENT, PRESCOOT. Technology adoption and growth [J]. NBER Working Paper, 1991.

[140] PORTER. Competitive strategy [M]. New York: Free Press, 1980.

[141] PRAHALAD, HAMEL. The core competence of the corporation [J]. Harvard Business Review, 1990, (68).

[142] RAJAN, ZINGALESL. Financial dependence and growth [J]. American Economic Reliew, 1988, 88 (3).

[143] RAYMOND, FISMAN. Financial development and the composition of industry growth [J]. World Bank , Development Research Group,Finance, 2003 (3).

[144] RAJAN, ZINGALES. Financial systems, industrial structure, and growth [J]. Oxford Review of Economic Policy, 2001,17 (4).

[145] RUSSO. The emergence of sustainable industries: building on natural capital [J]. Strategic Management Journal, 2003 (24).

[146] SHIBATA, NISHIHARA. Investment timing, debts tructure, and financing constraints [J]. European Journal of Operational Research, 2015, 241 (2).

[147] SIMON, KUZNETS. Six lectures on economic growth [M]. Illinois: The Free Press of Glencoe, 1959, 122 (3).

[148] SPENCER, MURTHA, LENWAY. How governments matter to new industry creation [J]. Academy of Management Review, 2005 (30).

[149] SUNDARESAN, WANG, YANG. Dynamic investment, capital structure and debt overhang [J]. Review of Corporate Finance Studies, 2015, (4).

[150] SUYANTO, SALIM. Sources of productivity gains from fdi in indonesia: is it efficiency improvement or technological progress? [J]. The Developing Economies, 2010, 4 (48).

[151] VERRECCHIA. The role of capital market settings in disclosure policy [J]. Accounting Horizons, 2012 (26).

[152] WHANG, HOBDAY, LOCAL. " Test bed" market demand in the transition to leadership: the case of the korean mobile handset Industry [J]. World Development, 2011, 39 (8).

[153] WURGLER. Financial markets and the allocation of capita [J]. Journal of Financial Economics, 2000 (58).

索引